集人文社科之思 刊专业学术之声

中国社会科学院社会学研究所主办
家庭与性别评论(第10辑)

家庭与性别评论

Family and Gender Review (Vol.10)

（第10辑）

中国社会科学院社会学研究所主办

主编 / 张丽萍

社会科学文献出版社
SOCIAL SCIENCES ACADEMIC PRESS (CHINA)

目 录

社会变迁背景下的家庭养老与社会支持（代序） ………… 张丽萍 / 1
中国养老模式：传统文化、家庭边界和代际关系 ………… 陈皆明 / 10
农村家庭养老中的家国责任：历程考察、实践难题与边界
　厘定 ………………………………………… 钟曼丽　杨宝强 / 28
家庭转型视野下农村老年人危机的生成路径 …………… 李永萍 / 44
儿子养老还是女儿养老？
　——基于家庭内部的比较分析 ………………………… 许　琪 / 64
分化或特色：中国老年人的居住安排 …………………… 李　斌 / 87
论老年人家庭照顾的类型和照顾中的家庭关系
　——一项对老年人家庭照顾的"实地调查"
　………………………… 王来华　〔美〕约瑟夫·施耐德 / 104
老人日常生活照顾的另一种选择
　——支持家庭照顾者 …………………………………… 陈树强 / 127
农村老年人临终照料研究 ………… 周　云　彭书婷　欧玄子 / 143
城市社区居家养老服务需求及其影响因素
　——基于全国性的城市老年人口调查数据 …………… 王　琼 / 161
网络化居家养老
　——新时期养老模式创新探索 ………………………… 史云桐 / 184
老年长期照护体制比较
　——关于家庭、市场和政府责任的反思 ……… 王　晶　张立龙 / 196
城市中年子女赡养的孝道行为标准与观念
　………………………………… 李琬予　寇　彧　李　贞 / 213
机构养老与孝道：南京养老机构调查的初步分析 …… 风笑天　江　臻 / 238

社会变迁背景下的家庭养老与社会支持

(代序)

张丽萍

一 社会变迁对家庭养老的冲击

随着人口转变和社会经济发展，我国育龄妇女生育水平和婴儿死亡率持续、快速下降，人均预期寿命延长，老年人口占总人口的比例迅速上升，人口老龄化水平快速提高。老年人口总量的快速增长和人口的快速老龄化已经引起全社会的广泛关注，与养老相关的问题也成为关注的热点。有学者指出，老年人口数量和比例的变化对社会结构有很多影响，包括对家庭、健康和社会服务、长期照料、养老金和退休制度、政治历程、休闲服务、住房等的影响（N. R. 霍曼、H. A. 基亚克，1988），传统的家庭养老模式也面临新的变化。

1. 家庭结构变化

城乡家庭结构发生变化，表现为家庭规模的小型化和家庭结构的核心化。从1982年和1990年人口普查原始数据来看，三代家庭户是老年人最主要的居住方式，且随着年龄增大，这一比例倾向于不断提高（杜鹏，1999）。2000年人口普查数据显示，三代家庭户有所增加，而两代核心家庭户的比例则下降较多（曾毅、王正联，2004）。对比2000年及以前的人口普查数据可以看到家庭结构的核心化和代际结构的简单化。

从第六次人口普查数据来看，2010年60岁及以上的人口数达到1.78亿人，全国有1.2亿个家庭有60岁及以上的老年人，占全国家庭户的

30.6%，这也是中国历史上从未出现的家庭人口构成的新格局。特别是，在有60岁及以上的老年人的家庭中，32.6%的家庭只有一个老年人和一对老年夫妇（张丽萍，2012）。人口结构与家庭结构的剧烈变化给传统的家庭养老和居家养老模式带来挑战。

2. 居住方式变化

老年人口居住方式的变化对代际关系、照料方式都会产生很大影响，20世纪90年代，研究者发现，中国城市老年人愿意让已婚的子女单独住，只有当老年人不能自理时，他们才住到一起（Davis-Friedmann，1991）。从居住方式来看，过去几十年中国经济的高速增长带来了住房条件的改善，与以往传统大家庭居住形式不同，目前中国城乡老年人的居住安排已经呈现多样化特征，老年人口与子女不同住的比例与发达国家相比差距在不断缩小。老年人口家庭规模日益缩小，老年空巢家庭比例在城市有大幅提高，农村的独居老人家庭比例也在持续上升（张丽萍，2012）。究其原因，主要是在劳动力外流的背景下，老人与子女同住的变动是以子女的发展需求为中心，尽管农村社会受现代观念的影响相对较小，但劳动力外流使传统观念逐渐淡薄，导致越来越多的老人与子女不同住，从而使老人独居比例增高（王萍、李树茁，2007）。

3. 家庭关系变化

养老抚幼作为家庭的基本功能，是中国延续了几千年的传统。家庭是承担养老责任的场所，费孝通先生曾指出，在传统的伦理文化中子女具有赡养父母的义务，是一种"反哺模式"（费孝通，1983），随着中国人口结构的变化，老年人口比例日益提高，而独生子女政策的实施，导致越来越多的"四二一"家庭出现，给家庭养老带来极大的挑战。中国家庭生活的一个重要变迁是父母威权的衰落，具体表现在父母控制子女的能力大大降低，但在孝道伦理仍旧获得道德上的认可的社会结构和文化环境中，正是父母与子女两代人在家庭生活中的合作与协调，使得家庭养老制度得以维持（陈皆明，1998）。通过抚养期的亲代抚养、独立期亲子间的双向即时交换、赡养期的子代赡养，独立期亲代与子代的代际交换所构筑的代际关系，取代了抚养期亲代所投入的经济资源，成为当前影响子代赡养行为的关键因素；同时，经济资源对赡养行为的约束作用与日俱增，而社会规范资源对赡养行为的影响力正日渐减小，法律资源对子代赡养行为的约束作用则微乎其微（余梅玲，2015）。

二 家庭养老存在的问题

1. 照料负担加重

老人健康状况与养老负担密切相关，从宏观上来看，2015 年中国 60 岁及以上生活不能自理的老人总量为 576.49 万人，占老年人总人口的 2.60%，预计 2050 年中国生活不能自理老人总量将超过 1450 万人，是 2015 年的 2.5 倍以上（王广州，2019）。在传统的多子女家庭中，家庭养老责任由子女分担或共担，但随着生育水平下降，亲生子女人数减少，老人照料资源也随之减少，家庭养老负担加重。从照料时间看，顾大男等人（2007）研究发现，65 岁以上（但非纯高龄）的老人临终前平均需要他人完全照料的天数为 82 天；对山东老年人口的调查也发现，农村老人在去世前平均临终卧床时间超过半年，80 岁以上老人年人均卧床时间超过一个半月（王广州、张丽萍，2012），由此可见，随着家庭亲子结构的变化和男女人均预期寿命的差距，照料资源不足是家庭养老必须面临的严峻考验。周云等（2014）指出，代际的年龄差距小，两代人同时进入老年的可能性增大，则会出现银发人照顾银发人的现象。吴帆（2016）认为，政府应该大力开发 50~64 岁人口乃至 65~69 岁低龄老人的人力资源，他们不仅是家庭中照料老年人的主力，也可以成为老年人社会照料供给的重要人力资源。在某种程度上，老年人既是养老照料的主要对象，健康的低龄老年人也是养老照料的主要提供者。鼓励他们为老年人的社会正式照料提供服务，应该成为中国缓解社会养老压力的重要举措。

从家庭照料者来看，健在的老伴在照顾配偶方面发挥着主要作用（王来华、约瑟夫·施耐德，2000），有无配偶不仅影响到老年人口的生活质量，而且影响到老年人口的长期照料分担（庄绪荣、张丽萍，2016）。除配偶外，子女在生活照料上也承担着重要的责任，越来越多的证据表明，中国传统的以儿子为核心的赡养制度已经发生了变化，在当代中国家庭，女儿开始和儿子共同承担赡养责任，甚至比儿子更加孝敬父母（Xie & Zhu，2009；唐灿等，2009）。从城乡家庭养老的照料方式来看，"儿子出钱、女儿出力"的性别分工模式主要体现在农村；在城市，女儿在经济支持和生活照料两个方面的直接效应都已超过儿子（许琪，2015）。

2. 经济压力大

经济收入是老年人晚年生活的经济依托，人口普查数据显示，2010年城市老年人的主要生活来源中比例最高的是离退休金和养老金，乡村老年人以家庭成员供养和劳动收入为最主要的生活来源。基本丧失了劳动能力的高龄老人，收入主要以离退休金、养老金和子女给的生活费等为主，而从事农业生产的农村高龄老人没有离退休金，只有最低生活保障金及参加新型农村养老保险能领到的养老保险金（赵欢、韩俊莉，2012），随着年龄的增长，其劳动收入比例降低，家庭其他成员供养比例提高。在80岁以下的老年人口中有37.2%依靠家庭其他成员供给，而在80岁及以上的老年人口中有67.6%依靠其他家庭成员供给（张丽萍，2012）。在中国特殊的传统与现代、发达与不发达、城市与乡村等社会经济差距巨大的基本国情下，人口迁移模式使得大多数老年人口留守在欠发达地区和农村，家庭成员之间的经济资源分配、家庭养老的模式和能力发生变化，同时老年人缺少有效的财富积累（李萌、陆蒙华、张力，2019）；随着经济增长和扶贫减贫措施的不断完善，老年贫困人口在不断减少，但是老年相对贫困的发生率越来越高，而不是越来越低（李实，2019）。特别是从医疗支出来看，有研究发现，个人医疗费用的高峰集中于死亡前一段时间（李大正、杨静利、王德睦，2011），对于老年供养者而言，高龄父母没有退休金或者只有很少退休金，加上高龄父母需要巨大的医药费支出，导致供养者承受巨大的经济压力（陈亮，2015）。

3. 家庭养老责任边界模糊

在传统中国家国同构体系下，养老的责任由家庭承担，但随着国家介入家庭养老，家庭养老的责任边界问题也随之出现。将老人纳入养老保障范围后，国家认为农村养老保险目前已经为老人提供了基本支持，减轻了家庭负担，家庭就应当承担起更多的照料和赡养责任；子女则认为既然国家对老人有了基本的制度安排，那么家庭对老人的赡养责任就可减轻，这成为部分农村家庭不赡养老人的借口（钟曼丽、杨宝强，2019）。国家在"老有所养"的治理中扮演着越来越重要的角色，但超越国家能力替代家庭养老则是十分危险的（陈军亚，2018）。所以，在家庭养老中，家国责任边界的划分是十分必要的。

三　家庭养老的社会支持

人口老龄化程度不断加深，家庭养老模式却受到了人口老龄化和家庭结构变迁的剧烈冲击，家庭养老资源不足以及家庭照料负担加重，而我国的社会养老服务体系尚处于起步阶段，政府和社会对家庭养老的支持仍显不足（袁小波，2017），所以，对家庭养老需要从不同方面加以支持。

1. 完善适合老年人居住的社区环境

随着老年人口健康水平的下降，应在居住环境上为养老提供便利条件，老年人居住的社区与普通社区也要有所区别，李斌（2010）的研究发现，大多数老人居住的社区针对老人的服务和设施相当欠缺，尤其针对残疾老人的设施更是奇缺；同时，老年人在居住上获得包括单位在内的机构的帮助很少，他们大多处于无助状态；如果老年人居住在设施齐全、各类服务容易获得的社区中，老年人独立生活的能力就会增强。需要构建老年居住社区，打造老年居住模式，并在普通社区的基础上增加社区养老的一系列设施和服务（王明川，2007）。

2. 提供居家养老服务

随着生活自理水平的下降，老年人对居家养老服务的需求也逐渐增多。从老年人的养老需求来看，居家养老或家庭照料仍然是中国老年人所期待的最佳的养老方式，但随着家庭规模缩小，现有的家庭结构和居住安排使得家庭承担老年人照料的功能逐渐减弱。同时，受中国传统文化和照料观念的影响，大多数老年人不能接受社会养老或机构照料（王晶、张立龙，2015），需要必要的居家养老服务，部分城市在照护服务网络上，已经形成以社区助老服务社、老年人日间服务中心、社区老年人助餐服务点等为服务实体，以上门照护、日间照护、助餐服务为主要形式，以生活照料、康复护理、精神慰藉为主要内容的服务模式（房莉杰，2014）。

生活自理能力越差的老年人，对上门看病、陪同看病、上门护理和康复治疗等与医疗保健和康复护理相关的养老服务需求的比例越高（王琼，2016）。从国际相关研究来看，王晶等（2015）分析美国的PACE项目、日本的介护保险、瑞典的居家老龄服务，发现这些服务项目全面考察老年人的需求，是以社区为主要依托，为老年人提供综合性、一体化的养老、医疗、护理等服务，医生、护士、社会工作者、老年护理师、老年营养师等高素质的专业技术人员,是有序运作老龄服务项目、有效满足老年人需求、提升老龄服务质量的关键。

新技术在养老中的应用也随之被提出,史云桐指出,通过网络化居家养老,利用信息化手段,整合既有的家庭养老、机构养老、社区居家养老三种养老模式,建立起一张以政府为主导、引入并整合全社会为老服务资源的养老网络,使老年人在家中就能尽享现代社会带来的种种便利,通过统一的为老服务平台,使老年人"巢"空而心不空(史云桐,2012)。

3. 支持家庭照料者

随着老人健康水平的下降,家庭照料负担逐渐加重,在相当长时间内养老责任主要是由家庭承担,以配偶、子女等家庭成员或者其他亲属等提供非正式照料为主要的照料方式(陈蓉、胡琪,2015)。被照料老人绝大部分是高龄老人,失能、失智的比例高,照料负担重,照料时间长,对家庭照顾者的身心健康造成影响(陈蓉,2017),所以,需要为家庭照料者提供支持,在家庭内部提供的支持包括主妇服务、送饭服务、暂托服务;在家庭外部提供的支持包括成人日间照顾、交通服务、家庭外暂托服务、辅导和支持小组(陈树强,2002),以及照料技能培训、心理支持、信息服务、咨询服务等(陈蓉,2017)。

4. 机构养老

家庭养老所需的社会支持是多样的和多层次的,选择机构养老也逐渐成为部分老年人的愿望。城市老人由于子女工作忙、家中无人照料、住房紧张、与子女关系不好、长期生病等原因选择入住养老机构(风笑天等,2014)。养老机构的服务对象是广义的老年人群体,但实际服务对象的主体是靠自己或家人在家庭中难以获得照料服务的失能、半失能老年人(吴玉韶等,2015),但当前养老机构存在的问题也制约着其发展,各类养老机构倾向于对健康、相对年轻的老人提供服务,而对失能、半失能老人的服务提供不足(王延中、龙玉其,2018)。同时养老机构资源严重不足,养老机构设备设施大多比较简陋,服务档次总体来看还比较低,养老机构服务人员的素质总体也较低(李岳,2018)。从我国老年人养老服务需求和国际养老机构发展趋势来看,"就地养老"是大势所趋,未来养老机构小型化、专业化、社区化、连锁化的趋势将会更加明显,机构养老服务将与居家养老服务、社区养老服务融合发展(吴玉韶等,2015)。

总而言之,家庭养老问题伴随着人口结构的变化而加剧,中国家庭养老问题研究主要围绕谁来养、怎么养、在哪养、什么时候养进行。国家老龄战略"以居家为基础、社区为依托、机构为支撑"的设计，无论是"9064"还是"9073"的养老格局，都是定位居家养老，以实现家庭养老功能，但随着家庭结构的变化，在目前社会经济发展水平和框架下的养老面临前所未有的挑战，涉及钱从哪里来、照料的人从哪里来等突出问题。伴随着现代化进程，针对需要养老照料的刚需群体，对养老资源进行不同的配置，解决全社会养老能力和养老资源问题。借助人工智能科技辅助手段突破以往的养老和社会支持的思路和框架，提高养老服务的能力和效率，彻底解决千百年来困扰中国家庭的养老负担问题，是今后不断努力的方向。

参考文献

陈皆明，1998，《投资与赡养——关于城市居民代际交换的因果分析》，《中国社会科学》第 6 期。

陈军亚，2018，《由家到国、家国共责："老有所养"的中国治理进程——基于大型农村实地调查的认识和启示》，《政治学研究》第 4 期。

陈亮，2015《"老人养老"中供养者的赡养压力研究——以河南省 X 县为例》，广西师范大学硕士学位论文。

陈蓉，2017，《老年家庭照顾者的照料负担及支持体系研究》，《城市观察》第 1 期。

陈蓉、胡琪，2015，《社会化养老趋势下家庭照料的作用及支持体系研究》，《城市观察》第 3 期。

陈树强，2002，《老人日常生活照顾的另一种选择——支持家庭照顾者》，《华东理工大学学报》（社科版）第 3 期。

杜鹏，1999，《中国老年人居住方式变化的队列分析》，《中国人口科学》第 3 期。

房莉杰，2014，《中国养老服务遭遇发展瓶颈》，《社会观察》第 6 期。

费孝通，1983，《家庭结构变动中的老年赡养问题》，《北京大学学报》（社科版）第 3 期。

风笑天、江臻，2014，《机构养老与孝道：南京养老机构调查的初步分析》，《哈尔滨工业大学学报》（社会科学版）第 5 期。

顾大男、柳玉芝、章颖新、任红、曾毅，2007，《我国老年人临终前需要完全照料的时间分析》，《人口与经济》第 6 期。

李斌，2010，《分化与特色：中国老年人的居住安排》，《中国人口科学》第 2 期。

李大正、杨静利、王德睦，2011，《人口老化与全民健保支出》，（台湾）《人口学刊》第 43 期。

李萌、陆蒙华、张力，2019，《老年贫困特征及政策含义——基于 CHARLS 数据的分析》，《人口与经济》第 3 期。

李实,2019,《中国农村老年贫困:挑战与机遇》,《社会治理》第6期。
李岳,2018,《我国养老机构存在的问题及改进对策研究》,《劳动保障世界》第6期。
N. R. 霍曼、H. A. 基亚克,1988,《老年社会学:多学科的视角》,中国人口出版社。
史云桐,2012,《网络化居家养老——新时期养老模式创新探索》,《南京社会科学》第12期。
唐灿、马春华、石金群,2009,《女儿赡养的伦理与公平——浙东农村家庭代际关系的性别考察》,《社会学研究》第6期。
王广州,2019,《中国生活不能自理老人总量与结构估计》,《当代中国研究》第2期。
王广州、张丽萍,2012,《照料他人与抚养子孙——对山东农村老年人口的调查研究》,梅陈玉婵等主编《老有所为在全球的发展——实证、实践与实策》,北京大学出版社。
王晶、张立龙,2015,《老年长期照护体制比较——关于家庭、市场和政府责任的反思》,《浙江社会科学》第8期。
王来华、约瑟夫·施耐德,2000,《论老年人家庭照顾的类型和照顾中的家庭关系——一项对老年人家庭照顾的"实地调查"》,《社会学研究》第4期。
王明川,2007,《老年人居住模式研析》,《山西建筑》第34期。
王萍、李树茁,2007,《中国农村老人与子女同住的变动研究》,《人口学刊》第1期。
王琼,2016,《城市社区居家养老服务需求及其影响因素——基于全国性的城市老年人口调查数据》,《人口研究》第1期。
王延中、龙玉其,2018,《我国养老服务体系建设的进展、问题与对策》,《中国浦东干部学院学报》第2期。
吴帆,2016,《老年人照料负担比:一个基于宏观视角的指数构建及对中国的分析》,《人口研究》第4期。
吴玉韶、王莉莉、孔伟、董彭滔、杨晓奇等,2015,《中国养老机构发展研究》,《老龄科学研究》第8期。
许琪,2015,《儿子养老还是女儿养老?——基于家庭内部的比较分析》,《社会》第4期。
余梅玲,2015,《农村家庭养老:代际交换下的赡养及其过程——基于浙北A乡三代家庭的考察》,《老龄科学研究》第2期。
袁小波,2017,《人口老龄化背景下的西方家庭照料者研究综述》,《老龄科学研究》第10期。
曾毅、王正联,2004,《中国家庭与老年人居住安排的变化》,《中国人口科学》第5期。
张丽萍,2012,《老年人口居住安排与居住意愿研究》,《人口学刊》第6期。
赵欢、韩俊莉,2012,《人口老龄化背景下我国高龄老人津贴制度的发展》,《重庆科技学院学报》(社会科学版)第14期。
钟曼丽、杨宝强,2019,《农村家庭养老中的家国责任:历程考察、实践难题与边界厘定》,《理论月刊》第 2 期。

周云、滕婉蓉、张晨,2014,《老年人及"准老年人"的养老意识研究——以新疆石河子市为例》,《老龄科学研究》第 12 期。

庄绪荣、张丽萍,2016,《失能老人养老状况分析》,《人口学刊》第 3 期。

Davis-Friedmann, Deborah, 1991, *Long Lives: Chinese Elderly and the Communist Revolution* (*Second Edition*). Harvard University Press.

Xie, Yu and Zhu, Haiyan, 2009, "Do Sons or Daughters Give More Money to Parents." *Journal of Marriage and Family* 71 (1): 174-186.

中国养老模式：传统文化、家庭边界和代际关系

陈皆明

摘　要　运用理性选择理论分析当代中国的养老模式，从亲子间互动的角度解释中国社会的代际关系以及由此引出的家庭养老模式；社会经济变革剥夺了老年父母在家庭内部的核心地位，当父母失去了经济控制力及孝道所赋予的权威，子女也不再对父母绝对顺从，亲子之间必然会出现一种新的代际关系；虽然中国的社会结构性变化削弱了家庭中长辈的权威，但维持良好并持久的亲子关系的客观经济需求仍然存在；在中国包括孝道在内的文化环境的影响下，父母投入大量家庭资源以建立强有力的亲子关系，并由此保证成年子女履行代际"合约"，这不失为一个非常有效的选择；父母和子女这种互动行为的结果是家庭的边界涵盖了老年父母和成年子女的相对独立的家庭，而且家庭养老能够在没有来自国家或个人家庭负面惩戒的情况下得以保证。

关键词　代际关系　养老模式　家庭边界

自1949年以来，中国家庭生活的一个重要变迁是父母威权的衰落。社会主义改造运动以及随后迅速发展的工业化大大削弱了家庭在国家经济生活中的重要性，从而褫夺了老年父母在家庭内部运用权力所依赖的物质基础（Davis 和 Harrell，1993；Ruggles，2007；Whyte 和 Parish，1984；

Wolf，1988）。现代中国家庭中的老年父母已不再拥有传统社会赋予家庭长者的经济资源、政治支持以及道德权威。

虽然这些结构性变化很清楚地表明家庭中的老一代不再在家庭中保持无可争辩的权力和权威，但这种权力的变化对代际关系有何种影响，尤其是对体现了代际关系特点的家庭养老制度有什么样的影响，我们所知仍然不多。可以想见，当父母失去了对成年子女的经济上的控制以及孝道伦理所赋予的道德权威，而子女也不必因为担心经济上的惩罚或道义上的责难而对父母表示绝对的顺从，那么亲子之间的互动必然会促生出一种新的代际关系。这种新型的代际关系是否会导引出一种新的家庭养老制度？或者，从一个更一般性的层次来看，父母和子女间的权力平衡与家庭养老之间存在一个怎样的因果机制？

以往的文献中就父母权力和养老制度之间的关系有一定的共识。无论是早期强调工业化与核心家庭结构的对应（Goode，1963；Levy，1965；Parsons，1949），还是后来强调不同家庭制度连续性的历史比较研究（Cowgill，1972；Hajnal，1982；Laslett，1972；Macfarlane，1986；Shorter，1977），它们都有一个隐含的共识，即父母权力（尤其是对财产的控制权力）的削弱将导致家庭养老制度的式微。但是，当代中国的家庭生活显然并不符合这些预测。虽然老年父母已经不再拥有绝对的权威，但对老人的照顾通常还是由直系亲属（包括子女）来完成。大部分老人与已婚子女居住在一起，这样他们的日常生活需要可以由这个子女解决（Davis-Friedmann，1991；Whyte 和 Parish，1984；Ikels，1990，1993；Sheng，1990；Shen，1990），即使有些子女居住他处，父母与子女仍旧保持着感情及经济上的联系（Davis-Friedmann，1991；Unger，1993）。

既然父母威权已经大大减弱，为何中国的家庭养老制度仍充满着生命力？本文的主旨是运用理性选择理论对中国的养老制度模式做理论上的探讨。以家庭成员在一个变化的社会环境中追求某种特定文化目标而采取的适应性策略为出发点（见 Davis 和 Harrell，1993；Thornton 和 Fricke，1987），试图从亲子间互动的角度来解释当今中国社会的代际关系，以及由此而引出的家庭养老模式。本文给出这样一个基本结论：在父母控制子女的能力大大降低，但孝道伦理仍旧获得道德上的认可的社会结构和文化环境中，正是父母与子女两代人在家庭生活中的合作与协调，使得家庭养老制度得以维持。

一 中国的家庭变迁

家庭养老意味着代际资源的转移和交换，而且这种转移是在家庭的框架中完成的（见 Lee，1994），并与家庭生活的组织方式密切相关。由于中国社会在半个世纪以来经历了巨大的变迁，我们有必要讨论一下中国家庭制度的变迁，这里讨论的重点是在亲子关系方面中国的传统家庭与当代家庭的异同[①]。与西方的小家庭相比较，中国的传统家庭经常被认为是几代同堂的大家庭（Fairbank，1983，1986；Fei，1939，1946，1992；Feuerwerker，1976），但是，如果假定近代西方的文化影响以及随之带来的经济变迁在19世纪20年代尚未完全改变中国传统家庭的基本格局，那么在当时所做的大型社会调查证明：大多数传统家庭为核心家庭（见Whyte & Parish，1984：153-156；Yang，1959：7-8）。中国普遍存在的传统家庭结构主要为核心家庭的事实为人口学界有关核心家庭的普遍性的看法提供了佐证（Laslett，1972；Levy，1965）。但需要指出的是，虽然在统计学意义上讲大家庭并非中国社会的普遍家庭模式，但联合或扩大家庭仍然是中国家庭的理想模式，即人们追求并力图实现的目标（Hajnal，1982）。几代同堂的大家庭之所以未能成为传统社会的普遍家庭模式，主要归因于高生育率和高死亡率等人口因素（Zeng，1986）。换言之，只要有可能或有能力，传统家庭单位的成长过程是向扩大家庭发展。由于在传统社会中基本没有由国家主办的福利设施（Kiser & Cai，2003），我们可以推断，与子女同住是过去保证老有所养的主要居住安排（Lavely & Ren，1992）[②]。

中国传统社会的孝道，即强调子女对父母之命的绝对服从以及对老人尽心尽力赡养的价值观，显然与近两千年作为国家意识形态的儒学密切

[①] 在本文中"中国传统家庭"这一术语主要指晚清至民国期间的家庭生活模式。
[②] 西方发达国家比较完整的公共福利制度是近代才开始出现的，即使在古代，西方的公共福利制度，主要是由宗教组织主持的福利制度，似乎也比中国发展得更早。即使在工业化之前，西方家庭中老年父母对子女的依赖也相对较弱，这也从另一方面凸显了在西方公共养老福利的重要性。简言之，以英国为代表的欧洲的家庭体系远在工业化之前就已经出现了现代家庭的一些特点，如核心家庭结构、婚姻自主、较弱的亲子联系，等等（Laslett，1972；Macfarlane，1986；Shorter，1975）。

相关。虽然孝道一直为国家各级机构所大力提倡，民间对孝道伦理的普遍尊奉应该说是与家庭生活中父母与子女在经济上的互相依赖分不开的。我们可以认为，传统社会中孝道的广为流行主要源于家庭作为经济生产单位这样一个基本经济事实。当然，或许也正是孝道的流行才促使了父母与成年子女在经济上的紧密联系（Yang，1959：89-91）。无论在历史上这二者之间的因果关系如何，在传统社会中，孝道无疑是掌握在老人手中以保证与子女保持密切的不可分割的经济联系的一个重要文化工具。

传统社会的家庭往往被家庭成员作为一个企业或一项事业进行经营。家庭产品的共同消费为这种运作方式提供了一个基本的经济理由。正是这种共同生产、有机劳动分工以及所有劳动产品共享的特点使得家庭户（family household）有别于其他社会组织（Weber 1978：356-360）。而这些特点在中国传统家庭中表现得尤其突出。当家庭同时作为消费单位与生产单位时，把家庭作为事业经营的经济动力则更为有力。例如，在晚清和民国期间，绝大部分工商业组织都是以家庭为基础的（见 Skinner，1977；Yang，1959：137-141）。要在市场中生存或保持竞争力，这些家庭也必须以企业的方式运行。

此外，在传统中国社会中，家庭还被赋予了更高的道德意义。维持或发展家庭不仅是为了生存，更是为了实现所谓光宗耀祖的道德目标[①]。中国古代社会较为开放的社会分层制度，以及以家庭为单位的相对活跃的社会流动，也为中国传统社会的家庭主义的流行提供了有利的条件。如同韦伯笔下的加尔文派新教徒、中国古代的士人和商人为了自己在仕途或商界的事业成功可以克勤克俭、孜孜不倦、始终如一，但他们的目标不是宗教意义上的解救，而是将自己的家族发扬光大（Marsh，1961；Huang，1981）。这种将家族的发展和荣耀作为最重要的生活目标的文化诉求或许就是费正清所说的"中国式的个人主义"（Fairbank，1983：71-74）。

1950年颁布的新《婚姻法》标志着中国家庭的重大转型。自主婚姻、对孝道的批判以及社会主义改造运动等一系列制度和文化上的变迁大大地削弱了家庭中长者的权力。当家庭单位不再是经济生产中的主要单位，当

[①] 宗族制度在传统中国家庭体系，尤其是中国南方的家庭生活中，曾经有着非常重要的影响。但宗族组织在中国现代家庭生活中基本不复存在，因而在本文中不做讨论。

子女可以离开家庭寻找其他就业机会时，老年父母失去了控制成年子女的一个最重要的工具。当社会生活的基本组织方式从家庭式组织转为非家庭式基本组织时（Thornton & Fricke, 1987），以往由家庭承担的责任也大部分转移到了非家庭的社会组织。这种转型对亲子关系的一个最重要的影响是降低了成年子女对家庭的经济依赖。而从父母的角度来讲，当子女在家庭之外寻求各种生活机会时，他们对成年子女的依赖也在减弱。虽然中国至今尚未完全建立一套完整的社会养老保险安全网，但是现已建立的社会保险和退休制度也已经能让老年人保持一定的经济独立（见 Ikels, 1990; Davis-Friedmann, 1985; Perkins, 1986; White, 1987）。换言之，就家庭内部代际的权威分布来讲，老年人以往所拥有的绝对权威固然不复存在，但这并不意味着老年人的经济状况恶化，甚至也并不意味着代际关系的弱化。然而，这种变化肯定意味着代际关系的性质已经发生了改变，而且这种关系的维持已不再仅仅依赖于以往父母所享有的威权。那么，我们新的问题是代际关系出现了什么样的变化，以及这种变化对家庭养老制度有何影响。

二 代际关系和家庭养老之间的关系

现代中国家庭内部的权威结构以及亲子之间的经济依赖关系看起来已经开始向西方家庭模式演变。但是，一个明显的事实是老年父母和他们的成年子女的关系仍旧十分密切，如果父母愿意或需要，他们仍旧可以求助于子女以保证晚年的生活安定。而成年子女（包括女儿）也愿意在经济、服务和感情等各个方面帮助自己的父母，使他们有安定的晚年，即使这种帮助并不能带来任何经济上的回报。那么，在中国特有的文化和社会结构条件下，中国家庭养老的微观基础是什么？

首先，有必要在概念层次上区分养老和代际关系。代际的养老（intergenerational support）表现为一种社会行为，一种社会资源在代际的流动，而且其最终目的是为长辈提供正常的日常生活所需的帮助。由于代际养老主要表现为由成年子女到老年父母的资源转移（包括物质、服务和感情上的呵护），养老行为的实现取决于代际关系的性质。从这个意义上讲，在养老和老龄化研究的文献中，养老可以被理解为亲子关系的一项功能性内容（functional content），而反过来亲子关系也可以概念化为养老行动的结构性条件（Antonucci, 1990; House & Kahn, 1985）。

作为社会关系的代际关系有几个特点值得注意。我们应该区分青壮年父母和幼年子女的亲子关系与老年父母和成年子女的亲子关系。当子女年幼时，父母扮演着抚养者的角色。当父母年老需要帮助、其子女也已经长大成人时，子女开始扮演抚养者的角色。从亲子关系角度讲，在子女年幼时父母在维持亲子关系中扮演关键角色；而当父母年老时，子女开始扮演更积极的角色。由于亲子关系的长期性，父母年老时与其子女的关系的密切与否往往取决于早期父母扮演抚养者时的投入程度（陈皆明，1998）。换言之，只有当父母在子女年幼时为之做出大量的付出，他们才有可能在年老时继续保持与子女的稳固的联系，从而进一步获得子女的回报。这样，在一个家庭循环中（family cycle），亲子之间的依赖性在不断变化：从子辈对父辈的依赖转为父辈对子辈的依赖。

其次，虽然亲子关系是在家庭单位内部形成的，但是它们可以在子女成年之后存在于父母家庭之外（Hajnal, 1982）。无论家庭基本模式是大家庭还是小家庭，子女在建立自己的核心家庭的同时也承认与父母家庭的社会联系。然而，成年子女与父母的社会联系的重要性在各个社会中是不同的（Goode, 1963; Macfarlane, 1986）。如果在一种家庭体系中，家庭的权利和责任仅限于核心家庭内部的成员（见 Simmel, 1922/1955: 140-143），那么子女成年离开父母家庭后，与其父母的关系则没有很强的约束力。反之，在另外一种家庭体系中，如果父辈期待自己在老年时得到子女的帮助，也就是说他们希冀自己在年老时与子女的亲子关系仍旧具有强有力的相互帮助的约束力，那他们必须从一开始就与子女建立一种永久性的附带各种权利和责任的亲子关系。在这种情况下，子女成年后，无论是否离开父母家庭，父母子女双方均会承认其之间关系的永久性。

再者，作为一种感情性社会关系（Emotive relationship）（Weber, 1978），父母一方面出于"养儿防老"的考虑希望强化与其子女的关系，另一方面又需要淡化亲子关系中的利益因素以保证其长久性。任何一种亲密人际关系的维持都需要一定程度的感性因素（Simmel, 1922/1955），作为一种长期性的人际关系，亲子关系的维持需要巨大的感情投入，这就要求父母淡化或掩盖亲子关系中的工具性。换言之，为了亲子关系的稳定和长久，父母必须给亲子关系加上一层"温情脉脉"的面纱。或许正是由于这种经济利益和感情投入的高度一致性，父母才有可能在子女年幼时为之做出巨大的付出及牺牲。

因此，家庭养老过程中的资源转移，即资源从成年子女到老年父母的转移，不能由市场经济中的等价交换原则（quid pro quo）所解释。在中国社会，养老行为不仅是一种经济行为，同时也被视为一种道德行为。老年人在最需要帮助的时候往往也是最缺乏回报能力的时候。在现代中国，许多老年父母在子女成年后继续为其提供帮助的行为可以理解为他们维护与子女关系的持久性的一种努力。虽然从广义上讲，老年父母和成年子女的互动可以理解为社会交换，但亲子之间在某一时段的资源的交换显然不能用精打细算的市场交换理论来理解。对于绝大部分老年父母来讲，互助以及给子女灌输一种道德责任感是保证亲子关系长期性的唯一选择。

三 家庭责任和作为生活共同体的家庭

如果我们认为成年子女为老年父母提供帮助主要源于一种家庭责任感，那么有两个问题需要回答。一是为什么父母选择维持与子女长久的亲子关系，而不是选择以商业式的合同方式与子女建立无误的合约（见Macfarlane，1986）。二是中国的家庭生活在长久而稳固的亲子关系中起到了什么作用。如果说为了文化和社会生活的延续，一个家庭在子女成人之后需要对其进行"社会性断乳"（费孝通，1998），那么为什么中国社会的亲子关系不但稳固，而且附加了种种家庭责任？即使父母希望建立这种稳固的关系，中国的家庭生活如何使他们实现这一目标？

虽然社会的现代化转型弱化了家庭在经济方面的重要性，父母威权的降低弱化了家庭内部的等级层次，但家庭仍然是人们生活中的一个重要的组织性资源。有些学者甚至认为中国社会在近几十年中所经历的动荡的政治运动和巨大的社会变迁反而起到了增进和强化家庭团结以及功用的作用。例如，在讨论中国城市家庭在"文革"十年的家庭生活时，美国社会学家怀特（Martin Whyte）和帕里什（William Parish）认为城市中的家庭在面对动荡的政治运动和生活物品异常匮乏的经济现实时，非但没有出现崩溃，反而表现出更强有力的内部团结，同舟共济，共渡难关（Whyte & Parish，1984：193-194）。也就是说，在面对困难时把家庭的利益放在首位，仍然是许多家庭应对种种难关的家庭策略。这种将家庭整体利益放在第一位的趋向使得大部分家庭具有生活共同体的特点（Goode，1982；Hermalin，1993）。此外，即便在家庭组织可利用的资源远远不如以前的情况下，许多家庭仍然能够保持高度团结，这也说明父母权威的弱化并不一定会降低一个家庭的整体性（Goody，1990）。

这一结论显然与父母权威衰落导致夫妻家庭（the conjugal family）取代扩大家庭的论断不相吻合（Goode，1963）。这种差异的关键在于我们如何概念化作为社会群体的家庭。如果一个家庭被看作由长者掌权、等级严格、子女受到严格控制的群体，那么父母权威的衰落应该导致作为文化理想的传统大家庭的衰落。但是，如果我们同时把家庭看作一个家庭成员共享物质和精神产品（如安全感、信任、陪伴等）、所有成员有着共同利益的社会群体，那么长者权力的衰落仅仅说明了家庭内部的运作机制的变化，而不一定意味着家庭作为生活共同体的意义的消失。

这两种对家庭的概念化都可以说是韦伯意义上的"理想类型"。前者强调代际的利益差别以及随之产生的紧张和冲突；后者则认为家庭的本质是共同的利益和所有家庭成员之间的通力合作。无论在过去还是现在，具体的中国家庭都可以被认为是这两种类型的混合体。

如果这一分析思路正确，就意味着家庭内部权力结构的变化并不一定导致家庭作为生活共同体的意义的消失。代际的权力分配仅仅是这一社会关系中的一部分，代际的相互依赖和感情维系并不会因为父母的威权的衰落而消失。由于父母在子女年幼时仍然承担着抚养子女的责任，他们就有机会按照自己的期望和价值塑造与子女的亲子关系。当父母出于经济的考虑或价值观的偏好而选择保持和成年子女的经济联系，虽然他们必须要在更平等的基础上与子女交往，但仍可以形成一种长久且有约束力的代际关系。

此外，由于这个观点与西方家庭研究中关于工业化、经济发展和城市化等一系列现代化过程必然使家庭向核心家庭方向发展的看法相左，我们可以从现代西方家庭起源的角度来讨论这一问题。现代核心家庭或夫妻家庭的主要特点是密切的夫妻关系压倒其他家庭关系，"夫妻与其他亲戚之间既没有许多利益，也没有许多责任"（Goode，1963：8）。作为理想类型的夫妻家庭代表着一整套强调个人权利、自由选择和自我实现的家庭模式。根据英国历史学者麦克法兰（Alan Macfarlane）的观点，家庭以外的各种机会为成年子女挣脱父母家庭的束缚和建立自己的夫妻家庭提供了结构性条件。但是，要真正完成向西方式小家庭的转变，必须要出现一套强调个人成功和价值实现、淡化对扩大家庭成员的忠诚的新的观念。这套新的观念就是麦克法兰所说的西方式的个人主义（Western individualism）。换言之，个人主义观念是西方小家庭体系的一个重要的文化条件（Macfarlane, 1986, 1987）。

中国目前的家庭模式，尤其是就代际关系而言，与西方家庭的模式还有相当大的差别。这或许也说明了中国的家庭制度向西方式家庭制度转变的社会和文化条件尚不具备（Lee et al., 1994）。如果我们同意麦克法兰的观点，将个人主义视为西方家庭体系的一个必不可少的条件，那么，我们可以推断，至少在家庭领域中国集体主义文化影响依然十分强大。对于中国的老年父母来说，文化上的偏好和亲子关系在实际生活中的工具效用相互烘托、互为支持，为父母精心构造持久性的亲子关系提供了有力的动机力量。由于父母的努力以及以后代际长期的经济上的互相依赖，中国家庭表现出惊人的凝聚力。

四　群体认同与家庭责任的维持

父母保持和维护亲子关系固然是希望在自己年老体衰时获得子女的照顾，但是成年子女在已获得独立经济能力后是否会遵守亲子关系中隐含的约定，则主要是子女的决策。那么，在家庭生活安排中存在什么样的机制以保证子女在父母年老时履行养老的义务？

美国经济学家贝克（Gary Becker）的"坏孩子定理"（The Rotten Kid Theorem）给我们提供了很好的理论上的线索。根据贝克的观点，具有利他主义精神的父母或户主，可以使一个自私的孩子即使出于自身的利益也会做出有利于全家人的行为。在这里，户主的利他主义被定义为其个体的效用或幸福（utility）与所有其他家人的个体效益呈正相关。一个具有利他主义精神的户主在分配家庭收入和消费时力求全家的总体效益达到最大化，并实现帕累托最优（Pareto efficiency）。当一个自私的孩子做出损害其他家人的行为时，户主将会减少坏孩子所能得到的消费配额，将其转移给那位受损的家人。这样，即使出于自身利益的考虑，这个"坏孩子"

也会选择停止损人的行为（见 Becker, 1991: 287）。[①] 换言之，在一个家庭中，当父母在资源分配时考虑全家所有人的福利，他们的利他主义行为可以促成家庭中所有成员的通力合作。

就在一定条件下家庭成员如何行动以使其家庭获得最大总体效用这个问题，"坏孩子"定理给出了一个有趣的经济学解释。但当这一定理被用来解释养老行为时，其定理条件过于严格。它要求所有家庭收入完全共享；父母无权分配其他成员的收入，仅能使用他们的收入以提高其他成员的个人效用，而且父母的收入必须高到足以产生平均化的效果。在养老过程中，成年子女往往已经建立了自己独立的家庭单位。更重要的是，在父母年老、经济依赖在亲子之间已经发生变化时，老年父母保持利他主义精神已无法保证子女能提供帮助。也就是说，纯经济的考虑无法保证成年子女履行养老的责任。就如同父母不会因为纯经济的考虑而养育子女一样（Mueller, 1976; Willis, 1982），成年子女也不会因为纯经济的考虑而为其年老的父母做出经济上的奉献。

从家庭成员联系的角度分析，一个已婚子女至少认同于三个家庭。根据目前父系传统已经减弱以及已婚女儿与父母的紧密关系的情况（Lin, 1947; Fei, 1939; Baker, 1979; Whyte & Parish, 1984; Davis-Friedmann, 1991），现在一个已婚子女可以既是自己家庭的成员，又是其父母和配偶

[①] 一个家庭户中户主的效用函数可以定义为

$$U_h = U(Z_h, Z_i, \cdots, Z_p)$$

其中 U_h 是户主的效益，Z_i 是第 i 受益者的消费或效益，$i = 1, 2, \cdots, p$。户主 h 的利他主义在这里定义为 $\partial U_h / \partial Z_i > 0$，即，户主的效益随受益者的效益的提高而提高。户主的收入为 $I_h = \sum_{i=1}^{p} y_i + Z_h$，其中 y_i 是户主给予受益者 i 的贡献。经代数变换后，家庭总收入 S_h 为

$$S_h = Z_h + \sum_{i=1}^{p} Z_i = I_h + \sum_{i=1}^{p} I_i$$

因为户主 h 的效用函数定义为与家中其他人的效用正相关，最大化家庭总体效用函数与最大化户主 h 本人的效用函数是同效的。令户主的效用函数相对于自己和他人的一阶偏导数等于0，总体效用最大化的条件为

$$\partial U / \partial Z_i = \partial U / \partial Z_j \quad \text{其中 } i, j = h, 1, 2, \cdots p \text{（Becker, 1991: 287）}$$

得出的条件说明，当增加任何家庭成员（包括户主）的消费对总体效用的增长率相同时，家庭总体效用达到最大值。

当我们假定户主会通过再分配的办法保证这种平衡，我们就得出"坏孩子定理"。

父母家庭的成员。① 无论其是否与父母或岳父母同住，我们可以假定这个成年子女不会完全放弃在父母家庭的成员身份。根据这个概念框架，我们可以认为每一个已婚子女有多重的家庭身份（Simmel，1922/1955：138）。这样，养老的问题也可以理解为一个人是否履行其作为父母家庭中永久成员的义务。

根据美国社会学家海式特（Michael Hechter，1987）的看法，一个人自愿参加一个社会群体的目的是获得和享有此群体共同产出的产品。对于每一个人来说，其参与的第一个群体是父母家庭。显然，一个人参加父母家庭不能用自愿行为来形容，因而参加社会群体以享有其共同产品的论断在此也不适用。但是，一个成年子女继续保持其在父母家庭的成员身份，却是自己的选择。那么，为什么成年子女继续保持在父母以及岳父母家庭的成员身份，我们可以从成员身份的利弊分析中寻找答案。

由于成年子女婚后有了自己的经济来源，我们可以认为成年子女继续保持与父母家庭的联系的主要原因是非经济性的（Davis-Friedmann，1991）。与父母保持持久的社会联系的好处首先是继续获得父母的关爱，而这种愿望应该还在于对父母养育的感激之情。这种感激由于父母长年对子女的训导以及关于养育子女的辛劳的暗示，也大大地被强化了（Yang，1959）。的确，培养子女的感恩之情是父母在子女社会化过程中所运用的一个重要工具。

感情上的维系并非唯一的好处。成年子女在婚后也继续从父母家庭获取实际的好处。健康条件好的老年父母仍然可以为子女提供各种形式的帮助。此外，与父母家庭的联系会扩大成年子女的社会网络或关系网。关于中国社会的关系网在个人事业中的重要性，已经有很多重要的研究（见Zheng，1986；Bian，1997）。此外，在保持父母家庭的成员身份的同时，成年子女也强化了与兄弟姐妹之间的联系。

退出父母家庭的代价主要体现为在父母家庭所获取的好处的不可替代性（Hechter，1987：43）。退出的主观性代价是愧疚心理。即使在西方国家，虽然有相当数量的中年女性为其父母提供服务性帮助，但许多人因为

---

① 大量的社会调查已经表明，在当代中国女儿已经成为保证父母老有所养的一个重要来源。即使在传统中国社会，也有许多研究表明已婚的女儿继续与娘家保持亲密的联系（Lin，1947；Baker，1979）。

未能为老年父母提供帮助而感到愧疚（Brody，1985）。考虑到中国的社会福利系统不如西方发达国家那样完善，而且父母对子女的养老责任抱有很高期望，如果某些子女拒绝提供服务，将对父母产生很大的精神打击，也给子女带来巨大的心理负担。退出父母家庭、拒绝提供养老服务的第二个代价是社会压力。中国的父系制度传统使得成年儿子的社会压力尤其沉重。即使今天，"不孝之子"的恶名仍是令人异常难堪的。为老年父母的福祉做出努力是一个人在社会中获得别人尊重的最基本的条件。

五 家庭资源的再分配

家庭养老得以实现的一个关键点是子女与父母的持久联系和对父母的认同。那么，指导老年父母和成年子女间的资源流动的原则也应该类似于我们在一个典型的核心家庭中所发现的原则。当然，这种类似的程度又取决于成年子女认同其父母家庭的程度。也就是说，只要成年子女对其父母的家庭有很强的认同感，就如前面例子中提到的利他主义的一家之主，那么我们应该期待资源的流动也服从总体效用最大化的原则。

任何一个家庭的最基本的经济特征是家庭资源的共享。无论是传统的父权制的大家庭，还是现代生活中强调家庭内部平等的核心家庭，资源共享意味着一个平均化过程，即从供给者（如父母）向受惠者（如幼年子女）流动。这种流动在绝大部分情况下表现为父母养育子女的过程。父母为子女提供生活和成长所需的各种资源，或许是出于利他之心（Becker，1976），或许是因为子女代表着长期的投资（Caldwell，1976），或许是子女给父母生活带来了极大的欢乐（Macfarlane，1986），但不管出于什么动机，资源流动显然不能用市场交换的机制来解释。

在讨论家庭生活的优越之处时，美国社会学家古德（William Goode）认为现代家庭仍然是一个很重要的经济单位，因为人们在家庭内部从事生产并进行消费（1963）。韦伯关于家庭经济生活的论述则更为直接，他使用了"家庭共产主义"一词来描述家庭内部的共同消费：

> "就经济和个人关系来讲，家庭户在其'纯粹'但并非一定是原始的形式下，意味着对外的团结和对内的在财产和日常生活用品上的共产主义。……家庭户的共产主义，即各尽所能，在有足够物品情况下的按

需分配，即使在今天也是我们家庭户的基本特点。"（Weber, 1978: 359）

韦伯关于家庭消费的观点认为家庭的共同利益完全淹没了个人的利益。这一点可能只存在于纯粹的"理想类型"中。贝克笔下的有着利他精神的户主的家庭，则提供了一个类似但在理论上更灵活的家庭消费模型。在一定经济条件的限制下，一家之主将自己的收入分配给所有成员，以达到他（或她）所认定的最大总体效益。收入的具体分配依据的平等程度，显然取决于这位家主的偏好，但有一点很清楚，就是家庭户内部的资源共享。

当子女幼年生活在父母家庭时，共享的原则决定了资源流动的方向主要是自上而下，即从父母到子女的流动。当子女长大成人并开始拥有独立收入时，他们对父母的依赖逐渐减少，直至完全停止。如子女将孝敬父母作为自己的责任，他们将会继续保持与父母家庭的联系，并在主观意识上保留自己在父母家庭的成员身份。这种多重家庭成员身份的保留，对于每一个成年子女来讲，也同时意味着所谓"家"的概念边界的延伸，涵盖了子女自己的家庭以及父母（包括岳父母）的家庭（见 Greenhalgh, 1982）。当家庭的边界在主观意义上做了这种延伸之后，当一个有着自己独立小家庭的成年子女同时也将其居住于他处的年老的父母视为家庭成员，代际的资源，无论是自下而上还是自上而下，自然会按照共享的原则而流动。

资源的共享并不意味着家庭成员资源分配的绝对平均化。根据贝克的理论，平均分配并不一定保证所有家庭成员均等的效用或效益。或更重要的，平均分配并不一定保证最大化的总体效益。具体的平均化过程完全在于分配者的文化偏好所决定的总体效益。推而广之，子女与父母之间的资源流动，在多数情况下也不会达到资源上的绝对的平均。成年子女本身的需要、他们自己的子女负担、父母的身体状况、个人喜好、个人收入的差别等都会对资源的具体分配产生影响。但是，无论具体情况如何千差万别，成年子女与老年父母的资源流动的基本趋向应该是资源的平均化。在这个平均化过程中，当资源从成年子女转移到老年父母时，我们所说的家庭养老也就得以实现了。

六 结语

本文的主要目的是借用理性选择观点就中国的养老模式做理论上的探

讨。此项研究试图以家庭策略或家庭成员在一个特定的社会环境中追求某种特定文化目标的行为为讨论重点，理解并解释中国目前的养老模式的产生以及与之相伴的代际关系的特点。其基本前提是代际关系与家庭养老密切相关，而且养老的完成主要由代际关系的性质所决定。养老和代际关系之间的这种概念上的联系是与老龄研究文献中将养老视为代际关系的"功能性内容"和将代际关系视为养老的"结构性条件"的观点相一致的。以此为出发点，本文在给出的理论解释中还引入了多重家庭成员身份、家庭边界的扩展以及家庭资源平均化等概念。这个理论解释的一个主要结论是养老的实现还是在于一种家庭责任的体现。

虽然中国社会的结构性变化显著地弱化了老年父母控制成年子女的能力，但建立密切、长久且有强大约束力的代际关系以保证老有所养的经济逻辑依然存在。尽管当代社会的退休和其他福利制度已大幅度提高了老年人经济上独立生活的能力，老年父母并不难认识到由子女提供赡养以保晚年幸福仍然是一个可取的选择。得助于在社会中仍然具有极大影响力的孝道伦理的支持，他们也不难发现家庭养老仍然是一个可行的选择。孝道虽然很难用来解释实际生活中老年父母和成年子女的具体行为，作为中国传统文化的一部分，如同韦伯所说的扳道工（the switchman），这一价值观为中国代际关系模式的形成起到了导向的作用。

对父母来讲，保证子女能够履行养老的许诺并消除监督成本的办法是使用家庭经济资源以建立与子女密切的亲子关系。这种家庭策略的结果是家庭边界的扩大和亲子关系的增强，以及即使在没有负面惩戒的情况下也能圆满实现家庭养老。将养老作为一种家庭责任意味着亲子关系中附加了广泛且有约束力的长期责任和权利。这种亲子间广泛的相互责任也意味着大部分中国家庭的运作仍未到达古德所提出的"夫妻家庭"那样的理想类型。无论成年子女是否与老年父母同住，他们的家庭之间仍旧保持着密切的联系。家庭养老的广泛存在也说明中国家庭的演变并不一定会沿循西方家庭变化的轨迹。

在缺乏有效监控机制的情况下，成年子女为父母提供的各种支持应该主要来自他们的责任感。纯经济的理论无法解释成年子女在没有经济回报的情况下为何继续为老年父母提供帮助。本文给出的理论模型使用成年子女的多重家庭成员身份，就成年子女提供养老的动机做了解释。在同时是父母家庭的成员的情况下，提供养老可以理解为家庭责任的履行。

家庭内部资源分配的一个基本原则是共享。当成年子女具有多重家庭成员的身份时，这种共享就涵盖了成年子女的家庭和父母的家庭。这种涵盖也可以理解为家庭边界的扩展。在这个意义上，家庭养老可以理解为家庭资源共享的具体体现。

总的来看，虽然中国社会的结构性变化大大削弱了家庭中长辈的权威，但维持良好并持久的亲子关系的客观经济需求仍然存在。在包括孝道在内的文化环境的影响下，父母通过投入大量家庭资源以建立强有力的亲子关系，并由此在不需要大量监督成本的情况下保证子女能够履行代际隐含的"合约"，不失为一个非常有效的选择。父母和子女这种互动行为的结果是：家庭的边界涵盖了老年父母和成年子女的相对独立的家庭；父母和子女之间的关系呈现长期的利他性；而且家庭养老能够在没有来自国家或个人家庭负面惩戒的情况下实现。

参考文献

陈皆明，1998，《投资与赡养：关于城市居民代际交换的因果分析》，《中国社会科学》第6期，第131~149页。

费孝通，1998，《乡土中国与生育制度》，北京大学出版社。

Antonucci, Toni C., 1990, "Social Support and Social Relationships." pp. 205–226 In *Handbook of Aging and the Social Sciences*, third edition, edited by Robert H. Binstock, and Linda K. George. San Diego: Academic Press.

Baker, Hugh, 1979, *Chinese Family and Kinship*. New York: Columbia University Press.

Becker, Gary S., 1974, "A Theory of Marriage: Part II." *Journal of Political Economy* 82 (2): S11–S26.

Becker, Gary S., 1976, *The Economic Approach to Human Behavior*. Chicago: The University of Chicago Press.

Becker, Gary S., 1991, *A Treatise on the Family*. Enlarged edition. Cambridge: Harvard University.

Bian, Yanjie, 1997, "Bringing Strong Ties Back In: Indirect Ties, Network Bridges, and Job Searches in China." *American Sociological Review* 62: 366–385.

Brody, Elaine M., 1985, "Women in the Middle and Family Help to Older People." *Gerontologist* 21: 470–480.

Caldwell, J. C., 1976, "Toward a Restatement of Demographic Transition Theory." *Population Development Review* 2: (3, 4): 321–366.

Cowgill, D. O., 1972, "A Theory of Aging in Cross-Cultural Perspective." pp. 1–13 In *Aging and Modernization*, edited by D. O. Cowgill and L. D. Holmes. New York:

Appleton-Century-Crofts.

Davis, Deborah and Stevan Harrell, 1993, "Introduction." pp. 1-22 In *Chinese Families in the Post-Mao Era*, edited by Deborah Davis and Stevan Harrell. Berkeley: University of California Press.

Davis-Friedmann, Deborah, 1985, "Intergenerational Inequalities and the Chinese Revolution." *Modern China* 11 (2): 177-201.

Davis-Friedmann, Deborah, 1991, *Long Lives. Expanded edition*. Stanford: Stanford University Press.

Fairbank, John K., 1983, *The United States and China. Fourth edition*. Cambridge: Harvard University Press.

Fairbank, John K., 1986, *The Great Chinese Revolution* 1800-1985. New York: Harper & Row, Publishers.

Fei, Hsiao-tung (Xiaotong), 1939, *Peasant Life in China*. London: Routledge.

Fei, Hsiao-tung (Xiaotong), 1946, "Peasant and Genry: An Interpretation of Chinese Structure and its Changes." *American Journal of Sociology* 52: 1-17.

Fei, Hsiao-tung (Xiaotong), 1992, *From the Soil: The Foundations of Chinese Society*. (xiangtu zhongguo, originally published in Chinese by Guancha Publishing House in 1947.) Translated by Gary G. Hamilton and Wang Zheng. Berkeley: University of California Press.

Feuerwerker, Alber, 1976, "State and Society in Eighteenth-Century China: The Ch'ing Empire in its Glory." Ann Arbor: Center for Chinese Studies the University of Michigan.

Goode, William J., 1963, *World Revolutions and Family Patterns*. New York. Free Press.

Goode, William J., 1982, *The Family*, Second Edition. New Jersey. Prentice-hall, Inc.

Goody, Jack, 1990, *The Oriental, the Ancient and the Primitive*. Cambridge: Cambridge University Press.

Greenhalgh, Susan, 1982, "Income Units: The Ethnographic Alternative to Standardization." *Population and Development Review*, Supplement: *Income Distributioni and the Family* 8: 70-91.

Hajnal, John, 1982, "Two Kinds of Preindustrial Household Formation System." *Population and Development Review* 8: 449-494.

Hechter, Michael, 1987, *Principles of Group Solidarity*. Berkeley: University of California Press.

Hermalin, Albert I., 1993, "Fertility and Family Planning among the Elderly in Taiwan, or Integrating the Demography of Aging into Population Studies." *Demography* 30 (4): 507-517.

House, James S. and Robert L. Kahn, 1985, "Measures and Concepts of Social Support." pp. 83-107 In *Social Support and Health*, edited by Sheldon Cohen, and S. Leonard Syme. Orlando: Academic Press.

Huang, Ray, 1981, 1587, *A Year of No Significance: The Ming Dynasty in Decline*. New

Haven: Yale University Press.

Ikels, Charlotte, 1990, "New Options for the Urban Elderly." pp. 215–242 In *Chinese Society on the Eve of Tiananmen: The Impact of Reform*, edited by Deborah Davis, and Ezra F. Vogel. Cambridge: Harvard University Press.

Ikels, Charlotte, 1993, "Settling Accounts: The Intergenerational Contract in an Age of Reform." pp. 307–333 In *Chinese Families in the Post-Mao Era*, edited by Deborah Davis, and Stevan Harrell. Berkeley: University of California Press.

Kiser, Edgar and Yong Cai, 2003, "War and Bureaucratization in Qin China: Exploring an Anomalous Case." *American Sociological Review* 68: 511–539.

Laslett, Peter, 1972, *The Household and Family in Past Time.* Cambridge: Cambridge University Press.

Lavely, William and Xinhua Ren, 1992, "Patrilocality and Early Marital Co-residence in Rural China, 1955–85." *China Quarterly*.

Lee, Ronald D., 1994, "The Formal Demography of Population Aging, Transfers, and the Economic Life Cycle." pp. 8–49 In *Demography of Aging*, edited by Linda G. Martin, and Samuel H. Preston. Washington D. C: National Academy Press.

Lee, Yean-Ju, William L. Parish, Robert J. Willis, 1994, "Sons, Daughters, and Intergenerational Support in Taiwan." *American Journal of Sociology* (99) 4: 1010–1041.

Levy, Marion J. Jr., 1965, "The Limits of Variation in Family Structure," pp. 41–60, In *Aspects of Analysis of Family Structure*, edited by Ansley Coale et al. Princeton: Princeton University Press.

Lin, Yuh-hwa., 1947, *The Gold Wing: A Sociological Study of Chinese Familism.* New York.

Macfarlane, Alan, 1986, *Marriage and Love in England 1300–1840.* Oxford: Basil Blackwell Inc.

Macfarlane, Alan, 1987, *The Culture of Capitalism.* Oxford: Basil Blackwell Inc.

Marsh, Robert, 1961, *The Mandarins.* New York: Free Press.

Mueller, Eva, 1976, "The Economic Value of Children in a Peasant Society." In *Population and Development: The Search for Selective Interventions*, edited by R. G. Ridker. Baltimore: Johns Hopkins University Press.

Parsons, Talcott, 1949, "The Social Structure of the Family," pp. 173–201 In *The Family: Its Function and Destiny*, edited by R. N. Anshen. New York: Harper.

Perkins, Dwight H., 1986, "The Prospects for China's Economic Reforms." In *Modernizing China*, edited by A. Doak Barnett and Ralph Clough. Boulder: Westview Press.

Ruggles, Steven, 2007, "The Decline of Intergenerational Coresidence in the United States, 1850 to 2000." *American Sociological Review* 72: 964–989.

Shen, Chonglin, 1990, "The Impact of Population Factors on the Family Structure in Urban China." pp. 60–65 In *Proceedings of Asia-Pacific Regional Conference on Future of the Family*. Institute of Sociology, CASS. China Social Science Documentation Publishing

House. Beijing.

Sheng, Xuewen, 1990, "Population Aging and the Traditional Pattern of Supporting the Aged." pp. 66 – 71 In *Proceedings of Asia-Pacific Regional Conference on Future of the Family*. Institute of Sociology, CASS. China Social Science Documentation Publishing House. Beijing.

Shorter, Edward, 1977, *The Making of the Modern Family*. New York. Basic Books, Inc.

Simmel, Georg, 1922/1955, *Conflict & the Web of Group-Affiliations*. Translated by Kurt H. Wolff and Reinhard Bendix. New York: The Free Press.

Skinner, William G., 1977, *The City in Late Imperial China*. Stanford: Stanford University Press.

Thornton, Arland and Thomas E. Fricke, 1987, "Social Change and the Family: Comparative Perspectives from the West, China, and South Asia." *Sociological Forum* 2 (4): 746-779.

Unger, Jonathan, 1993, "Urban Families in the Eighties: An Analysis of Chinese Surveys." pp. 25-49 In *Chinese Families in the Post-Mao Era*, edited by Deborah Davis, and Stevan Harrell. Berkeley: University of California Press.

Weber, Max, 1978, *Economy and Society*, Vol. 1, Berkeley: University of California Press.

White, Gordon, 1987, "The Politics of Economic Reforms in Chinese Industry: The Introduction of the Labour Contract System." *China Quarterly* 111: 365-389.

Whyte, Martin K., and William L. Parish, 1984, *Urban Life in Contemporary China*. Chicago: The University of Chicago Press.

Willis, Robert J., 1982, "The Direction of Intergenerational Transfers and Demographic Transition." *Population and Development Review* 8: S207-S234.

Wolf, Margery, 1988, "Marriage, Family and the State in Contemporary China." In *Family Relations*. A Reader, edited by Noval D. Glenn, Marion Tolbert Coleman. Chicago: The Dorsey Press.

Yang, C. K., 1959, *Chinese Communist Society: The Family and the Village*. Cambridge: The M. I. T. Press.

Zeng, Yi, 1986, "Changes in Family Structure in China: A Simulation Study." *Population and Development Review* 12 (4): 675-703.

Zheng, Yefu, 1986, "Connections." pp 351 – 361 In *The Chinese: Adopting the Past, Building the Future*, edited by Robert F. dernberger, Kenneth J. Dewoskin, Steven M. Goldstein, Rhoads Murphey, Martin K. Whyte. Ann Arbor, MI.: Center for Chinese Studies, The University of Michigan.

[原载《西安交通大学学报》(社会科学版) 2010 年第 6 期,作者对原文内容进行了修订]

农村家庭养老中的家国责任：
历程考察、实践难题与边界厘定[*]

钟曼丽　杨宝强

摘　要　农村养老保障体系的建立标志着国家进入了家庭养老的供给层面，减轻了家庭负担。但一个新的问题也随之出现，即在农村家庭养老中，双方的责任边界如何界定？边界的模糊往往导致责任的推诿。基于经济—管理—伦理的视角，本文系统分析了传统时期、集体化时期和改革开放后的个体化时期家庭养老的家国责任分担。发现当前家庭养老中家国责任的推诿导致了家国责任边界认同的困扰和家庭养老责任的泛化。为保障农村老人的养老权益，从家庭情感教育、家庭支持政策以及建立赡养法律援助制度方面明确了国家的责任。从树立责任意识、明确家庭的道德责任和法律责任方面确定了家庭的责任。家国责任边界的厘定既有助于家庭养老中的家国责任实现，又有助于提升政策制定的科学性。

关键词　农村养老　家庭养老　责任边界　经济—管理—伦理　家国责任

---

[*] 本文系教育部人文社会科学重点研究基地重大项目"中印农村妇女参与村级治理比较研究：基于实地调研"（15JJDZONGHE009）的成果。

一 引言

家庭养老是指由家庭成员承担养老责任的文化模式和运作方式的总称（姚远，2001）。中国是实行家庭养老模式的主要国家之一，尤其是在农村地区，由于经济发展程度和社会保障覆盖面较低，家庭一直是赡养老人的主要载体。但随着家庭类型、代际关系以及价值观念的变化，家庭也面临越来越沉重的养老压力。2016 年《第四次中国城乡老年人生活状况抽样调查成果》显示，"在老年人健康状况不断改善的同时，失能老人仍有 18.3%，半失能状态总数达 4063 万人，有六成老人的家庭环境不适应老年人身体状况的变化。农村老年人精神孤独问题尤为严重，空巢老人占老年人口的比例达到 51.3%"。在此背景下，农村家庭养老将在未来几年成为整个社会的难以承受之重。伴随着农村基本养老保障的建立，政府开始介入农村养老保障层面，新农保的开展在一定程度上减轻了农村家庭养老的压力。但也由此引出了一个新的问题，农村家庭养老中家国责任的边界在哪？边界的模糊往往导致双方责任的推诿，结果可能导致养老责任的虚化。本文试图从历史变迁的视角分析农村家庭养老的家国责任演进逻辑，从经济、管理和伦理三个方面探讨不同历史阶段农村家庭养老中的家国责任分担，分析当下家国责任边界模糊带来的农村家庭养老问题，并试图厘清家国间的责任边界。双方边界的厘定既有助于家庭养老责任的实现，又有助于提升政策制定的科学性。

二 农村家庭养老的家国责任变迁：经济、管理与伦理的三维视角

农村养老中家国责任的分担是由不同历史条件下的经济发展程度、政府管理方式以及伦理来具体建构。针对农村问题研究的历史阶段划分，王跃生（2011）从 1949 年前的传统时期、1949 年后的农村集体经济时代、城市计划经济时期，再到城市市场经济时期和农村社会转型时期探讨了中国家庭代际关系及其时期差异。邱梦华（2008）从传统时期的公私相对、再分配时期的崇公抑私、转型时期的强私弱公和公私分明探讨了中国农民公私观念的变迁。郭星华（2012）在探讨农民行动逻辑演变时将其划分

为传统社会、大集体时代和现代社会。吴理财（2013）按照传统时期、集体化时期、改革开放以来探讨了中国农民行为逻辑的变迁。夏琼（2013）从社会管理视角分析了"前国家政权建设"时期、"国家政权建设"时期以及"后国家政权建设"时期的中国农民社会冲突的演进历程。彭希哲、胡湛（2015）从"传统"中国家庭和改革开放后的家庭政策和家户变动分析了当代中国家庭的变迁和家庭政策的重构。本文在学界前述研究的基础上，将农村家庭养老的家国责任变迁分为了传统时期、集体化时期以及改革开放后三个阶段。传统时期的小农经济、"皇权不下县"的乡村自治和家国同构的忠孝伦理决定了家国责任的清晰边界。集体化时期的集体生产方式和人民公社嵌入了农民生活的方方面面，农村养老的责任也转移到了集体。家国间在养老方面的合作程度较低。改革开放后的个体化时期，家庭福利在很长时期主要是以补缺模式为主，即将重点放在问题家庭、"五保户"以及失去家庭依托的边缘弱势群体上（彭希哲，2015）。此外，"大规模和加速度的工业化、城市化以及随之出现的个体化，大大弱化了传统家庭养老的功能"（陈军亚，2018）。鉴于此，本文从经济制度、管理制度以及社会伦理的视角来探讨不同时期农村家庭养老的家国责任承担，试图分析不同时期家国责任的分担及其动因（见表1）。

表1 经济制度、管理制度和社会伦理与农村养老家国责任的关系

时期	家国责任的边界	变迁轨迹的三维动因		
		经济动因	管理动因	伦理动因
传统时期	边界清晰 低度合作	小农经济	农村社会自治	家国同构
集体化时期	边界向集体转移 低度合作	集体经济	人民公社制	被解构的孝道
个体化时期	边界模糊与推诿合作	市场经济	村民自治	伦理冲击

（一）传统时期的家国责任：清晰的边界与低度的合作

1. "动口的国"与"动手的家"

传统社会中农村养老的主要承载者是家庭，这一时期家国间责任边界清晰。国家对于无儿无女的鳏寡老人，则令其近亲收养，若无近亲则由各级官府设立的"悲田院""福田院""居养院"收养。如《唐户令》规

定:"诸鳏寡、贫穷、老疾、不能自存者,令近亲收养,若无近亲,付乡里安恤。"在家庭责任方面,首先,传统社会小农经济自给自足的特征决定了对父母的赡养既是家庭的基本义务也是其难以推卸的责任。其次,家训族规往往规定了子孙对父母的赡养义务和违背这些规定所面临的惩戒。再次,社会文化对家庭养老也形成了强大的外部约束力,忤逆或不孝,一方面会招致邻里亲友的道德围攻,另一方面也会因触犯法规而遭受惩罚。在文化约束下,家庭往往会自觉承担起养老的责任。传统社会中,养老的家国责任边界清晰,家庭是养老的具体承载和行动者,家族和宗族起到监督家庭养老的作用,国家则在法律和伦理上倡导家庭养老。一方面通过礼律和法律保证了老人的地位,另一方面通过赋税、徭役等方面的减免和优待给家庭以经济扶持。

2. 传统时期家国责任的基础与动因

(1) 家户为基础的经济形态

黄宗智(2012)指出,"在中国经济史上,最基本的经济单位一直都是农户家庭,而不是个体化的雇工"。历史上的井田制和均田制的土地制度都离不开家户制。家户制是保障家庭养老的经济基础。为稳定这一基础,国家还通过专门的法律来禁止子女与父母分财和分家。如《唐律·户婚律》规定:"诸祖父母、父母在,而子孙别籍异财者,徒三年。"《明律》规定:"凡祖父母、父母在,而子孙别立户籍、分异财产者,杖一百。"此外,非货币化的小农经济也让家庭成为这一时期养老的唯一选择。"农民经济也是一种无货币经济,以至于赡养老人只能在家里可行,提供实物在超出一定范围时便成为不可能,因为这需要用现金支付并用此金钱购买食物,而在前工业时代,在农业地区中这两个都不存在。"(迈克尔·米特罗尔,1989)因此,以家户为单位的土地制度决定了这一时期农村家庭养老的经济基础。

(2) "皇权不下县"的农村社会自治

传统中国时期,正式的行政层级只到县一级,国家更注重地方自治,而地方自治的有效性则主要依托乡绅、家族以及宗族之上的村规乡约。国家把自治权下放,由扩大的家庭——家族、宗族通过地方性的制度来维护乡村秩序。由于统治者对农村采取无为而治的统治思想,所以国家在农村养老这个问题上只承担意识形态上的倡导和法律上的保护。在意识形态上,国家大力提倡孝道,要求子女赡养父母,对父母尽孝不仅局限于物质上的供给，还要为父母所想，满足父母的情感需求和精神需求。在法律上，对老人地位给予制度性保护，对家庭养老给予制度性保障，强化子孙养老义务的履行，表彰孝子、惩戒不孝行为，并在刑法典上把"不孝"列为"十恶"之首。

（3）依血亲建构的家国秩序与伦理

"孝"以血缘亲情为轴心由近及远，逐步从家庭伦理向社会和政治领域扩展。"孔子说，'孝慈则忠'，君子之事亲孝，故忠可移于君，孝是忠的前提，忠是孝的结果，把对父母的孝心用来对待君主，就是移孝作忠。"（王翠，2013）这也是把家庭孝道延伸到了政治领域，"孝"也成为社会统治的基础。国君以孝治天下，臣民用孝立身和理家、保持爵禄。如《旧唐书》记载："太宗曰，天下一家，凡在朝士，皆功效显著，或忠孝可称，或学艺通博，所以擢用。"（刘昫，1975）此外，自西汉以降，历代君王都把《论语》《孝经》作为治国理念。在这一意义上，孝道的传承与弘扬，既为家庭养老提供了文化基础，也维系了家庭养老的运行和延续。

以家户为基础的小农经济、"皇权不下县"的农村社会自治、依血亲建构的家国秩序与伦理，这三大基础构成了传统社会农村养老中清晰的家国责任边界。一方面家庭受国家意识形态的熏陶，道德转化为伦理，"孝"内化为自愿行为。另一方面，国家法律对家庭养老的边界与责任做了清晰的界定，对于孝行给予表彰，对于不孝行为给予惩戒。

（二）集体化时期：家国间的"低度合作"

1. 农村养老的国、集体与家庭的责任

新中国成立后，经过短暂的经济恢复与调整，农村开始进入集体化时期，国家对家庭和个人的管制是这一时期的主要特征。农民直接接触的更多的是集体（人民公社），农业集体化和人民公社制的实施，逐渐淡化了家庭在社会中的核心地位，集体生活的开展也削弱了家庭的保障功能。马克·赫特尔（1998）探讨中国家庭的变革时也指出，"几千年来，在我们的家庭关系中，无非是儿子不能违抗父亲的旨意，妻子不能违抗丈夫的旨意，我们怎样与这种观念展开斗争呢？……必须扭转这种状况……在家庭中规定谁可以发号施令、谁必须俯首听命的局面不能再继续下去了"。集体在这一时期囊括了经济和社会的方方面面，家庭的功能几乎被公社食堂、敬老院、托儿所取代。在农村老人的养老方面，集体在名义上承担了老人的养老，但层次较低。原因在于集体化时期生产力和生产水平低下，这种集体供养与社会资源存量之间逐渐产生了张力，集体低水平的物质供给往往难以满足养老的需求，只能实现低水平的均衡治理。

2. 集体化时期家国责任变化的基础与动因

（1）被解构的家庭经济

互助组、初级农业生产合作社和高级农业生产合作社是国家对农村社会主要改造的三个阶段。这一合作化过程也凸显了农村土地制度由家户制向集体所有制的转变。农业生产合作社实行统一集体经营、集体劳作和统一规划，其性质也逐渐从土地的私人占有到合作经营，最后再转变为土地归集体所有和集体经营。土地制度的变化也改变了农村的养老制度。一方面集体化运动改变了农村家户制的经济结构。生产队取代了家庭成为基本的经济生产单位，实行统一领导、统一调配、统一指挥的生产方式。在这种集体化的劳动组织方式下，家庭成员的行动由生产队支配。另一方面集体化实行的收入分配方式也改变了家庭作为再分配单位的性质。老人的物质生活资料不再通过家庭这一渠道，而是依靠集体、凭借个人身份来获得。来自集体的分配制度使得老人摆脱了对家庭的经济依赖，传统的家庭养老也丧失了在提供养老保障方面的地位和功能。

（2）被解构的传统治理链条

与传统"皇权不下县"的社会管理方式不同，新中国成立后，国家开始划乡建政，建立乡村基层政权。国家通过一系列的政治运动，将原本处于政权之外的农村整合到国家政治体系之中。从纵向来看，集体化后，国家权力直接渗透到每一个村庄。从横向来看，人民公社既是基层政权的承接者，也是农民生活与生产的组织者。国家权力渗透到了农村社会经济和文化生活的各个方面。社队干部不仅承担生产队的管理职能，还兼具了调解纠纷、征兵以及社会治安的职能。国家通过对农村的控制来整合资源以加快城市建设。这一时期，家庭越来越边缘化，不再是构成社会的组织基础，也不再是国家管理社会的单位和对象。在国家构建的治理链条中，家庭在这一时期处于边缘的地位，养老功能也渐趋弱化。

（3）被解构的孝道

如果说"新文化"运动对孝道的批判只是动摇了家庭的神圣性，并发生在小范围的知识精英身上，那么1949年以后，孝道被政治生活所解构,范围扩及千千万万个普通家庭。新中国的第一部法律《婚姻法》强调"男女婚姻自由",以法律的形式否定了"父母之命,媒妁之言",老年人的权威受到削弱。祖先崇拜和孝道文化也遭到抨击。与传统宗族继嗣文化相关的庙宇、祠堂、族谱、公田或被没收或被摧毁,这使得传统的父权制和孝悌观念受到前所未有的冲击。正如费正清所说:"这一时期,中国传统的祖先威严、家族凝聚力和孝悌观念长期以来一直被侵蚀,……孩子们因公开指责父母而受到称赞,这样就引人注目地否定了古老的以孝悌为重点的最高美德。"(费正清、赖肖尔,1992)

被解构的家户经济、被解构的传统治理链条以及被解构的孝道导致农村养老责任边界的位移,国家将养老责任推向了集体。但是由于生产力发展水平低下,集体提供的老人福利极其有限。而家庭经过互助合作化运动和人民公社运动,其生产和生活功能被集体所取代,家庭赡养老人的能力下降,由于女性普遍参加生产劳动,也导致家庭照料老人的作用大大减弱。

(三)个体化时期的家国责任:模糊的边界与推诿的合作

1. 家国间的责任推诿

实行家庭联产承包责任制后,家庭又恢复了组织生产和分配收益的功能。土地制度的变化使农村的养老责任发生了变革,原本由集体承担的老人福利完全转移到了家庭,有无子女、子女的经济条件、子女的养老意愿等因素直接影响了老人的晚年生活(陈彩霞、陈功,2007)。随着人民公社的解体,国家对农村进行了松绑,在农村养老问题上国家欲退还休。改革开放后,国家开始提倡家庭副业、允许家庭多种经营,激发了家庭的生产积极性,一定程度上讲,国家通过提倡发展家庭经济的方式,弱化了自身的养老责任。家庭联产承包责任制虽激活了农民生产的积极性,提高了家庭的经济收入,但由于这一时期国家进入了城市和工业化快速发展时期,城市提供的大量就业岗位也吸引了大量年轻人离开农村,老年人则被迫成为留守人员。此外,家庭联产承包责任制所造成的农村家庭的"分裂"状态,[①] 在客观上也降低了家庭成员通过合作生产获得财产收入的可

[①] 家庭联产承包责任制的实施,使传统时期的农村"大家庭"通过分家的方式变为一个个独立的"小家庭",兄弟姐妹间在农业生产中的合作变得愈发困难。

能性，弱化了家庭养老的经济基础。

2. 个体化时期家国责任变化的基础与动因

（1）货币伦理下的家户经济

自给自足一直是小农经济的生产和生活模式，传统小农对市场的依赖性较低，随着改革开放的深入，农村生产的分散状态逐渐呈现，加之经济市场化程度不断提高，农民也被裹挟进了市场化的浪潮中。农民的生产和生活均被打上了市场化的烙印。人情往来、日常生活、邻里帮扶多以货币来计量，人际交往的范围逐渐扩大，家庭生产要素的配置也完全市场化，农民已从传统的"家庭人"转变成了"社会人"。徐勇教授将此定义为"社会化小农"[1]，并将这一阶段称为"社会化小农时期"，其典型特征就是农民生产和生活的各个环节均以货币来计算，货币的支出成了农户社会化的交易成本。这一时期，农户间已由传统的"守望相助，疾病相扶"转向了纯粹以货币来偿付各种人情和帮扶的货币伦理。老人由于失去创造财富的能力往往处在家庭资源的分配末梢，有时甚至难以参与分配。

（2）"经济理性"的冲击

费孝通（1983）曾指出，"中国人是心中有祖宗、有子孙而把自己作为上下联结的环节来看的"。这一关联环节就是个体对祖宗和后代所负有的责任。因此，传统社会家庭存续的基础就在于各成员对家庭的责任。与之相对，市场经济运行的基础则在于"经济人"理性和利益最大化。[2] 随着市场经济的发展，农村社会结构的碎片化和农民的原子化状态逐渐显现。"在农村，人与人之间的关系迅速理性化起来，传统的以宗教和信仰为基础的关系解体，以契约为基础的现代人际联系又尚未建立，并由此引发了一系列消极后果，如经济协作无法达成，村道破坏、道德丧失，村庄的无序化状态明显。"（贺雪峰，2006）农村社会逐渐从"熟人社会"演变成"半熟人社会"，传统的仁爱、互助的价值观念逐渐被金钱利益所取代，地方文化也逐渐被以市场和消费主导的文化所取代。

---

[1] 即生产、生活以及交往高度社会化的农户和农民（徐勇，2006）。

[2] "市场是按照契约自由的原则来推行，这意味着非契约关系，诸如亲属关系、邻里关系、同业关系等都将被消灭，因为这些关系要求个体的忠诚并由此限制了他的自由。"参见卡尔·波兰尼（2007）。

三 实践难题：家国责任边界认同困扰与家庭责任泛化

（一）家国责任边界的认同困扰

个体化时期家国责任边界的模糊造成了家国间养老责任的相互推诿，加之传统伦理的坍塌、货币伦理的横行、经济理性的"算计"，导致"社会化小农"对家庭养老功能的认同弱化。虽然国家介入农村家庭养老层面，分担了部分养老责任，减轻了家庭负担，但家国间在养老责任边界上出现了模糊、产生了认同困扰。国家将老人纳入养老保障范围后，子女认为既然国家对老人有了基本的制度安排，那么家庭对老人的赡养责任就可减轻。而国家则认为，农村养老保险目前已经为老人提供了基本支持，减轻了家庭负担，家庭就应当承担起更多的照料和赡养责任。农村家庭养老中家国责任边界的模糊不清和责任推诿，在一定程度上也损害了老人的权益。国家为农村老人提供的经济支持，在现实中其受益者可能会发生偏差，即子女领取老人的养老金后并未用于改善老人的生活质量。不可否认，国家介入农村养老场域提升了老人的福利水平，但也为部分农村家庭提供了不赡养老人的借口。农村家庭养老，原本在法律界定中清楚的责任边界，在现实中却发生了混淆。

（二）农村家庭养老的责任泛化

家国责任边界认同的困扰在影响国家养老供给的同时也直接导致了家庭在养老中的功能弱化。加之经济理性的冲击，传统伦理的约束乏力、子女外出务工等也造成了在老人的经济供养、生活照料以及精神慰藉方面出现了子女责任的泛化。[①]

1. 经济供养不足

经济收入是养老的前提和基础。农村老年人的收入主要由养老金、子女赡养费以及个人劳动收入三部分组成。其中，子女支付的赡养费具有一

[①] 家庭养老责任泛化，是指子女在赡养老人的过程中责任不到位，对父母的物质供养有限，甚至仅仅维持老年人的最低生活水平。

定程度的不确定性。慈勤英等（2018）对东北、华东、华南和华中地区的 7 个市县的实地调研显示，"家人的经济支持并未随贫困老年人口年龄增加或健康状况恶化而增加，高龄、健康不良的贫困老年人由于自身身体机能的衰退需要更多的经济支持，但来自家庭的支持并未明显增加，揭示了家庭经济支持的非主体和从属特征"。（慈勤英、宁雯雯，2018）有调查还显示，"农村留守老人主要依靠自理和配偶的劳动取得经济来源（所占比重高达 63.7%），来自子女的经济支持比重仅为 16.3%"。（卢海阳、钱文荣，2014）除此之外，农村老年人还普遍面临看病、农业生产投入、人情往来等经济压力，不少老人还为子女承担了农业生产和照料留守儿童的责任。

2. 生活照料缺位

子女在老年人的生活照料中具有不可替代的作用。但当前大量农村青壮年外出务工也导致了老年人与子女出现了长期的空间分离，从而也直接影响了老人对生活照料资源的获取，进而导致大量留守老人的出现。卢海阳等关于子女外出务工对留守老人生活影响的研究显示，"自己及其配偶是最主要的照料提供者，老人只要具有完全或部分生活自理能力都会尽力自我照料，占样本数的 38.7%，配偶是老人的经济扶持和精神陪伴者，也是老人日常生活的主要照料者占 34.06%"。（卢海阳、钱文荣，2014）这也表明，老年人生活照料中，配偶承担了主导角色。一定程度上讲，配偶的照料已不是简单的彼此照应，更包含了双方精神上的相互慰藉。配偶虽是老年人生活照料的主要依赖，但也有数据表明，"近半数（42.39%）的贫困老年人口目前处于丧偶单身状态，70 岁及以上贫困老年人口中 56.72% 丧偶，80 岁及以上贫困老年人口丧偶率高达 75%，贫困女性老年人口丧偶比例高达 62.98%"。（慈勤英、宁雯雯，2018）此外，与有一定生活能力的老人相比，失能老人的生活照料更显缺位，农村养老机构匮乏，失能老人缺乏医疗和养老方面的保障，一些外出务工家庭的失能老人更是仅能满足最低水平的吃穿。

3. 精神慰藉匮乏

精神慰藉是老年人最强烈的需求。一方面，随着年龄增大，老年人生活圈逐渐变小，子女的外出也使双方的沟通减少；另一方面，老年人渴望得到子女或孙辈的关爱，并将其作为感情的寄托。反观现实，农村子女往往将赡养归结为物质的供给，忽视对老人的精神慰藉。有研究显示，"子女通过探望、打电话等方式给留守老人的精神慰藉十分有限，代际情感交流缺乏，双方对彼此的内心世界知之甚少"。（钟曼丽，2017）精神孤独是目前农村留守老人存在的普遍问题，几乎每一个留守老人身上都会表现出或多或少的精神孤独特征。根据留守老人的描述，单纯因为精神孤独而萌生自杀念头的老人较少，而凡是选择自杀的老人身上都伴有精神孤独的底色。尤其是独居的留守老人，家里从早到晚都只有自己一个人，有些人甚至好几天都不说话，其落寞感可想而知。生活无法自理的老人是最悲惨的，也是最可能出现自杀现象的群体，而最终是否真会选择自杀，则与儿女对老人的态度有直接关系。若儿女足够孝顺，老人还可勉强度日；若不孝，则生不如死。

四 边界厘定：农村家庭养老家国责任分担的实现路径

家国责任边界认同的困扰，家庭养老责任的泛化，直接导致了家国在农村养老方面的相互推诿，更深层的原因则在于双方责任边界的模糊，缺乏明确的责任界定。为保障农村老人的基本权益，须厘清家国责任的边界，明确家与国的责任范围。

（一）家庭养老中的政府责任

1. 家庭情感教育

家庭作为社会的基本单位，在为家庭成员提供心理归属方面具有难以替代的作用。"一个人如果没有一个可以被叫作家的地方，他们总是觉得他们的生活缺少了些什么，这可以说是灵魂的一个缺口。"（丹尼尔·贝尔，2002）爱与责任是将家庭成员联系起来的重要纽带，爱意味着道德，责任意味着义务。"家庭成员资格作为我的实体的一部分，它们至少是部分地，有时甚至是完全地确定了我的职责和义务。"（丹尼尔·贝尔，2002）另外，国家治理的点点滴滴都会通过家庭折射和反映出来，即"家是最小的国，国是千万家"。习近平总书记曾指出："不论时代发生多大变化，不论生活格局发生多大变化，我们都要重视家庭建设，注重家庭、注重家教、注重家风，紧密结合培育和弘扬社会主义核心价值观，发扬光大中华民族传统家庭美德，促进家庭和睦，促进亲人相亲相爱，促进

下一代健康成长，促进老年人老有所养，使千千万万个家庭成为国家发展、民族进步、社会和谐的重要基点。"（刘奇葆，2014）

2. 家庭支持政策

（1）经济支持政策。西方发达国家的社会保障思想认为，老年人应当有最低生活保障水平以上的收入来安度余生，穷人不应当因没有足够的钱来支付医疗费而死去。因此，"社会保障制度的确立在本质上并非是政府承担已有的承诺，而是在社会经济发展进程中确保每一个国民能够免除生存危机的必需举措，政府有义务根据财力和社会发展水平来推进社会保障建设，不能将其视为负担"（郑功成，2003）。在发达国家的公共财政体系中，"社会保障及福利项目的支出占财政支出的比例一般较高，如德国农村社会保险的资金来源中，政府补贴占到三分之二；加拿大政府也负担着农村养老保障资金的二分之一"（宋洁琼，2006）。因此，我国政府在农村养老问题上应遵循基本的底线公平。① 按照公共产品的属性，农村养老中属于地区性公共产品的应当由地方政府负责提供，对于具有外部性效应的且具有跨区域特征的公共产品则需要中央和地方共同负担，而对于经济发展差的贫困地区则需要中央政府的财政倾斜。因此，在农村养老财政支持中，"政府财力支持责任包括：一是农村基本养老保障机构的管理费用由政府财政承担；二是政府从社会保障支出中对农村基本养老保障进行直接补贴；三是通过政府财力建立农村基本养老保障基金。三种方式既可独立，也可并列，各地政府可根据财力状况进行选择"（苏保忠、张正河，2007）。

（2）对家庭照顾者提供政策支持。随着农村外出务工青壮年的增多，对农村家庭老人的照顾大多落到了儿媳或女儿身上，她们不但要负责全部家务、农活，还需要负责老人的起居，有时还需要照顾患病的公婆等。由于精力有限，在家务、农活和照顾老人方面她们往往难以平衡。因此，政府应给予这些家庭照顾者相应的支持，对于一些给予生活不能自理老人全方位照顾的家庭，政府应提供一定的经济补偿以减少他们因照料老人而带来的经济损失，或对照顾者在养老金缴费年限上给予优惠。为外出务工的

---

① 底线公平是指全社会除去个人差异外，共同认可的一条线，这条线以下的部分是每一个公民的生活基本权利必不可少的部分，如果缺少了这一部分，就保证不了生存，需要国家来提供这种保障。底线以上或以外的部分可以是由市场、企业和社会组织，甚至由家庭和个人去承担，是灵活的、反映差别的部分。

男性农民工提供一定的带薪休假时间，使其"常回家看看"以减少家庭照顾者的压力。招募志愿者为家庭照顾者提供专业的护理培训和心理疏导，以排解家庭照顾者的压力，为家庭照顾者提供喘息机会。

3. 建立赡养法律援助制度

我国《宪法》和《老年人权益保障法》对保护老年人权益做出了相应的规定，但多属倡导性和概括性规定，在执行过程中往往会遇到诸多困境。因此，要注重发挥"社会法官"[①]的协调和监督作用，建立老年人赡养的法律援助制度。老年人由于法律知识欠缺，在与子女发生赡养纠纷时即使将子女告到了法院，也难以改变现状，子女因被父母上告法院也会觉得脸上无光，更容易加剧与父母的矛盾。因此，为保障老年人权益，应建立老年人的法律援助机制，将一些常见家庭纠纷设为常态的法律援助事项，一旦发生此类事件即可简化纠纷解决程序，及时排解困难。具体方式可通过在村委会建立老年人法律维权站点，为老年人开辟绿色通道，使其更容易将自身困难反映到站点。此外，对于一些行动不便的老年人还可以采取上门服务，代其诉讼以助问题的解决。为减少行政成本，这些工作可交由大学生村官来负责。

（二）农村家庭养老的家庭责任

1. 树立家庭养老的责任意识

家庭的责任意识是家庭成员对于他所承担的各项任务和符合他的各种社会角色规定的自觉意识和态度，是家庭成员根据自己的责任感来承担起扶持家庭、赡养老人的一种自我认同行为。家庭成员通过精神慰藉、照料以及经济支持等方式来保障老年人能安享晚年。从家庭伦理的角度讲，家庭在养老中的责任意识是以老年人的需求和家庭养老的价值实现为目标，将老年人从无助感、孤独感以及无依靠的精神压力下解放出来，使老年人从单一的温饱追求向全面的身心健康发展，从而获得老有所养、老有所依和老有所乐的晚年。

2. 遵从家庭养老的道德责任

家庭是一个由道德和情感维系的共同体，受道德和情感的约束，家庭

[①] "社会法官"是河南省高级人民法院为解决"案了事未了"的事件而在全省范围内进行的一项实践创新。经过几年的发展，"社会法官"在处理家庭纠纷、法院对民事案件的判决执行以及其他社会调解方面发挥了有效的作用。

成员的日常行为必须要能符合道德的规范，并将道德和情感自觉内化为一种共识。家庭的道德和情感本质上也是一种伦理关系，表现在父母与子女之间的天然血缘关系。这种关系要靠父慈子孝的伦理规范来维护，离不开慈爱和孝敬的道德责任承担。正如加里·斯坦利·贝克尔所说，"家庭是利他性资源提供，家庭的经济行为与一般市场行为不同，市场行为是自利的，但父母对子女的行为处处体现着利他的原则，这种利他精神在家庭中主要表现为个人对家庭成员的责任感，也就是家庭道德责任感"（加里·斯坦利·贝克尔，2005）。家庭养老的道德责任体现的就是子女对孝文化的认同和赡养行为的自觉。首先，赡养和照顾老人的责任。父母养育子女呕心沥血，这种付出是中国现代化过程中珍贵的支持性资源，理应得到回报。其次，尊重和理解老年人的责任。尊重是一个人在社会上被承认、被认可的需求，父母作为家中的长者更需要子女的尊重。再次，使老年人免于孤独的责任。老年人因年龄和身体方面的问题，活动范围有限，较容易产生孤独感。子女应担负起精神赡养的责任，使其免于孤独。

3. 遵从家庭养老的法律责任

道德的约束固然有助于家庭养老责任的实现，但农村社会由于受市场化的影响、货币伦理的侵蚀和经济理性的冲击，一定程度上也弱化了农村孝道文化。殴打、虐待、遗弃，甚至老人因家庭矛盾、生活困难自杀的情况也时有发生。这类现象固然需要通过强化家庭的道德责任和提倡良好的家风来避免，但道德的约束力往往有限且不具有强制性，难以从根源上阻碍此类现象发生。因此，一些不履行赡养义务的家庭、虐待和遗弃老人的家庭依然需要法律的强制。我国传统社会也从法律上对家庭不赡养老人的行为给予了严厉的处罚，如《九朝律考·晋律考》中记载："法云，谓违反教令，敬恭有亏，父母欲杀，许之。"（程树德，2010）我国《宪法》第49条规定了"成年子女有赡养扶助父母的义务"，《老年人权益保障法》第14条规定了子女有赡养父母的义务，并对不赡养父母的行为从行政责任和刑事责任上给予了处罚规定。但从相关规定方面看，当前法律对虐待或不赡养老人的处罚过轻，如《老年人权益保障法》第3条规定："禁止歧视、侮辱、虐待、遗弃老年人。"《刑法》第260条规定："虐待家庭成员，情节恶劣的，处二年以下有期徒刑、拘役或者管制。犯前款罪，致使被害人重伤、死亡的，处二年以上七年以下有期徒刑。"犯虐待罪没有引起被害人重伤、死亡的，只有被害人向法院自诉，法院才处理。

较轻的犯罪成本，一定程度上也助长了部分子女的恶行。但法律的修订往往是一个复杂的过程，短期内难以改变。因此，更需要子女自觉遵守法律的规定。同时也需要村干部和"社会法官"的监督，以保障子女履行赡养的义务，避免虐待、打骂、侮辱老人的现象发生。

参考文献

陈彩霞、陈功，2007，《土地产权制度变革对农村养老的影响》，《西南民族大学学报》第11期。

陈军亚，2018，《由家到国、家国共责："老有所养"的中国治理进程》，《政治学研究》第4期。

程树德，2010，《九朝律考·晋律考》，商务印书馆。

慈勤英、宁雯雯，2018，《家庭养老弱化下的贫困老年人口社会支持研究》，《中国人口科学》第4期。

〔美〕丹尼尔·贝尔，2002，《社群主义及其批评者》，李琨译，三联书店。

《第四次中国城乡老年人生活状况抽样调查成果》，2016，时代亚洲，http://news.times-asia.com/politics/2016-10-10/73444.html。

费孝通，1983，《家庭结构变动中的老年赡养问题》，《北京大学学报》第3期。

〔美〕费正清、赖肖尔，1992，《中国：传统与变革》，陈仲丹等译，江苏人民出版社。

郭星华，2012，《农民行动逻辑的演变》，《黑龙江社会科学》第4期。

贺雪峰，2006，《村治的难题》，三农中国，http://www.snzg.cn/article/2006/1106/article_1081.html。

黄宗智，2012，《中国过去和现在的基本经济单位：家庭还是个人？》，《人民论坛·学术前沿》第1期。

〔美〕加里·斯坦利·贝克尔，2005，《家庭论》，王献生、王宇译，商务印书馆。

〔匈牙利〕卡尔·波兰尼，2007，《大转型：我们时代的政治与经济起源》，冯钢、刘阳译，浙江人民出版社。

刘奇葆，2014，《把学习贯彻习近平总书记系列重要讲话精神引向深入》，《党建》第3期。

（后晋）刘昫，1975，《旧唐书·卷65·高士廉传》，中华书局。

卢海阳、钱文荣，2014，《子女外出务工对农村留守老人生活的影响研究》，《农业经济问题》第6期。

〔美〕马克·赫特尔，1998，《变动中的家庭——跨文化的透视》，宋践等译，浙江人民出版社。

〔奥〕迈克尔·米特罗尔，1989，《欧洲家庭史》，华夏出版社。

〔美〕麦金太尔，2003，《寻求美德》，宋继杰译，译林出版社。

彭希哲，2015，《当代中国家庭变迁与家庭政策重构》，《中国社会科学》第12期。

邱梦华，2008，《中国农民公私观念的变迁——基于农民合作的视角》，《内蒙古社会科学》第6期。
宋洁琼，2006，《中国农村社会养老保险制度缺陷及外国经验的启示》，《安徽农业科学》第34期。
苏保忠、张正河，2007，《农村基本养老保障制度建设中的政府责任及其定位》，《中国行政管理》第12期。
王翠，2013，《孝的历史回眸与当代建构》，《孔子研究》第6期。
王跃生，2011，《中国家庭代际关系的维系、变动和趋向》，《江淮论坛》第2期。
吴理财，2013，《中国农民行为逻辑的变迁及其论争》，《中国农业大学学报》第3期。
夏琼，2013，《农村社会冲突的演进历程及现实意义——社会管理视角下化解农村社会冲突的思考》，《学术界》第11期。
彭希哲、胡湛，2015，《当代中国家庭变迁与家庭政策重构》，《中国社会科学》第12期。
徐勇，2006，《"再识农户"与社会化小农的建构》，《华中师范大学学报》第3期。
姚远，2001，《中国家庭养老研究》，中国人口出版社。
郑功成，2003，《农村社会保障的误区与政策取向》，《学术研究》第9期。
钟曼丽，2017，《农村留守老人的生存与发展状况研究》，《湖北社会科学》第1期。

（原载《理论月刊》2019年第2期）

家庭转型视野下农村老年人危机的生成路径[*]

李永萍

摘　要　基于北方农村的田野调研，以现代性进村为背景，以家庭再生产为分析框架，揭示当前农村老年人危机生成的双重路径。家庭再生产包括资源、权力和价值三个要素。随着简单家庭再生产模式逐渐演变为扩大化家庭再生产模式，农民家庭在资源配置、权力互动和价值实现层面都发生巨大转变，并由此带来老年人在资源配置中的底线生存、家庭权力结构中的边缘地位和价值上的依附状态。低龄老年人和高龄老年人参与了不同类型的家庭再生产模式，因而其危机生成路径略有差异。具体而言，低龄老年人的危机状态主要源于在扩大化家庭再生产过程中纵向的弱势积累，而高龄老年人的危机状态则主要来自共时性在场的中青年人的压力传递。但二者都统一于扩大化家庭再生产过程之中，反映了现代性压力下中国农村家庭强大的整合能力。

关键词　家庭转型　家庭再生产　老年人危机　弱势积累　压力传递

---

[*] 本文系国家社科基金西部项目"二孩生育的家庭代际依赖研究（15XRK001）"和中国博士后科学基金第63批面上资助项目"农村老年人危机与乡村振兴的组织机制研究"（2018M630845）的阶段性成果。

一 问题的提出

中国目前正快速步入老龄化社会,城市化过程中农村中青年劳动力的大量外流进一步加剧了农村人口结构的老龄化。在农村社会保障体系还没有完全建立起来的背景之下,我国农村老年人的生活状态引起了学界的关注,老年人群体通过不同的"问题化"路径进入学者的研究视野。从目前学界研究的情况来看,对农村老年人问题的研究主要存在三种问题化进路,即贫困问题、留守问题与伦理问题。

1. 老年人的问题化路径:三种研究视角

第一,在贫困视角之下,老年人问题在很大程度上被视为老年贫困问题。老年贫困可进一步区分为经济贫困与社会贫困,前者强调老年人经济收入的缺乏,后者强调老年人"可行能力"的缺乏(阿玛蒂亚·森,2004)。学界围绕老年贫困的成因进行了大量的研究。在宏观层面,有学者从人口转变的视角探讨了社会和家庭层次的人口转变与老年人贫困之间的关系(杨菊华,2007)。在中观层面,一些学者从农村老年贫困场域的生成切入,认为原生性形塑因素(微薄的家庭经济收入、失衡的农村家庭财富支出结构、不完善的农村社会保障体系)和次生性建构因素(孝道文化的式微、"养儿防老"社会风俗的固化、"代际互惠"的依赖型养老心理)的共同作用(孙文中,2011;慈勤英,2016)、宏观的社会背景与农村微观实践的共同形塑是贫困场域生成的结构性因素(仇凤仙、杨文建,2014)。在微观层面,一些学者将老年贫困放置在个体的整体生命跨度内,认为老年贫困是个体生命历程中弱势积累的结果,或者源于个体的早期经历和事件(胡薇,2009)。

第二,留守视角认为,留守问题是城市化的产物,社会转型与城乡分割的二元经济社会结构这两大背景是农村留守老人出现的主要原因(夏小辉、张贝,2006)。"留守"是相对于"流动"而言的,在城市化背景下中国农村传统的家庭结构被拆分为"流动家庭"与"留守家庭",家庭原有生活轨迹发生变动,导致留守老人的问题化,留守老人在经济供养、生活照料和精神慰藉等方面的需求不能得到及时回应(叶敬忠,2009;贺聪志、叶敬忠,2010)。通过"留守"的视角来分析当前农村老年人问题的学者普遍认为,农村青壮年外出务工使得传统的家庭养老难以为继,老年人的生活缺乏稳定保障,留守老人的生活状态堪忧。老年留守问题因而成为重要的社会问题。

第三,一些学者认为,当前农村老年人危机的本质是伦理危机,因此应该主要从转型时期农民家庭伦理观念的变化来分析。梁漱溟指出,传统中国社会具有"伦理本位"的特性,"父子一体"和"兄弟一体"的伦理规范有效地保证了家庭的凝聚力(梁漱溟,2011)。家庭养老建立在代际伦理责任之上,赡养老人是子代必须履行的义务,因而老年人的晚年生活能够获得较好的保证。然而,在国家力量和市场力量的共同改造下,中国的家庭制度发生了很大的变迁,并具体表现为家庭结构核心化(王跃生,2007)、家庭关系离散化和家庭伦理弱化等多个方面(阎云翔,2006)。其中,伦理弱化被视为当前农村老年人危机形成的主要原因。"伦理危机"是农村老年人危机的重要维度,一定程度上揭示了当前农村老年人危机的深刻性。不过,伦理危机的视角也存在简化之嫌:通过价值系统的变迁分析替代了老年人危机生成的具体分析,因而以家庭中的价值变迁统摄了家庭再生产中其余变量对老年人危机的影响,忽视了价值系统所嵌入的家庭再生产结构。

2. 文献述评:回到"家庭"

贫困问题、留守问题和伦理危机反映了既有研究描述和解释老年人问题的三种视角,即经济视角、社会视角和价值视角,形成了老年人"问题化"的三条路径。在上述三种视角之下,老年人主要被视为养老的对象与客体。老年人问题在本质上转化为老年人能够在多大程度上获得物质支持和子代照顾的问题,因而,"赡养危机"成为当前老年人问题的一般表述,也成为学界理解老年人问题的主要框架。

赡养危机反映了家庭养老的理想与现实的反差,这一认识植根于与传统家庭养老模式的比较。当子代照顾因为各种原因缺位,老年人的赡养问题则外化为社会问题,赡养危机自然被理解为家庭系统的"失灵",并进一步转化为社会保障不足与社会救助缺失等问题。由此可见,由于忽视了家庭运行机制的自主性和家庭转型路径的独特性,基于贫困问题、留守问题和伦理危机等形态的老年人问题被建构为一个宽泛的社会问题,其生成逻辑与化解之道均被归结为外部社会系统。然而,社会问题的视野冲淡了农村老年人微观且具体的生活处境,遮蔽了老年人危机生成过程的复杂路径,因而也忽视了老年人危机背后的家庭机制。

"社会问题化"的分析进路根源于对中国农民家庭能动性的忽视。在中国的社会文化语境中,"个人—社会"的关系并不是社会学研究的基本轴,在农民个体与社会之间横亘着富有活力的"家庭",从而形成了"个体—家庭—社会"的三层结构,并表现为"家庭本位"。家庭具有相对于个体和社会的自主性,且构成了农民与外部社会沟通和互动的媒介。老年人不仅是社会中的年龄群体,而且也是家庭生活中的能动主体,最为重要的是,老年人之所以为老年人,正是来自家庭再生产的形塑过程。家庭以及家庭再生产过程是老年人的生活和生命展开的基本结构和框架。因此,只有立足于老年人危机生成的家庭脉络,才能真正理解当前农村老年人危机的系统性与结构性。在此意义上,对老年人危机的理解要强调"家庭"的视角,而"回到家庭"的核心在于将农村老年人危机从社会问题转化为家庭转型中的问题,并且立足于家庭再生产过程理解农村老年人危机的生成机制。

二 分析框架:家庭再生产的过程与机制

将老年人危机视为家庭再生产过程的产物,强调了老年阶段与其早期生命阶段之间的相关性。这种纵贯研究的过程视角与目前社会学领域中较为热门的生命历程理论和家庭生命周期理论比较类似。生命历程理论立足于个体层次,认为个体生命历程镶嵌在社会设置中,并且在生命展开的过程中开辟了宏观与微观、个体与社会结合的理论路径。在生命历程理论范式下,老年人危机主要源于个体生命历程中的"弱势积累效应"(徐静、徐永德,2009)。而家庭生命周期理论侧重于从世代转换的视角来分析家庭成员的行为逻辑,忽视了乡村社会转型过程中家庭生命周期的重构。生命历程与生命周期的纵贯研究视角虽然有助于理解老年人危机,但是,由于这两种理论视角在本质上属于西方理论传统,忽视了农民家庭本身的能动性和适应性。

为了理解老年人危机生成的家庭脉络,本文提出家庭再生产的过程与机制这一分析框架。家庭再生产虽然最终体现为个体生命轨迹的转换和家庭生命周期的更替,但是,家庭再生产过程本身并不等同于年龄等级基础上个体与社会的交互过程以及核心家庭基础上的阶段性周期循环。家庭再生产的独特性体现在,它不仅对时空要素具有开放性,而且具有独特的内容与运行机制,家庭再生产成为兼具包容性与厚重性的分析框架。在这个意义上,需要从唯名论的家庭观转向唯实论的家庭观,找回家庭的实体性。中国家庭并非个体成员的聚合,而是伦理、结构与功能的有机统一体。因而家庭再生产是家庭结构裂变、家庭伦理延续和家庭功能实现的过程(李永萍,2018)。因此,家庭转型的核心是家庭再生产模式的转型。从家庭转型的视角出发,家庭再生产可以划分为两种类型,分别是简单家庭再生产和扩大化家庭再生产。前者主要体现为子家庭通过复制和承继母家庭要素的方式实现家庭的延续和家庭继替,家庭再生产主要是完成传宗接代的人生任务。然而,在扩大化家庭再生产模式下,家庭继替的稳定轨迹因受到外部现代性力量的冲击而发生变更,家庭再生产卷入"流动的现代性"(齐格蒙特·鲍曼,2002),家庭再生产的目标和难度极大地提高。家庭再生产不仅要通过传宗接代完成家庭继替,而且要实现家庭发展与流动的目标。

从简单家庭再生产向扩大化家庭再生产的转变,实际上是农民家庭资源配置模式、权力互动模式和伦理价值形态的变迁。简单家庭再生产体现了农民家庭的代际循环,与之相对,扩大化家庭再生产不仅面临家庭再生产成本和难度的提升,而且,家庭面临的外部压力导致家庭资源的充分动员、家庭权力关系的高度整合以及家庭伦理的依附。扩大化家庭再生产是农民家庭回应现代性压力的家庭实践形态[①]。一方面,扩大化家庭再生产体现了家庭再生产逻辑的内外部条件的改变;另一方面,扩大化家庭再生产进一步改变了农民"老化"的路径。

家庭再生产为农民"老化"的生命历程注入了丰富的内容。在扩大化家庭再生产过程中,农民不仅内在于家庭再生产过程,而且也通过家庭深深地卷入乡村社会转型过程。因此,农民的"老化"过程不仅是家庭生命周期的切换和个体生命历程的演进,而且通过嵌入扩大化家庭再生产过程而获得复杂的意义。因此,本文通过将转型时期的农民家庭再生产操作为扩大化家庭再生产,进而从家庭再生产的资源、权力和价值等不同层次展现了父代"老化"的不同维度,揭示了老年人危机生成的现实基础。

[①] 本文主要关注 1980 年代以来的家庭转型。虽然中国的家庭制度自近代以来即开始了日渐深入的转型,但其在广度和深度上均远远不如 1980 年代以来由市场化力量推动的转型。基于以上的分析,本文将 1980 年代之前统称为传统时期,将 1980 年代以来现代化因素进村的阶段称为现代时期。

同时，农民家庭再生产模式的转型并非扩大化家庭再生产对简单家庭再生产的替代过程，而是表现为家庭再生产过程中"老化"路径的代际差异。

三 老年人危机的外在表现与内在差异

本文基于笔者在北方农村的田野调研经验①，将农村老年人危机放置到农民家庭再生产的过程之中来理解。中国的家庭具有其独特的性质，家庭不仅是一个财产单位和政治单位，同时还是农民价值实现的基本载体（桂华，2014）。因此，农民的家庭再生产是一个能动性的主体实践过程，财产、权力和价值等要素构成了家庭再生产的基本要素。家庭再生产因而表现为家庭内部资源配置、权力让渡和价值实现的过程，并具体落实为代际复杂的互动形式和互动内容。在现代化背景下，随着简单家庭再生产模式逐渐演变为扩大化家庭再生产模式，农民家庭在资源配置、权力互动和价值实现层面都发生巨大转变，并由此带来老年人在资源、权力和价值等方面的系统性危机。

在本文中，老年人危机指的是在家庭再生产过程中，伴随着父代家庭的资源转移、权力让渡和价值依附，父代家庭逐渐陷入底线生存、边缘地位和价值依附的状态。本文对老年人危机的定义，突出了老年人危机的过程性与系统性。过程性强调了老年人危机并非"老年"阶段内在的问题，而是"老化"脉络积累和汇聚的产物；系统性指的是老年人危机不仅体现在物质层面，而且体现在权力和价值层面。

1. 老年人危机的表现

第一，在资源层面，老年人危机体现为老年人在物质生活层面的底线生存状态。自20世纪80年代开始，尤其是进入21世纪以来，现代性因素的渗入形塑了农民的扩大化家庭再生产模式。在此模式之下，家庭再生产的难度增大、成本提升②，家庭再生产意味着不仅要完成家庭的继替，

---

① 本文的经验素材来自笔者在北方三地四村的田野调研，具体而言，笔者于2016年6月在河南安阳南村驻村调研30天，2016年7月在陕西关中豆村调研30天，2016年5月在山东淄博郭村调研20天，2014年7月在陕西关中金村调研30天。
② 尤其表现为全国多地彩礼水平的飙升。以笔者调研的情况来看，河南安阳农村的彩礼最低为10万元，而陕西关中农村和山东淄博农村的彩礼也涨至6万元~8万元。彩礼价格上涨极大地影响了家庭资源配置的逻辑。

而且还要实现家庭的发展与流动。因此，老年人面临的压力越来越大，负担越来越重。为了家庭再生产的顺利进行，老年人往往已经透支了自身的资源积累能力。"劳动至死"和"死奔一辈子"成为当前北方农村父代家庭的常态生活，但老年人为子代家庭的持续付出并没有换来子代厚重的物质反馈和父代享受老年生活的心安理得。父代在有劳动能力时以自养为主，而一旦失去劳动能力之后则通过不断压缩自身需求的方式来减轻子代家庭的负担，老年人的生活渐趋底线生存状态。在调研中发现，北方农村的老年人将自身的需求压缩到了极致，老年人普遍都说自己没什么需求，只要吃饱穿暖就行。在当地老年人看来，只要子代能够"给口饭吃"就不会被认为是不孝。此外，笔者在调研过程中还了解到，北方农村很多老年人都有向别人借钱的经历，部分老年人甚至每年都要通过向邻居借钱周转才能维持正常的生活水平，从而在当地形成老年人"借钱过日子"的状态。

第二，在家庭权力层面，老年人危机表现为老年人在家庭中的边缘地位，即权力上的缺失状态。现代化和市场化力量的进入逐渐改变了家庭的权力结构和权力运行规则，传统时期老年人在家庭权力结构中的主导性地位逐渐受到挑战。随着子代权力的崛起和媳妇地位的提升，家庭权力重心逐渐由父代家庭下移到子代家庭。由子代所主导的家庭权力规则将老年人置于十分被动的位置，在子代掌握当家权的"潮流"中，老年人自觉地退出了与子代家庭的家庭政治互动，采取隐忍、妥协的姿态维系代际关联和家庭整合。例如，在婆媳关系方面，陕西关中豆村一位中年妇女用"十字颠倒颠，现在媳妇成了婆婆，婆婆成了媳妇"这句话形象地刻画出当前的婆媳关系状态，并且，为了维系家庭关系的和谐，如今的婆婆事事都要忍让媳妇，"婆婆的委屈只能带到土里去"。因此，在外人看来温情脉脉的家庭关系背后，实则是老年人地位的边缘化和话语权的缺失。

第三，在价值层面，老年人危机表现为老年人对子代家庭的价值依附。对于缺乏宗教信仰的中国人而言，传宗接代构成其生命价值或本体性价值的核心（贺雪峰，2008），而家庭则是其生命价值实现的基本载体。因此，家庭对于中国人而言还具有宗教性和伦理性的一面。父代完成人生任务的过程也是其实现生命价值的过程，因而传统时期的简单家庭再生产模式在价值层面有效地安顿了老年人，从而使得老年人不仅能够获得相对于年轻人而言更为丰裕的物质生活，还能在生活中体验满足感与价值感。

而在现代性的压力和家庭的发展型目标面前，因为老年人几乎不再具有支持家庭发展的能力，且自己已经或者随时可能"拖累"家庭整体的发展，失去财富创造能力的老年人逐渐丧失了对自身的认同。老年人难以找到生活的意义，并不能从过去的付出过程中获得自足感，反而否定自己存在的意义。老年人的心理体验集中表现为"内疚"，"老人无用论"成为年轻人和老年人的共识。在河南安阳南村调研时，当地农民直接将失去劳动能力的老年人称为"垃圾"，老年人自己也认为当"不会干活了，不能自己挣钱了，要靠儿子给养老钱了，就是垃圾年龄了"。由此可见，无限的家庭责任并不因为年老而停止，它进一步吞噬着父代晚年的精神世界。

综上所述，当前农村的老年人危机是底线生存、边缘地位和价值依附三种状态的糅合。从资源、权力到价值，实际上是危机属性的深化和危机层次的强化。物质上的底线生存构成老年人危机的基本层次，家庭权力的缺失进一步强化了老年人的底线生存状态，而价值依附则赋予老年人危机以正当性和合法性。老年人危机因而被锁定在家庭领域。

2. 老年人的代际差异

老年人危机锁定在家庭领域，意味着要揭示农村老年人危机的生成路径，需要将农民"老化"的过程放置在家庭再生产过程和具体的代际互动模式之中，实现对老年人本身的精准定位。代际关系不仅是共时性的平面铺展，而且由于不同时代内容的卷入而表现出历时性的差异，进而塑造出不同类型的代际互动模式。因此，当前农村老年人危机外在表现的相似性并不能遮蔽老年人危机生成路径的代际差异。老年人是一个相对性概念，它指的是在特定时间节点上，在个体的生命周期中达到特定阶段的年龄群体。如果单纯着眼于年龄的角度，老年人一般被视为一个"同期群"[1]。然而，在老年人内部实际上也存在着代际差异。"代"的差异，不仅是年龄层次的差异，在本质上也是其社会历史过程的差异。家庭转型是一个渐进的过程，因而很难将变迁的发生精确到某一个特定的时间点。笔者在多地农村的调研发现，当前农村老年人的代际差异可以按照如下方式进行划分：一部分是在20世纪80年代之前就已经完成了人生任务[2]的农民，这部分成为目前农村高龄老年人的主体；另一部分是在20世纪80年

---

[1] 所谓同期群，是指在相同时间内经历同种事件的人口群。
[2] 这里的"人生任务"主要是指为儿子娶媳妇。

代以后，逐渐为人父母，完成人生任务，这部分人构成当前低龄老年人的主体。从分析的角度考虑，高龄老人与低龄老人可以以70岁为分界点。这便可以打破家庭生命周期的循环路径，而且也说明，即使"共时性存在"的、处于不同年龄阶段的老年人，其危机状态却导源于不同的路径。

笔者关于老年人内部代际差异的区分，不是为了刻意突出老年人群体内部的年龄差异[①]，而是为了强调低龄老年人和高龄老年人参与了不同类型的家庭再生产过程，因此其当前所处的危机状态源于不同的生成路径和轨迹。简单来说，低龄老年人是已经卷入或正在参与扩大化家庭再生产的这一群体，因此他们的危机状态主要源于在扩大化家庭再生产过程中历时性的弱势积累；而高龄老年人在其完成人生任务的阶段所经历的是简单家庭再生产模式，因此其当前的危机状态并非直接源于历时性的弱势积累，更多的是来自共时性和结构性的压力传递。由此可见，当前农村老年人危机主要有两种生成路径，分别为纵向的弱势积累和横向的压力传递。以下两部分将分别对之进行论述。

四 纵向的弱势积累：低龄老年人危机的生成路径

"累积的优势与劣势"最早由默顿提出，在20世纪80年代被应用于老年化现象的研究，它指的是个体在某些既定特征上随时间推移而产生的系统性分化。实际上，学界对于个体"弱势积累"这一现象已有很多相关研究，主要有以下两种研究进路。一是运用生命历程理论的分析范式，强调个体与社会之间的互动，在此视角下，特定个体或群体的弱势状态源于其生命历程中多种因素之间的相互作用。例如，胡薇提出"累积的异质性"这一概念，并从生命历程理论的视角去分析老年人的分化，指出个体在老年阶段的生活状态源于其生命历程中不同事件和因素之间的相互作用（胡薇，2009）。二是代际传递的研究思路，即认为个体的弱势状态是源于上一代人的弱势传递。其中比较典型的是"贫困的代际传递"（李晓明，2006）理论，在这一理论指导下，部分学者通过具体的数据或

[①] 需要说明的是，笔者在此做出的区分是一种相对模糊的处理，而且，年龄本身也是动态变化的，对于本文的目的而言，对老年人代际差异的严密的年龄区分是不必要的。

实证研究对我国农村和城市的贫困现象进行分析,并指出贫困家庭具有很明显的代际传递特征(林闽钢、张瑞利,2012;张立冬,2013)。

但是,如果立足于现代性背景下农村家庭转型的现实经验就会发现,以上两种研究视角都存在其内在的局限:生命历程视角虽然关注个人与社会互动过程中特定事件和因素的累积性影响,但是,由于缺乏家庭再生产层次的"过程—机制"分析,就难以充分展现诸多因素之间的关系及其如何一步步导致老年人弱势累积状态的形成;而代际传递的视角强调了代际的复制,却难以解释老年境遇的具体生成机制。本文对于当前农村低龄老年人弱势积累的分析范式与以上两种研究视角均有所不同。

1. 弱势积累的内涵

1980年代以来,现代化和市场化的力量逐渐进入并改造农村社会和农民家庭,尤其是进入2000年以来,随着打工经济在全国各地农村普遍兴起,现代性力量开启了对乡村社会和农民家庭更加深入和全面的渗透。现代性力量进入并影响农民家庭的方式多种多样,子代的婚姻是现代性力量影响农民家庭的最为重要的切口,且随着子代的成家和家庭的建立,农民家庭越来越深地卷入现代性的漩涡,并持续地受到现代性压力的刺激和影响。在一定意义上讲,扩大化家庭再生产的展开过程就是农村低龄老年人的弱势积累过程。本文所谓的扩大化主要是指农民家庭再生产所面临的目标的改变,在此背景下,父代将本来应该用于反馈自身的资源投入以向上的社会流动为根本目标的家庭再生产过程之中。因此,对于子代家庭而言的资源积累过程,就成了相对于父代而言的弱势积累过程,因而可以看到,在现代性进村的背景下,家庭内部的资源配置不仅是家庭内部特定时间节点的共时性配置,而且延伸到了家庭再生产的整个过程。

在笔者看来,当前以低龄老年人为主体的老年人危机是在参与扩大化家庭再生产过程中的弱势积累的产物。然而,本文所指的弱势积累过程,既不是社会事件对个体冲击引发的创伤在个体生命历程中的印记和累积,也不是以"代"为单位的循环和再生产。现代性触发的家庭剧烈转型,深刻改变了家庭运行的节奏,打破了农民家庭在简单家庭再生产模式下的代际循环节奏。具体而言,弱势积累主要有两个方面的内涵:第一,时间过程中的弱势积累,在此意义上,父代的老化过程也就成为其弱势积累的过程;第二,逻辑层次中的弱势强化,前文已述,老年人危机体现在底线生存、边缘地位和价值依附这三个层次,这三者并非相互独立和并列的因素,而是一个逐级强化的链条。资源上的底线生存构成了老年人危机的基本底色,而老年人在家庭权力结构中的边缘地位则进一步强化了其底线生存的处境,此外,老年人在价值上的依附状态赋予其底线生存和边缘地位以合法性,并消解了老年人抗争这套对自身不利的家庭秩序的动力。因此,老年人弱势积累的过程就不仅是各种不利条件和因素的自然叠加,而且表现出了内在的连续性和不可逆性。

2. 弱势积累的路径

低龄老年人弱势积累的路径,主要是随着扩大化家庭再生产过程而展开,并主要体现在资源转移、权力让渡和价值实现这三个层面。如上所述,沿着这三条路径,扩大化家庭再生产过程中低龄老年人的弱势积累不仅是事件性和弥散性的,而且是沿着特定的轨迹和层次而逐步强化的。

第一,从家产转移的路径来看,随着传统的简单家庭再生产逐渐转变为扩大化家庭再生产,家庭资源积累和配置的模式发生改变,并且形成了父代向子代持续输入资源的格局。低龄老年人是这一家庭资源配置模式首要的面对者和支持者。承担子代婚姻成本成为父代"老化"过程中的必然经历。在低龄老年人的"老化"过程中,低龄老年人的积蓄在子代结婚时就基本被消耗完毕,甚至其前期积蓄还远远不够支付其子代结婚和城市化的成本,因而不得不透支自己未来的劳动力,通过借钱的方式来努力帮助子代结婚和实现其对美好生活的追求。因此,在子代结婚之后,父代还要面临还债的压力。除了债务的压力,父代还要持续支持子代家庭在流动社会和风险社会中的立足和发展。在家庭发展主义目标面前,只要还有一定的劳动能力,父代就不能退出家庭生产领域。

案例1:河南安阳南村的LHQ(女)今年63岁,老伴今年67岁。儿子37岁,与父母分家,儿子儿媳妇现在都在河南焦作一个建筑公司上班。LHQ的儿子2013年在焦作买房,花费35万元,LHQ夫妻俩帮儿子出了14万元(其中4万元是自己的存款,另外10万元是LHQ向娘家的兄弟姐妹借的),借的10万元归LHQ夫妻俩偿还,她说,"我们不去借钱不行,儿子没那么多钱,借的钱我们可以慢慢还。要是我们老人没有债,儿子的债更多,那也会是我们的心病,害怕儿子过不好,作为父母,都是为了孩子过得好。(老人)光顾自己的生活不行,要是老人光顾自己的生活,别人也会说他,儿子需要你时你不管，以后儿子也不管你。老的，你现在行，你就帮帮儿子；以后老了，你让儿子帮你，儿子心里也舒服。我们舍不得买东西，菜都不买，都是自己种。（老人）辛苦、累，但也是应该的，都是为了子孙，也不觉得有多累，觉得有意义。我们（老人）天天吃饱饭、衣服穿差不多就行，也没什么需求"。（河南安阳南村，LHQ，女，63岁，20160616）

因此，低龄老年人在当前仍然在不断奋斗，一方面是为了实现自养，另一方面则是为了尽力地资助子代家庭，帮助子代家庭实现发展与流动的目标。在扩大化家庭再生产模式之下，低龄老年人的"老化"过程实际上是持续地创造资源、积累资源并向子代输出资源的过程，这一过程突破了家产代际配置和代际传递的均衡点，因为缺少自下而上的有力反馈，父代作为资源供给者和输出者的角色在家庭再生产过程中被固化和锁定。

第二，从权力让渡的路径来看，由于资源是主体权力实践的重要基础，资源上的弱势地位为父代在家庭权力结构中的边缘处境奠定了基础。随着家庭资源的过度和过快转移，父代的当家权缺乏支撑并逐渐瓦解，家庭内部权力关系反转，以扩大家庭为单位的、由父代主导的当家权实践降落到了核心家庭层次，子代当家以及家庭政治的失衡剥夺了父代在家庭中的话语权（张建雷、曹锦清，2016），父代在家庭政治中处于"权力失语"的状态。在调研过程中，当笔者问及当前农村老年人在家庭中的地位如何时，陕西关中金村一位81岁的老年人失落地说了以下一番话：

案例2："老人还讲啥地位？人家（指子代）一天给你吃一点，把命救住就对了，你还要地位？现在能让你有吃的就不错了。老人在家里讲话没人听，现在时代都是这样了。有的儿子还把老人的养老金拿了不给老人。现在的潮流就是这样，儿子还好一点，媳妇没有好的，儿子想在老人跟前好，媳妇不同意，儿子没权，媳妇地位提高了。……老人还能发泄？还有发泄的机会？心里有气带到地狱里去。（老人）最好不要到外面去讲（儿子媳妇不好），讲了传到媳妇耳朵了，老人罪更大。老人只能自己受着，自己忍着。"（陕西关中金村，YSW，男，81岁，20160715）

并且，扩大化家庭再生产过程中权力关系的演化并没有停止在父代的"沉默"状态。当父代还有劳动能力时，往往需要通过不断为子代付出的方式来获得子代的好感，以维持家庭关系的表面和谐；随着父代的老化，以至于丧失劳动能力和自理能力之后，老年的父代在家庭权力格局中就处于绝对边缘的地位。

第三，从价值实现的路径来看，在现代性的压力面前，发展主义的价值系统逐渐渗透进农民以传宗接代为核心的价值系统内部，从而改变了农民的价值体系及其实现方式。现代性以婚姻为切入口渗入农民家庭内部，从子代结婚开始，现代性所带来的家庭发展主义的压力与农民传宗接代的人生任务绑定在一起，使得父代无怨无悔地为子代付出。在扩大化家庭再生产模式下，传统家庭中富有伦理意义的代际互动逐渐被父代单向度的伦理付出所取代，在新型家庭伦理的支撑下，父代对子代的持续付出被转化为父代的基本生活动力。家庭的发展以及对美好生活的追求成为唯一的政治正确。因此，父代的本体性价值得以极大地扩张，但这同时也导致了社会性价值和基础性价值①的收缩，父代在"老化"的过程中并不能获得足够和完满的价值体验。父代的自我实现被导入子代家庭发展的轨道，从而扭曲了父代的价值实现路径。

总而言之，弱势积累的三条路径，既相对独立，又具有内在的逻辑关联，它们共同塑造了当前农村的低龄老年人危机。低龄老年人直接地参与了家庭的现代化转型，因而其危机状态是扩大化家庭再生产的直接产物。对于这些低龄老年人而言，由于其人生任务的完成与家庭扩大化再生产的目标绑定在一起，使得其不得不"死奔一辈子"，并陷入无休无止地为子代付出的过程之中，其结果是，一方面可以更好地实现以子代家庭为核心的家庭发展主义目标，而另一方面则是在此过程中形成的父代在资源、权力和价值层面的弱势积累效应。

五 横向的压力传递：高龄老年人危机的生成路径

所谓压力传递，突出了当前老年人危机根源的外生性和外在性，这些

---

① 贺雪峰（2008）将农民的价值世界分为三个层次，依次为：基础性价值、社会性价值和本体性价值。具体而言，基础性价值指向自身的基本需求，社会性价值指向他人的认同，而本体性价值则指向自我的主体性实现。

来自外部社会系统的压力通过特定的渠道和机制传导到了农村的老年人群体。一些学者从"压力传递"的角度来分析当前农村的代际关系以及老年人问题。例如，杨华、欧阳静运用阶层分析的视角对当前农村老年人自杀现象进行阐释，认为"中国底层社会的绝大部分问题，通过城乡二元结构与资源积聚机制，转嫁给了农村。在农村内部，这些问题则通过阶层分化与竞争机制被分配到了农村的某些阶层……农村社会又通过家庭内部的代际分工与剥削机制，将被分配到某些阶层的底层问题，转嫁到了这些阶层的老年人身上"，并指出这是近年来农村自杀主要集中于老年人群体的根源（杨华、欧阳静，2013）。另有学者基于田野经验提出"新三代家庭"的概念，并认为在城市化背景下，"新三代家庭"一方面有利于实现家庭城市化以及向上流动的目标，但另一方面又会通过压力传递而带来中年人的压力和老年人的危机（张雪霖，2015）。压力传递视角的一个典型特点是，着眼于社会的整体分层，将农村老年人视为底层群体，因此压力传递的逻辑主要表现为压力向"低洼地带"的自然集聚。以上这些研究对笔者有很大的启发，但其不足在于，既缺乏对现代性压力背景下家庭再生产机制的细致分析，也缺乏对农村老年人危机形成路径的差异化认识，因而淡化了家庭再生产作为压力积累的生产机制和压力传递的媒介机制的重要性。

根据前文的分析，纵向的弱势积累是现代性直接塑造农民"老化"的过程，它最为直接、深刻地体现了当前家庭转型的路径和机制，展现了现代性进村浪潮中父代农民的行动逻辑和个体命运。相对于低龄老年人对弱势积累的直接参与和现实体验，农民家庭中高龄老年人的处境似乎并不能通过这一路径来获得解释。对于当前的高龄老年人而言，他们基本在20世纪80年代之前就已经完成了传宗接代的人生任务，而当时的家庭再生产基本维持在简单家庭再生产的阶段，家庭再生产主要是为了实现家庭继替和香火延续，因此父代在经济上的压力并不是很大。并且，按照原有的社会惯习和农民的思想观念，父代在子代结婚之后就可以逐渐退出家庭生产领域并开始进入养老状态，并不会像当前农村的父代那般为子代辛勤付出一辈子。不过，从当前农村老年人的现实处境来看，高龄老年人的状态与低龄老年人的状态具有高度相似性。因此，当前农村的高龄老年人虽然没有直接参与扩大化家庭再生产这一过程，但是未能免于家庭再生产方式转型的影响。

为了解释当前农村的高龄老年人危机，笔者借用了学界"压力传递"的概念。相对于弱势积累所体现的代内的纵向维度，压力传递体现了代际的横向维度。这就是说，在扩大化家庭再生产逐渐展开的历时性过程中，中年父代不仅与青年子代发生互动，而且也与其上一代的老年人发生互动。高龄老年人的老化过程与低龄老年人的老化过程是一个并行的时间过程。因此，农民始终处于绵延不断的"代际更替"过程之中，中年父代不仅以"父"的身份与其子代互动，而且也以"子"的身份与其"父"互动。其中，对上的互动就主要表现为压力向上传递的过程，进而将外在于家庭扩大化再生产的老一代人卷入了家庭现代化转型的旋涡之中。因此，高龄老年人的危机境遇并不是直接源于其在完成人生任务过程中的弱势积累，而是来自共时性在场的中年人和青年人带来的压力传递。这是理解高龄老年人危机生成路径的主要视角。

在压力传递的视角下，父代的行动逻辑就被放回到更为复杂的家庭情境和更为多元的家庭关系之中。具体而言，家庭再生产过程中的代际互动可以划分为两个层次，其中，笔者将中年父代与年轻子代的关系称为"一阶"代际关系，将中年父代与其上的老年人之间的关系称为"二阶"代际关系。扩大化家庭再生产不仅导致了以中年父代为基础的弱势积累和压力累积，造成了"一阶"代际关系的逐渐失衡。而且，失衡的压力逐渐突破了"一阶"代际关系并进入"二阶"代际关系之中，即高龄老年人也被卷入家庭发展的现代性压力之中。这样一来，中年父代家庭所承受的底线生存、边缘地位和价值依附的处境，通过次级的压力集聚和传递机制，在老年父代身上进一步集聚和放大。

由此可见，虽然当前的高龄老年人并没有直接参与扩大化家庭再生产这一过程，然而，扩大化家庭再生产对于发展主义目标的追求，使得家庭内部所有的资源都要被整合和利用起来，从而形成"恩往下流"和"责往上移"的代际转移机制。具体而言，"恩往下流"是指为了应对家庭发展尤其是年轻一代进城的压力，家庭内部所有的资源都自上而下地向子代家庭集聚；而"责往上移"则是指家庭发展的压力和成本都通过自下而上的方式向中年父代家庭转移，父代因此陷入扩大化家庭再生产过程而难以自拔，并且，在一层一层的代际关系中逐渐累加的压力最终传递到了代际链条的顶点，从而使高龄老年人也被卷入压力之中。

因此，压力传递的链条是自下而上并逐渐累积和放大的过程。在调研过程中，高龄老年人经常挂在嘴边的一句话是，"儿子也不容易，儿子也有负担"。高龄老年人对低龄老年人的压力感同身受，很多老年父代不仅会操心孙代的婚姻问题，而且还会在物质层面给予一定的支持，虽然这种物质支持在当前高额的婚姻成本面前不值一提，但这却是老年父代节衣缩食积攒下来的。以下一个案例在北方农村具有一定的代表性。

案例3：河南安阳南村的王某，女，今年73岁，老伴今年72岁，有三个儿子和一个女儿。王某的大孙子今年结婚时花费彩礼10万元，且婚前女方提出要在乡镇买房，王某说："不买房不中，不买房就行不上（娶不上）媳妇，女方提出买房，我们这里地方不好，比较偏，（不买房）人家不愿意来。"买房总共花费二十几万元，其中大部分的钱都是向亲友和银行借的。在大孙子买房时，王某夫妻俩出了1000元钱，这是夫妻俩平常省吃俭用再加上卖粮食的钱攒下来的。王某说："这钱是给孙子娶媳妇的，孙子娶媳妇，我们也有责任，他们买房钱不够。不买房人家（女方）就不愿意来。我们把自己粮食卖了给他钱，自己就少吃一点，节省一点，饭吃稀一点，不吃面条，就吃面疙瘩汤。生病也不去看，自己受着（忍着）。这些都是平时卖粮食慢慢攒下来的钱……"

事实上，王某夫妻俩一年的收入只有将近4000元，包括三个儿子每人每年给300元的养老钱，国家每月78元的养老金（夫妻俩加起来将近2000元），此外就是每年卖粮食可以卖1000元左右。由于夫妻俩每天都要吃药，这些收入其实并不够两人开销，因而每年到了下半年都会向邻居借几百元周转，等到年底儿子给了养老钱或是卖了粮食之后再还。尽管如此，夫妻俩还是为孙子买房资助了1000元。（河南安阳南村，王某，女，73岁，20160615）

王某的情况绝非个案，在调研中发现，父代对于子代的支持往往是贯穿其整个生命历程的，因此，只要具有一定的劳动能力，高龄老年人就会尽量劳动以减轻子代和孙代的压力。然而，当他们因为不能劳动而需要子代或者孙代的反馈时，往往陷入深深的自责与愧疚之中。这种愧疚感进一步消解了他们对于子代养老的稳定预期。在一些地区的农村，甚至普遍形成"老人老了就该死"的观念话语和"老了就喝药（自杀）"的行为实践[①]。此外，扩大化家庭再生产模式还形成了新的价值评判体系，即个体在家庭中的资源获取能力以及在家庭中的地位是由其对家庭的资源贡献能力决定的，因而，缺乏劳动创造能力的高龄老年人显然处于弱势地位，"老人无用论"成为对他们的评价标签。在此，还需要进一步追问的问题是，压力传递在家庭中是如何可能的，进而，现代性的力量何以能够将几乎所有的家庭成员（包括本来无直接关系的年龄群体）卷入扩大化家庭再生产的机制之中？

很显然，以家庭再生产机制为基础，现代性带来的家庭发展主义目标转化为农民的价值性认同和地方性规范，由此重塑了地方性规范的核心内容，即肯定家庭发展的正当性，并弱化向上反馈的代际互动维度。当中年父代为了子代承受了如此之大的委屈、代价时，上一代的老年人必然改变对子代乃至孙代的预期，走向对自我的否定。当家庭发展与流动成为终极目标，而在家庭资源有限的情况下，横向的压力传递就被合理化和正当化，并逐渐成为一种新的家庭伦理被融入地方性共识，从而维系和不断再生产以剥削父代为核心的失衡的代际关系。实际上，前者主要强调压力传递所形成的客观背景，而后者则主要强调高龄老年人自身的"自觉"，在家庭发展主义目标面前，高龄老年人意识到自身的存在并不能为家庭带来资源的增量，反而会消耗家庭有限的资源，因此他们会形成对子代家庭的愧疚感，正是这种愧疚感进一步强化了压力传递的正当性与持续性。因此，通过传导机制，高龄老年人被卷入家庭发展的压力中。通过将低龄老年人和高龄老年人进一步区分，能够更加清晰地将老年人危机的生成路径丰富化、具体化，从而呈现老年人危机的复杂性。

六　结语

家庭是村庄社会的基础，因而农民家庭转型是乡土社会转型的深层基础。改革开放以来，市场化和城市化裹挟着现代性逐渐进入中国广袤的农村社会，成为影响和改造乡土社会的重要力量。基于中国农村的社会基础

[①] 如笔者所调研的江汉平原农村就存在这样的现象。此外，杨华、范芳旭（2009），陈柏峰（2009）等也在当地调研过程中发现类似情况。

结构，现代性遭遇的并非孤立和松散的个体，而是仍然顽强地维持并不断再生产的农民家庭。面对现代性带来的流动、分化、发展与风险，农民家庭通过扩大化家庭再生产方式回应了现代性压力。农民家庭在积极调整和适应的过程中，也逐渐改变了家庭原有的农民"老化"路径和代际互动模式，从而孕育了老年人危机。如果脱离中国农村家庭转型的实践逻辑，研究视野便难以从个体性和偶然性的生命遭遇或人生境遇的层次抽离出来，也就难以洞察在家庭转型时期老年人危机的深刻性和系统性。本文通过将共时性的老年人危机状态回溯至特定实践逻辑的家庭再生产过程，从而展现了老年人危机生成路径的复杂性。

由此可见，在家庭再生产的视野中，老年人不仅是抽象的年龄等级群体，而且是家庭再生产的产物。扩大化家庭再生产打破了简单家庭再生产模式下的代际循环，向家庭再生产过程注入了巨大的张力。扩大化家庭再生产不仅直接强化和延伸了父代农民的责任，压缩了父代生活的资源、权力和价值的基础，而且，父代承受的压力进一步向上传递和转移。因此，扩大化家庭再生产过程蕴含了两条理解老年人危机生成的脉络。低龄老年人和高龄老年人参与了不同类型的家庭再生产模式，因而其危机生成路径有所不同。具体而言，低龄老年人的危机状态主要源于在扩大化家庭再生产过程中纵向的弱势积累，而高龄老年人的危机状态则主要来自共时性在场的中青年人的压力传递。纵向的弱势积累反映了转型家庭直接迎接并承受现代性力量的过程，构造了父代"老化"的基本脉络。纵向的维度强调了家庭再生产的过程性，在这个过程中，今日的中年父代是未来的老年人，这些低龄老年人的行动逻辑和命运轨迹是对现代性压力的直接反馈。而横向的维度强调了家庭再生产的结构性，无论从哪个时间节点来看，扩大化家庭再生产内部积累的压力和能量必然以不同的方式和强度释放到家庭所有成员中，从而将高龄老年人也席卷进富有压力的扩大化家庭再生产链条。总体而言，横向的压力传递是建立在纵向的弱势积累基础之上，弱势积累则为压力传递和压力分配结构之维持提供了动力和方向，随着弱势积累的持续展开，扩大化家庭再生产过程中的压力也越来越向上转移和扩散，从而在相当程度上消弭了老年人危机表现的代际差异。

总而言之，现代性压力下的扩大化家庭再生产是理解当前农村老年人危机的关键变量。扩大化家庭再生产通过积极回应农民家庭的发展性目标，不仅直接塑造了纵向弱势积累的"老化"路径，而且以此为基础传递和扩散压力,实现两种路径的整合,从而共同促成了老年人危机的生成。老年人危机生成的复杂路径反映了转型期农民家庭强大的韧性。当然,随着农民家庭转型的最终完成,老年人可能从扩大化家庭再生产的压力结构中逐渐解放,从而逐渐脱卸家庭的重负,走出危机状态。

参考文献

阿玛蒂亚·森,2004,《贫困与饥荒》,王宇、王文玉译,商务印书馆。
陈柏峰,2009,《代际关系变动与老年人自杀——对湖北京山农村的实践研究》,《社会学研究》第 4 期。
仇凤仙、杨文建,2014,《建构与消解:农村老年贫困场域形塑机制分析——以皖北 D 村为例》,《社会科学战线》第 4 期。
慈勤英,2016,《家庭养老:农村养老不可能完成的任务》,《武汉大学学报》(人文科学版)第 4 期。
桂华,2014,《礼与生命价值——家庭生活中的道德、宗教与法律》,商务印书馆。
贺聪志、叶敬忠,2010,《农村劳动力外出务工对留守老人生活照料的影响研究》,《农业经济问题》第 3 期。
贺雪峰,2008,《农民价值观的类型及相互关系——对当前中国农村严重伦理危机的讨论》,《开放时代》第 3 期。
胡薇,2009,《累积的异质性:生命历程视角下的老年人分化》,《社会》第 2 期。
李晓明,2006,《贫困代际传递理论述评》,《广西青年干部学院学报》第 2 期。
李永萍,2018,《功能性家庭:农民家庭现代性适应的实践形态》,《华南农业大学学报》(社会科学版)第 2 期。
梁漱溟,2011,《中国文化要义》,上海人民出版社。
林闽钢、张瑞利,2012,《农村贫困家庭代际传递研究》,《农业技术经济》第 1 期。
齐格蒙特·鲍曼,2002,《流动的现代性》,欧阳景根译,上海三联书店。
孙文中,2011,《场域视阈下农村老年贫困问题分析》,《华中农业大学学报》(社会科学版)第 5 期。
王跃生,2007,《中国农村家庭的核心化分析》,《中国人口科学》第 5 期。
夏小辉、张贝,2006,《农村留守家庭与就近就业的经济布局》,《农村经济》第 8 期。
徐静、徐永德,2009,《生命历程理论视阈下的老年贫困》,《社会学研究》第 6 期。
阎云翔,2006,《私人生活的变革:一个中国村庄里的爱情、家庭与亲密关系》,龚小夏译,上海书店出版社。
杨华、范芳旭,2009,《自杀秩序与湖北京山农村老年人自杀》,《开放时代》第 5 期。
杨华、欧阳静,2013,《阶层分化、代际剥削与农村老年人自杀——对近年中部地区农村老年人自杀现象的分析》,《管理世界》第 5 期。

杨菊华，2007，《人口转变与老年贫困问题的理论思考》，《中国人口科学》第5期。

叶敬忠，2009，《农村劳动力外出务工对留守老人经济供养的影响研究》，《人口研究》第4期。

张建雷、曹锦清，2016，《无正义的家庭政治：理解当前农村养老危机的一个框架——基于关中农村的调查》，《南京农业大学学报》（社会科学版）第1期。

张立冬，2013，《中国农村贫困代际传递实证研究》，《中国人口·资源与环境》第6期。

张雪霖，2015，《城市化背景下的农村新三代家庭结构分析》，《西北农林科技大学学报》（社会科学版）第5期。

（原载《人口与经济》2018年第5期）

儿子养老还是女儿养老？
——基于家庭内部的比较分析

许 琪

摘　要　本文使用2010年中国家庭追踪调查数据，通过家庭内部比较法从经济支持和生活照料两个方面对儿子和女儿的赡养行为进行了系统的比较研究。研究发现在当代中国家庭，儿子在赡养父母时的总效应依然显著大于女儿，但这主要是因为他们更可能与父母同住；一旦控制了子女与父母的居住方式，儿子的直接效应仅在经济支持一个方面大于女儿，在生活照料方面，女儿的直接效应已经显著超过了儿子。分城乡来看，这种"儿子出钱、女儿出力"的性别分工模式主要体现在农村；在城市，女儿在经济支持和生活照料两个方面的直接效应都已超过儿子。所以，中国传统的以儿子为核心的赡养方式虽然没有彻底瓦解，但已发生了明显的变化，快速的人口转变和女性社会经济地位的提高是导致这些变化的重要原因。

关键词　父系家庭制度　经济支持　生活照料　人口转变　社会经济地位

---

*　本研究获得中国博士后科学基金项目"居住安排对老年人健康的影响研究"（2015M570421）的资助。

一 研究问题

儿子和女儿在赡养父母时的性别差异是本文关注的核心问题。作为有中国特色的家庭制度之一,子女在成年以后对父母的"反馈"很早就引起了国内外学者的研究兴趣(费孝通,1983;Lee, Parish, & Willis, 1994)。与此同时,在父系家庭制度的背景下,性别差异也是众多学者研究中国家庭时的一个永恒话题(金一虹,2000;李银河,2007)。所以,从性别差异的角度对中国传统的赡养制度进行研究具有极为重要的理论意义。一方面,性别差异为我们全面认识中国家庭养老制度的延续和变迁提供了一个全新的观察视角;另一方面,作为中国家庭制度的一个核心环节,儿子和女儿养老功能的变化也很有可能成为我们分析整个父系家庭制度变迁的突破口。在老龄化问题日益严峻的背景下,对中国传统的家庭养老制度进行研究已不仅是一个具有学术价值的理论问题,而且成为社会各界都普遍关注的社会问题。所以,对儿子和女儿的养老功能进行比较研究不仅有助于我们深入了解中国家庭的变迁规律,而且对中国日益严重的养老问题也具有极为重要的借鉴意义。

具体来说,本文试图从以下三个方面来研究这个问题:第一,儿子和女儿的养老功能是否存在显著差异,性别差异在经济支持和生活照料两个方面的表现是否有所不同?第二,儿子养老和女儿养老的作用机制是否存在显著差异,中国从夫居的居住传统在当中发挥了什么样的作用?第三,女儿参与养老的原因是什么,中国快速的人口转变与女性社会经济地位的提高对之产生了什么样的影响?虽然以往的研究也或多或少地讨论过这些问题,但与之不同的是,本文采用了家庭内部比较(intra-family comparison)这一更加严谨的数据分析方法。通过对同一家庭内部不同兄弟姐妹的赡养行为进行比较研究,这种方法能够最大限度地控制家庭层面未观测到的异质性,所以与其他研究相比,本文的分析结果更加可靠。

二 文献回顾

众所周知,中国是一个有着悠久父系家庭传统的国家,父系家庭制度对儿子和女儿的赡养责任有着截然不同的规定:儿子不仅在结婚以后被期望与父母同住，而且要负责照顾父母的饮食起居；而女儿在出嫁以后就成了丈夫家的人，对自己的亲生父母则不再承担正式的赡养义务（Greenhalgh，1985）。受到这种家庭伦理规范的影响，儿子一直以来都是父母经济支持和生活照料的主要提供者，只有在家庭没有儿子的情况下，女儿才会顶替儿子承担赡养父母的责任（Lin et al.，2003；Lee, Parish, & Willis，1994）。

针对台湾家庭的研究发现，虽然台湾在快速的现代化过程中发生了翻天覆地的变化，但儿子在养老中的核心作用依然非常显著（Chu & Yu，2010；Lin et al.，2003；Lee, Parish, & Willis，1994）。针对大陆家庭的早期研究也得到了与台湾类似的结果（Yang，1996；徐勤，1996）。但近些年来，一些小范围的调查却发现，在当代中国家庭，女儿参与养老的现象已经越来越普遍，在某些方面，女儿的作用甚至已经超过了儿子。

谢宇和朱海燕（Xie & Zhu，2009）利用1999年在上海、武汉和西安三地进行的抽样调查数据发现，与已婚儿子相比，已婚女儿（特别是那些与父母同住的已婚女儿）能够向父母提供更多的经济支持。他们认为，城市中家庭观念的变化和女性经济资源的增加是导致这一结果的主要原因。然而，进一步的研究发现，依靠女儿养老的现象并非仅仅存在于现代化程度较高的城市地区，在相对闭塞的农村，女儿也已在赡养父母时发挥越来越重要的作用（唐灿等，2009）。唐灿等人（2009）对浙东农村的调查发现，由于当地生育率的下降和男性外出务工造成的传统养老资源的萎缩，依靠女儿养老已成为当地新兴的社会风俗，女儿对娘家的经济意义也已经越发显著。由此可见，已有越来越多的证据表明，中国传统的以儿子为核心的赡养制度已经发生了变化，在当代中国家庭，女儿开始和儿子共同承担赡养责任，甚至比儿子更加孝敬父母。

虽然已有很多学者对中国家庭养老中的性别差异问题进行了研究，并且结合现代化、人口转变和女性社会经济地位的提高等宏观背景对女儿参与养老的原因进行了深入探讨，但这些研究或者基于田野观察，或者基于局部地区的调查数据，而基于局部地区的研究结论是否能够推论到全国尚未可知；而且已有的研究也缺乏对城乡之间性别差异的系统比较。除此之外，笔者认为，已有的研究在以下三个方面也有值得改进之处。

（一）经济支持和生活照料

就家庭养老的内容来看，子女对父母的赡养至少应包括经济支持和生活照料两个方面，而已有的研究通常集中于分析子女对父母的经济支持，而较少综合考虑子女对父母的生活照料。而且从以往的研究成果来看，儿子和女儿在这两个方面发挥的作用和扮演的角色可能并不相同。

针对欧美发达国家的研究发现，在赡养父母时，儿子更可能提供经济支持，女儿更可能提供生活照料（Horowitz，1985；Montgomery & Kamo，1989）。对此，学术界提出了两种理论解释（Lin et al.，2003）。第一种是性别角色理论，这个理论认为，社会对男性和女性有不同的角色期待，所以在赡养父母时，儿子更可能表现出一些男性化的行为，如提供经济支持；而女儿更愿意承担一些女性化的工作，如家务劳动和生活照料。第二种是资源禀赋理论，这个理论认为儿子通常掌握较多的经济资源，所以更适合扮演支持者的角色；而女儿通常具有较多的弹性时间，所以更适合承担照顾者的角色。

不过，针对台湾家庭的研究却发现，儿子在经济支持和生活照料两个方面的表现都比女儿更加突出，研究者认为，这主要是因为受到东亚社会所特有的父系家庭传统的影响（Lin et al.，2003）。虽然从文化渊源上看，大陆与台湾同样深受父系家庭制度的影响，但如前所述，已有很多研究指出，在中国大陆，家庭养老中的性别角色已经发生了转变。然而到目前为止，绝大多数相关研究都局限于经济支持一个方面，而生活照料方面的性别差异目前尚不清楚。从性别角色理论和资源禀赋理论出发，我们有理由认为，儿子和女儿在生活照料方面的角色转变可能更加明显，所以，将经济支持和生活照料结合起来有助于我们对当代中国家庭在赡养老人时的性别角色分工获得更加全面和清晰的了解。

（二）是否控制居住方式

与西方社会的核心家庭模式不同，中国人有多代同堂的居住传统。虽然很多研究发现，自20世纪90年代以来，中国家庭出现了明显的核心化趋势，但如今仍然有很多老年人选择与子女同住（王跃生，2006）。曾毅和王正联（2004）的研究发现，在2000年，65岁以上老人与子女同住的比例依然超过了60%。即使在不同住的情况下，大多数老人也会选择与子女相邻居住（Lei et al.，2013）。由于是否与父母同住以及与父母的居住距离对子女的赡养行为具有非常重要的影响（鄢盛明等，2001；杨菊华、李路路，2009），所以很多学者在进行研究时，都对子女与父母的居住方式进行了统计控制。

然而，现实生活中的居住方式本身就是一个高度选择性的结果，子女的性别、年龄、社会经济地位等个体特征都会对之产生影响。特别地，在中国的文化环境下，子女性别的影响显得尤为重要。自古以来，中国实行的是男娶女嫁的婚姻制度以及与之配套的从夫居制，所以在同等情况下，儿子与父母同住的可能性大大高于女儿（许琪，2013）。即使子女不与父母同住，儿子与父母的居住距离也比女儿近得多（Chu, Xie, & Yu, 2011）。所以，这种居住方式上的性别差异很有可能对儿子和女儿的赡养行为产生影响。

具体来说，笔者认为在从夫居的文化背景下，子女性别对赡养行为的影响是通过两条途径实现的（见图1）。第一条是直接效应，即图1中的a，它表示如果儿子和女儿与父母的居住方式完全相同，那么赡养行为是否存在显著的性别差异。从这个角度看，中国特殊的父系家庭制度规定儿子承担着不可推卸的赡养责任，所以儿子的直接效应应该大于女儿。第二条是通过居住方式产生间接效应，即图1中的b*c，它表示由于子女与父母的居住方式不同所导致的赡养行为上的差异。从这个角度看，中国家庭从夫居的居住传统导致父母通常选择与儿子同住，而与父母同住又会增加儿子在各个方面赡养父母的可能性，所以儿子的间接效应也应大于女儿。而性别的总效应则是直接效应和间接效应之和，即a+b*c。

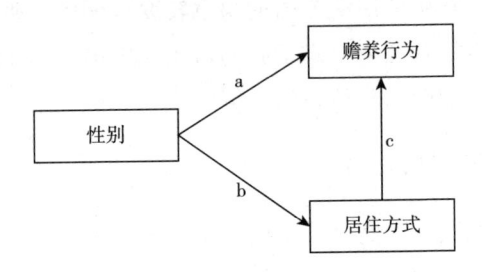

图1 性别影响赡养行为的两条路径

在以往的研究中，学者们往往对子女与父母的居住方式进行统计控制。例如，在谢宇和朱海燕（Xie & Zhu, 2009）的研究中，他们对与父母同住的子女和不同住的子女分别进行回归分析，从而对两种居住类型下的性别差异进行比较。这种研究虽然很有意义，但需要注意的是，在控制居住方式以后，研究者实际上分析的是性别对赡养行为的直接效应，而要对总的性别差异进行更加全面的解读,则还需综合考虑性别通过居住方式产生的间接效应。基于此,本文将对控制与不控制居住方式的情况下,性别的直接效应和总效应进行系统的比较。

(三) 家庭内部比较和家庭之间比较

在理想情况下,要对儿子和女儿的赡养行为进行严格的比较研究需要掌握所有子女对父母的赡养信息,并且在既有儿子又有女儿的老人中,比较是儿子给父母的多还是女儿给父母的多。但是由于数据的限制,以往的调查通常只能获得某一个子女对父母的赡养信息。在这种情况下,对性别差异的比较研究实际上是在家庭之间进行的,而这种立足于家庭之间的比较方法(inter-family comparison)具有明显的缺陷。首先,它忽视了当前绝大多数中国老人都有多个子女的客观事实(样本中只有一个子女的老人比例为15.3%)。其次,它也给我们的因果推论带来了困难。也就是说,即使我们通过分析发现A的儿子给A的帮助多于B的女儿给B的帮助,我们也很难判断这是由于子女的性别造成的,还是由于A和B这两人的差异造成的。虽然我们可以对父母的一些特征进行统计控制,但是由于其他未观测到的父母层面的异质性,我们依然可能得到错误的研究结论。

相比之下,如果能够同时得到多个子女对父母的赡养信息,那么我们就可以在同一个家庭内部比较是儿子给父母的多还是女儿给父母的多。也就是说,我们可以在父母都是A的情况下,比较是儿子给A多还是女儿给A多。与家庭之间比较的分析方法不同,这种立足于家庭内部比较(intra-family comparison)的分析方法可以最大限度地控制家庭层面未观测到的异质性(unobserved heterogeneity),从而提高分析结果的可靠性。

不过,由于这种分析方法对数据的要求较高,目前在相关领域中只有为数不多的几篇研究使用过(Zhu, 2008)。有利的是,本文使用的2010年中国家庭追踪调查数据询问了所有子女对父母的赡养行为,这为使用该方法创造了条件。

三 数据、变量和模型

(一) 数据和变量

本文使用的是2010年中国家庭追踪调查(以下简称CFPS)数据。

CFPS 是北京大学社会科学调查中心主持的一项大型综合性社会调查，该调查采用内隐分层的、多阶段、与人口规模成比例的概率抽样方法，样本覆盖了除香港特别行政区、澳门特别行政区、台湾地区、新疆维吾尔自治区、西藏自治区、青海省、宁夏回族自治区、内蒙古自治区和海南省之外的全国 25 个省、市、自治区的人口，覆盖面约占中国内地总人口的 95%。谢宇（2012）曾对 CFPS 的数据质量进行评估，发现该调查的性别、年龄分布，婚姻状况和受教育程度等基本特征与 2010 年第六次全国人口普查非常接近，数据质量很高。

就本文的研究问题而言，CFPS 的最大优势在于它同时搜集了多个子女对老人的经济支持、家务帮助和生活照料的数据，这在国内同类其他调查中是绝无仅有的，也为本文深入比较儿子和女儿的赡养功能提供了方便。

为了满足在家庭内部比较的分析要求，笔者仅保留了样本中既有儿子又有女儿的老人进行分析。除此之外，笔者还删除了样本中年龄在 18 岁以下的未成年子女，因为通常来说未成年子女并不具备赡养父母的经济能力。最后，由于 CFPS 对同一户中的每个家庭成员都进行了访问，所以很多有配偶的老人及其配偶都在成人样本当中，为了避免对这些老年夫妇的成年子女重复计算，笔者只留下了这些夫妇中的一方进行分析[①]。经过上述处理并去除缺失值以后，进入分析的父母数量为 2468 人，其 18 岁及以上的成年子女共 9076 人，平均每个父母有 3.7 个子女。

本文的因变量有三个，分别是子女是否给父母经济支持、是否帮父母做家务和是否照顾父母，这三个因变量都是二分变量。

在自变量方面，本文主要考察子女性别对赡养行为的影响。除此之外，在模型分析时还控制了子女的年龄、婚姻状况、教育年限、职业类型以及与父母的居住距离。虽然从理论上看，父母的特征也会影响子女的赡养行为，但本文使用的固定效应模型已经内在地控制了所有父母层面的变量，所以模型分析时已无须纳入它们。不过，为了使读者对本文所用的数据有更加全面的了解，我们对父母和子女的特征都进行了统计描述。对父母特征的统计描述见表 1，对子女特征的统计描述见表 2。

[①] 如果夫妇双方都在样本当中，分析时只留下了这些夫妇中个人编号较小的一方进行分析。例如，夫妇登记时的顺序号分别为 1 号和 2 号，那我们留下 1 号，删除 2 号。

表 1　父母特征的描述性统计

变量名	类别/指标	农村	城市	合计
性别（%）	男	45.5	43.4	44.9
	女	54.6	56.6	55.2
年龄（年）	均值	68.8	69.6	69.0
	标准差	6.4	6.2	6.4
婚姻状况（%）	有配偶	61.7	69.3	64.0
	无配偶	38.3	30.7	36.1
受教育年限（年）	均值	2.2	5.2	3.0
	标准差	3.3	4.9	4.1
生活自理能力（分）	均值	46.0	46.6	46.1
	标准差	8.1	7.4	7.9
自评健康（%）	健康	30.2	28.5	29.7
	一般	34.1	44.9	37.3
	比较不健康	11.6	10.4	11.2
	不健康	19.4	13.8	17.7
	非常不健康	4.7	2.4	4.0
儿子数（人）	均值	1.9	1.6	1.8
	标准差	1.0	0.8	0.9
女儿数（人）	均值	1.9	1.7	1.9
	标准差	1.0	0.9	1.0
是否与子女同住（%）	是	62.6	45.6	57.5
	否	37.4	54.5	42.5
样本量（人）		1777	691	2468

注：1. 表中结果已加权；城乡根据父母的户籍划分。
　　2. 婚姻状况。原始的婚姻状况包括未婚、在婚、同居、离婚和丧偶五类，使用时合并成了两类。其中"有配偶"指在婚，"无配偶"包括丧偶、离婚、未婚和同居四类，数据中回答离婚、未婚和同居的样本量非常小，所以合并成一类。未婚者的子女可能来自领养。
　　3. 生活自理能力。CFPS 要求受访老人汇报平时参加户外活动、吃饭、烹调、出行、购物、清洁卫生和洗衣时是否有障碍以及障碍的严重程度，每道问题的得分从 1 分到 7 分不等，得分越低表示障碍越严重。表中的生活自理能力得分是对受访老人在这 7 道问题上得分的加总。

表 2 子女特征的描述性统计

变量名	类别/指标	农村 儿子	农村 女儿	农村 合计	城市 儿子	城市 女儿	城市 合计
年龄（年）	均值	40.8	40.8	40.8	42.5	42.6	42.6
	标准差	7.7	7.8	7.7	7.1	7.7	7.4
是否结过婚（%）	是	92.4	97.8	95.1	4.9	2.2	3.5
	否	7.7	2.2	4.9	95.1	97.8	96.5
受教育年限（年）	均值	7.3	6.0	6.7	10.4	10.1	10.3
	标准差	4.2	4.3	4.3	3.4	3.4	3.4
职业类型（%）	无工作	9.1	24.7	16.9	21.5	47.5	34.9
	非农工作	53.1	26.7	39.8	74.6	47.3	60.5
	农业工作	37.8	48.6	43.3	3.8	5.2	4.5
居住距离（%）	同住	34.7	2.7	18.6	21.9	9.8	15.6
	同村/街	35.6	18.2	26.9	18.0	15.5	16.7
	同县/区不同村/街	10.4	49.2	29.9	30.2	33.2	31.8
	同市不同县/区	5.7	10.1	7.9	16.4	25.4	21.0
	同省不同市	5.0	8.4	6.7	4.1	8.2	6.2
	不同省	8.6	11.5	10.1	9.5	7.9	8.7
样本量（人）		3437	3346	6783	1118	1175	2293

注：表中结果已加权。

从表 2 可以发现，无论在农村还是城市，儿子和女儿与父母的居住方式都有非常明显的差异。不仅儿子与父母同住的比例明显大于女儿，而且即使在不同住的子女当中，儿子与父母住得较近的比例也明显高于女儿。由此可见，中国家庭从夫居的居住传统并未发生根本的变化。下文，笔者将会深入分析这种居住方式上的差异对儿子和女儿赡养行为的影响。

（二）统计模型

在技术层面，为了实现在家庭内部比较的研究目标，本文使用了固定效应模型（fixed effect model），这种方法能够充分利用多个兄弟姐妹的信息，从而对很多家庭层面不可观测的异质性进行统计控制。当因变量为二分变量时，固定效应模型的表达式如下所示：

$$\text{logit}(p_{ij}) = \log\left(\frac{p_{ij}}{1-p_{ij}}\right) = \sum_{k=0}^{K} \beta_k \cdot x_{kj} + \alpha_i$$

其中，i 是父母的下标，j 是子女的下标。p_{ij} 表示父母 i 的第 j 个子女

向父母 i 提供赡养的概率。x_{kj} 是 k 个子女层面的自变量，如子女的性别、年龄等，β_k 是其回归系数。α_i 是父母 i 的固定系数，它代表了父母 i 自身的异质性。

与经典的 logistic 回归相比，固定效应模型最大的特点是增加了 α_i，这相当于对每个父母使用一个虚拟变量。在增加 α_i 之后，模型实际上是在当父母都为 i 的情况下，比较不同子女的赡养行为是否存在显著差异。所以，通过固定效应模型，我们可以在同一个家庭内部对儿子和女儿的赡养行为进行更加严格的比较研究。

但是，在纳入 α_i 之后，固定效应模型已不能估计父母层面变量的回归系数，例如父母的年龄、婚姻状况和健康状况。因为对来自同一个家庭的兄弟姐妹而言，这些变量的值是完全相同的，所以在增加 i 个固定截距以后，这些父母层面的回归项都会被吸纳进 α_i 当中。事实上，即使在模型中考虑这些变量，也会因为完全共线性而被自动排除在模型之外。不过，父母特征（如城乡）与子女特征（如性别）的交互项依然可以进入模型。

四 分析结果

（一）描述性统计分析

表 3 分城乡和是否同住描述了儿子和女儿对父母的赡养情况。首先，就全国来看，儿子在经济支持、家务劳动和照顾父母三个方面赡养父母的比例都高于女儿；但是就显著性水平来看，儿子仅在经济支持一个维度上显著高于女儿，在家务劳动和照顾父母两个方面，儿子和女儿的差异是比较微弱的。

表 3　儿子和女儿向父母提供经济支持和生活照料的百分比

单位：%

城乡	是否同住	经济支持 儿子	经济支持 女儿	经济支持 显著性	家务劳动 儿子	家务劳动 女儿	家务劳动 显著性	照顾父母 儿子	照顾父母 女儿	照顾父母 显著性
全国	同住	36.1	27.8		19.7	29.2	*	30.3	41.1	*
	不同住	33.5	29.9	*	10.1	10.4		18.6	19.5	
	合计	34.3	29.8	**	13.1	11.3	+	22.3	20.5	

续表

城乡	是否同住	经济支持 儿子	经济支持 女儿	显著性	家务劳动 儿子	家务劳动 女儿	显著性	照顾父母 儿子	照顾父母 女儿	显著性
农村	同住	38.2	24.5	*	17.3	10.2	+	29.6	32.8	
	不同住	35.8	30.2	**	8.4	8.2		17.6	17.3	
	合计	36.7	30.1	***	11.5	8.2	**	21.7	17.7	**
城市	同住	26.8	30.1		30.3	43.0		33.6	47.1	
	不同住	28.2	29.0		14.0	16.8		21.1	25.8	
	合计	27.9	29.1		17.5	19.4		23.8	27.7	

注：表中结果已加权；
+表示 $p<0.1$，* 表示 $p<0.05$，** 表示 $p<0.01$，*** 表示 $p<0.00$。

其次，分城乡来看，儿子和女儿在养老过程中的作用有明显的不同。在农村，儿子在经济支持、家务劳动和照顾父母三个方面的作用依然显著大于女儿；但是在城市，儿子和女儿的作用是旗鼓相当的，而且从数值上看，女儿在所有三个方面的作用都已略微超过了儿子。这在一定程度上说明，在现代化程度较高和人口转变速度较快的城市地区，女儿的养老功能体现得更加明显。

最后，从表 3 还可以发现一个非常有意思的现象：如果我们仅就合计这一行来看，在全国样本中，儿子在家务劳动和照顾父母方面的作用都略高于女儿，但是无论在与父母同住的子女中进行比较，还是在不与父母同住的子女中进行比较都可以发现，女儿在这两个方面做得都比儿子多。这种现象在统计学中被称作辛普森悖论（Simpson's parodox），即条件分布与边缘分布的结果相互矛盾。出现这个悖论的原因在于：儿子更可能与父母同住，而与父母同住是帮父母做家务和照顾父母的一个很重要的前提条件。所以，尽管在都同住和都不同住的情况下，女儿的作用都比儿子大，但是因为儿子与父母同住的比例更高，所以当我们把同住与不同住的子女合在一起进行比较的时候，就会发现儿子的作用反而比女儿大。在下文的模型分析部分，笔者还将对这个问题进行更加深入的研究。

（二）模型分析

1. 性别差异

为了对儿子和女儿的赡养行为进行更为严格的比较研究，本文还使用了固定效应模型，模型输出结果见表4和表5。在表4中，我们除了纳入子女性别这一核心自变量之外，还控制了子女的年龄、婚姻状况、受教育年限和职业类型。可以发现，在控制了这些变量以后，儿子在经济支持、家务劳动和照顾父母三个方面的作用都显著大于女儿。不过，由于表4并未控制子女与父母的居住距离，所以它研究的是子女性别对赡养行为的总效应。通过上述分析，我们可以得到以下结论：在儿女双全的情况下，儿子在赡养父母时的总效应依然显著大于女儿，中国传统的以儿子为核心的赡养制度依然得到了保留。

表4 固定效应模型输出结果（不控制居住距离）

	经济支持 系数	SE	家务劳动 系数	SE	照顾父母 系数	SE
儿子	0.689***	0.084	0.547***	0.094	0.544***	0.087
年龄	-0.020*	0.009	-0.045***	0.011	-0.038***	0.009
结过婚	0.883***	0.191	0.755**	0.264	0.248	0.217
受教育年限	0.038**	0.014	-0.040*	0.018	0.001	0.015
职业类型						
无工作（参照类）						
非农工作	0.597***	0.142	0.313*	0.147	-0.218+	0.131
农业工作	0.229	0.166	0.529**	0.189	0.194	0.158
似然比卡方	166.00***		74.33***		60.13***	
自由度	6		6		6	
父母数	2468		2468		2468	
子女数	9076		9076		9076	

注：回归结果已加权；
+表示 $p<0.1$，* 表示 $p<0.05$，** 表示 $p<0.01$，*** 表示 $p<0.001$。

然而，当我们继续控制子女与父母的居住距离以后可以发现，性别的回归系数在三个模型中都发生了非常剧烈的变化。首先，从经济支持这个方面来看，虽然儿子的核心作用依然显著存在，但是与表4相比已经出现了非常明显的下降。其次，从家务劳动和照顾父母这两个方面来看，儿子的核心作用不仅荡然无存，而且出现了女儿超过儿子的现象。

表 5 固定效应模型输出结果（控制居住距离）

	经济支持 系数	SE	家务劳动 系数	SE	照顾父母 系数	SE
儿子	0.212*	0.104	-0.277*	0.128	-0.670***	0.137
年龄	-0.005	0.009	-0.022	0.014	-0.010	0.012
结过婚	1.386***	0.206	2.252***	0.324	2.027***	0.277
受教育年限	0.059***	0.015	-0.014	0.023	0.008	0.020
职业类型						
无工作（参照类）						
非农工作	0.569***	0.154	0.109	0.202	-0.162	0.181
农业工作	0.272	0.176	0.189	0.241	0.064	0.210
居住距离						
同住（参照类）						
同村/街	-1.573***	0.148	-2.277***	0.194	-2.731***	0.188
同县/区不同村/街	-1.437***	0.159	-3.118***	0.208	-3.659***	0.221
同市不同县/区	-1.437***	0.203	-2.906***	0.235	-3.785***	0.280
同省不同市	-1.849***	0.234	-4.891***	0.442	-4.990***	0.366
不同省	-1.732***	0.196	-4.773***	0.403	-5.006***	0.322
似然比卡方	340.43***		623.43***		840.82***	
自由度	11		11		11	
父母数	2468		2468		2468	
子女数	9076		9076		9076	

注：回归结果已加权；
+表示 $p<0.1$，*表示 $p<0.05$，**表示 $p<0.01$，***表示 $p<0.001$。

为什么在控制居住距离以后，性别系数会出现如此大的变化呢？我们知道，如果 x 和 y 的关系因为 z 的存在而发生变化，那么这个 z 必须满足两个基本条件：第一，z 必须对 y 有显著影响；第二，z 必须与 x 高度相关。而居住距离正是这样一个 z。

首先，从表5可以发现，与父母同住可以大大增加对父母的经济支持和生活照料，而且与父母住得越近，照顾父母的可能性越大。其次，从表2可以发现，儿子不仅与父母同住的比例大大高于女儿，而且与父母的居住距离也比女儿近。所以，儿子更可能赡养父母的一个重要原因是他们更可能与父母同住，且与父母的居住距离较近，而居住空间上的便利大大增加了他们赡养父母的可能性。所以，一旦我们将居住方式上的性别差异控制住，儿子在赡养行为上的性别优势就会大大降低，甚至出现女儿反超儿子的现象。

正如图1所示，性别对赡养行为的影响是通过两条途径实现的：首先，性别会对赡养行为产生直接影响；其次，性别也会通过居住方式对赡养行为产生间接影响。如果就间接影响来说，在当代中国家庭，儿子的核心作用依然非常突出；但是就直接影响来看，性别差异已经发生了明显的变化：儿子的性别优势仅体现在经济支持这一个维度，而在家务劳动和照顾父母这两个方面，女儿的作用已经超过了儿子。

综上所述，尽管就性别的总效应来看，儿子的作用依然大于女儿，但是就直接效应来看，女儿在某些方面的作用已经超过了儿子。所以从这个意义上说，中国传统的以儿子为核心的赡养制度已经发生了明显的转变。而且从分析结果来看，这种转变更多地体现在家务劳动等女性化的照料行为当中。结合性别角色理论和资源理论，这可能与社会对女性的性别角色期待和女性在时间方面的资源优势有关。

2. 城乡比较

众所周知，中国是一个城乡分化较为严重的国家，城乡之间在经济发展水平、人口转变速度、社会保障水平和文化观念等方面都存在较大的差异（Wu & Treiman，2004）。之前的描述性统计分析也发现，儿子和女儿的赡养行为在城乡之间也存在明显的差异。为了对这个问题进行更加深入的研究，我们在模型中增加了城乡和子女性别的交互项（见表6）。在增加这个交互项以后，子女性别的主效应反映的是农村中的情况，而性别与城乡的交互项反映的是城乡之间的差异性。

首先，就经济支持来看，性别的主效应显著为正，这说明在农村，儿子在经济支持方面的直接效应依然非常突出。不过性别和城乡的交互效应显著为负，这说明在城市，儿子和女儿在经济支持上的差异比农村小。而且，如果我们将子女性别的主效应和性别与城乡的交互效应相加，那么可以发现，城市中女儿在经济支持方面的直接效应已经超过了儿子，这也验证了谢宇和朱海燕（Xie & Zhu，2009）的研究结果。

表 6 固定效应模型输出结果（城乡差异）

	经济支持 系数	SE	家务劳动 系数	SE	照顾父母 系数	SE
儿子	0.439***	0.121	-0.242	0.174	-0.257	0.161
儿子*城市	-0.818***	0.210	-0.071	0.241	-1.268***	0.247
年龄	-0.005	0.009	-0.022	0.014	-0.011	0.012
结过婚	1.397***	0.207	2.252***	0.324	1.986***	0.276
受教育年限	0.052***	0.016	-0.014	0.023	-0.009	0.020
工作类型						
无工作（参照类）						
非农工作	0.601***	0.156	0.108	0.202	-0.146	0.184
农业工作	0.312+	0.178	0.191	0.242	0.138	0.212
居住距离						
同住（参照类）						
同村/街	-1.548***	0.149	-2.269***	0.196	-2.694***	0.191
同县/区不同村/街	-1.282***	0.165	-3.097***	0.220	-3.475***	0.224
同市不同县/区	-1.331***	0.204	-2.906***	0.236	-3.942***	0.291
同省不同市	-1.755***	0.236	-4.887***	0.443	-5.003***	0.385
不同省	-1.643***	0.195	-4.763***	0.405	-4.946***	0.325
似然比卡方	355.44***		623.52***		867.65***	
自由度	12		12		12	
父母数	2468		2468		2468	
子女数	9076		9076		9076	

注：回归结果已加权；
+表示 $p<0.1$，* 表示 $p<0.05$，** 表示 $p<0.01$，*** 表示 $p<0.001$。

其次，从家务劳动和照顾父母两个方面看，性别的主效应在这两个模型中都为负，但二者都不显著。这说明在农村，女儿在生活照料方面给予父母的帮助与儿子大体相当，但略多于儿子。就城乡之间的差异性来看，性别和城乡的交互项在家务劳动方面并不显著，但是在照顾父母方面显著为负，所以，女儿在照顾父母方面的作用在城市家庭表现得更加突出。

上述分析表明，儿子和女儿的赡养行为在城乡之间确实存在非常明显的差异。农村中大体上表现出"儿子出钱、女儿出力"的分工合作的赡养模式；然而在城市，女儿在经济支持和生活照料两个方面的作用都已显著超过了儿子。由此可见，儿子和女儿在赡养父母时的角色转变在城市地区表现得更加明显。

谢宇和朱海燕（Xie & Zhu，2009）的研究指出，中国城市快速的现代化过程已经改变了城市家庭传统的家庭观念，城市中女性社会经济地位的迅速提高不仅增强了女性参与家庭事务的主观意愿，而且赋予女性赡养父母的经济能力，所以城市中性别角色的转换会比农村更加明显。除此之外，唐灿等人（2009）的研究还指出，生育率的下降和男性外出务工造成的传统养老资源的萎缩也是导致老人不得不依靠女儿养老的重要原因。由此可见，一方面是快速的现代化过程中女性家庭地位的迅速崛起；另一方面，人口转变也赋予女性更多的赡养父母的家庭使命。而且，无论从现代化的程度还是人口转变的速度来看，城市都明显走在了农村的前面。所以，城乡之间在现代化和人口转变等方面的巨大差异很有可能是导致城乡家庭在赡养老人时表现出不同的性别分工模式的主要原因。

3. 社会经济地位的影响

上文指出，现代化过程中女性社会经济地位的提高有助于改变女性传统的家庭观念，并且提高她们赡养父母的经济能力。为了深入研究社会经济地位对子女赡养行为的影响，笔者在模型中增加了性别与受教育年限以及性别与非农工作这两个交互项。

首先，从表7可以发现，性别与受教育年限的交互项在三个模型中都显著为负，这说明随着受教育程度的提高，女儿在经济支持、家务劳动和照顾父母三个方面相对于儿子的作用都会体现得越来越明显。经过计算，当子女的受教育年限达到17年（大学）的时候，儿子和女儿在经济支持方面已经不存在显著差异；当子女的受教育年限达到8年（初中）的时候，儿子和女儿在家务劳动方面的性别差异也会消失。而且随着受教育年限的继续增加，女儿在这两个方面的作用都会超过儿子。在照顾父母方面，由于子女性别的主效应本身就不显著，所以即使在没有接受任何教育（文盲）的情况下，儿子和女儿的作用也相差无几；而显著为负的交互效应同样说明，随着受教育程度的提高，女儿在照顾父母方面的作用也会超过儿子。

表 7　固定效应模型输出结果（社会经济地位的影响）

	经济支持		家务劳动		照顾父母	
	系数	SE	系数	SE	系数	SE
儿子	0.843***	0.205	1.213***	0.319	-0.020	0.246
儿子*受教育年限	-0.050*	0.023	-0.146***	0.032	-0.077**	0.027
儿子*非农工作	-0.464*	0.205	-0.170	0.262	-0.058	0.265
年龄	-0.005	0.009	-0.025+	0.014	-0.011	0.012
结过婚	1.389***	0.207	2.321***	0.329	2.045***	0.276
受教育年限	0.086***	0.020	0.060*	0.028	0.043+	0.024
工作类型						
无工作（参照类）						
非农工作	0.821***	0.185	0.112	0.240	-0.129	0.231
农业工作	0.283	0.180	0.159	0.250	0.023	0.213
居住距离						
同住（参照类）						
同村/街	-1.586***	0.149	-2.260***	0.196	-2.700***	0.188
同县/区不同村/街	-1.358***	0.161	-2.883***	0.212	-3.536***	0.223
同市不同县/区	-1.380***	0.205	-2.922***	0.244	-3.802***	0.284
同省不同市	-1.875***	0.234	-4.800***	0.452	-4.979***	0.375
不同省	-1.681***	0.196	-4.770***	0.412	-4.894***	0.321
似然比卡方	355.91***		651.29***		851.17***	
自由度	13		13		13	
父母数	2468		2468		2468	
子女数	9076		9076		9076	

注：回归结果已加权；

+表示 $p<0.1$，*表示 $p<0.05$，**表示 $p<0.01$，***表示 $p<0.001$。

其次，从表 7 还可以发现，参加非农工作会显著增加女儿在经济方面赡养父母的可能性。笔者认为，这主要是因为通过参加非农工作，女儿获得了可以由自己独立支配的收入来源，而且非农工作的经历也有助于改变女性传统的家庭观念，这些因素共同导致参加非农工作的女性更可能在经济上赡养父母。不过，从家务劳动和照顾父母两个方面看，非农工作与性别的交互项虽然有预期的作用方向，但统计检验结果并不显著。笔者认为，这可能是因为在参加非农工作以后，女性会将大量的时间投入到工作当中，这会影响她们在家务劳动和照顾家人方面的时间投入。

总体而言，表7的分析结果表明，受教育程度和非农工作会对女儿参与养老产生显著的积极影响。所以，现代化过程中女性社会经济地位的提高确实是影响她们赡养行为的重要因素。

4. 人口转变的影响

之前的分析还指出，生育率下降和人口迁移流动的增加造成的传统养老资源的萎缩也是导致老人不得不依靠女儿养老的重要原因。为了深入研究人口转变带来的影响，笔者在模型中增加了性别与兄弟姐妹数量以及性别与居住距离这两个交互项。

从表8可以发现，性别和兄弟姐妹数量的交互项在三个模型中都是正值，而性别和居住距离的交互项在三个模型中都是负值。这一结果表明，总体而言，在兄弟姐妹数量较多的家庭以及子女与父母住得较近的情况下，儿子的作用相对较大；而在兄弟姐妹数量较少的家庭以及子女与父母住得较远的情况下，女儿的赡养责任会有所增加。

不过，从模型对交互项的统计检验结果看，这两个交互项都只在经济支持这一个维度上是统计显著的，而在家务劳动和照顾父母两个维度并不显著。笔者认为，这在一定程度上反映了儿子和女儿在经济支持和生活照料这两种赡养行为上的劳动分工。性别角色理论和资源理论都认为，儿子更适合承担支持者的角色，而女儿更适合承担照顾者的角色，所以女儿对儿子养老职能的替代主要是就经济支持而言的，而受到传统性别角色分工和性别规范的影响，女儿往往会承担更多的照料责任，所以女儿在这些方面的责任不会因为家庭养老资源的萎缩而有特别显著的增加。

表8 固定效应模型输出结果（人口转变的影响）

	经济支持		家务劳动		照顾父母	
	系数	SE	系数	SE	系数	SE
儿子	−0.246	0.316	−0.304	0.416	−0.695	0.432
儿子*兄弟姐妹数	0.201**	0.066	0.068	0.088	0.067	0.089
儿子*居住距离	−0.146*	0.069	−0.136	0.104	−0.112	0.092

续表

	经济支持		家务劳动		照顾父母	
	系数	SE	系数	SE	系数	SE
年龄	-0.002	0.010	-0.022	0.014	-0.009	0.012
结过婚	1.288***	0.208	2.219***	0.327	1.981***	0.279
受教育年限	0.059***	0.016	-0.014	0.023	0.007	0.020
工作类型						
无工作（参照类）						
非农工作	0.579***	0.154	0.113	0.201	-0.143	0.182
农业工作	0.258	0.177	0.176	0.242	0.039	0.212
居住距离						
同住（参照类）						
同村/街	-1.428***	0.169	-2.113***	0.228	-2.581***	0.223
同县/区不同村/街	-1.138***	0.205	-2.884***	0.266	-3.408***	0.287
同市不同县/区	-1.091***	0.249	-2.664***	0.295	-3.541***	0.336
同省不同市	-1.444***	0.291	-4.601***	0.486	-4.654***	0.441
不同省	-1.308***	0.278	-4.414***	0.477	-4.652***	0.424
似然比卡方	355.12***		626.00***		843.06***	
自由度	13		13		13	
父母数	2468		2468		2468	
子女数	9076		9076		9076	

注：回归结果已加权；

+为 $p<0.1$，* 为 $p<0.05$，** 为 $p<0.01$，*** 为 $p<0.001$。

五 结论和讨论

本文使用 CFPS 在 2010 年的初访调查数据，从经济支持和生活照料两个方面对儿子和女儿的赡养功能进行了系统的比较研究。发现在当代中国家庭，儿子在赡养父母时的总效应依然大于女儿，但这在很大程度上是因为他们更可能与父母同住；一旦我们将性别通过居住方式所产生的间接影响控制住，儿子仅在经济支持这一个方面的直接效应超过女儿，在生活照料方面，女儿的直接效应已经显著超过了儿子。分城乡的比较研究发现，这种"儿子出钱、女儿出力"的性别分工模式主要体现在农村；在城市，女儿在经济支持和生活照料两个方面的直接效应都已超过了儿子。所以，中国传统的以儿子为核心的赡养方式虽然没有彻底瓦解，但确实已经发生了明显的变化，快速的人口转变和女性社会经济地位的提高是导致这些变化的重要原因。本文的这些发现不仅有助于我们认识中国家庭的变迁规律，而且在老龄化的背景下，它对中国日益严重的养老问题也具有极为重要的参考价值。

首先，在现代化和人口转变的宏观背景下，中国父系家庭制度的变迁一直是国内外学者极为关注的研究课题。本文关注的焦点虽然仅集中在家庭养老这一个领域，但它对我们认识父系家庭制度在其他领域的变迁同样具有非常重要的启发意义。因为从理论上看，儿子的赡养责任不仅是他们获取财产继承权的必要前提和基础（唐灿等，2009），而且在很大程度上导致中国父母在生育观念上对男孩的偏好（莫丽霞，2005）以及在子女养育和代际交往中对女儿的歧视（叶华、吴晓刚，2011）。那么女儿养老功能的提升是否会改变中国传男不传女的单系继承制度？女儿工具性意义的提升对父母的性别偏好会产生什么样的影响？这些都是极富理论意义和现实意义的重要问题。所以，观察中国赡养制度的变化很有可能会成为我们认识整个父系家庭制度变迁的突破口。

其次，中国从夫居的居住传统虽然有利于儿子履行赡养父母的责任，但它却在很大程度上限制了女儿的养老功能。本文发现，在与父母的居住方式完全相同的情况下，儿子能够提供更多的经济支持，但女儿能够提供更好的生活照料。所以笔者认为，老人应该根据自身的需求做出最适合自己的居住选择。在农村社会养老制度尚不健全的情况下，老人在经济上对子女的依赖性依然很高，所以农村老人选择与儿子同住具有一定的经济理性成分。但是在城市，养老金的覆盖率和保障标准都比较高，老人不仅具备了一定的自养能力，甚至还能帮助经济上有困难的子女。所以，城市老人在经济上对子女的依赖已经大为降低；相比之下，他们在生活照料方面的需求正变得越来越重要。所以对城市老人而言，与女儿同住可能是一个更加理想的选择。

再次，本文在分析时将样本限定在多子女家庭，这一方面是为了满足家庭内部比较的研究需要，另一方面也是基于当前大多数中国老人都有多个子女的客观事实。研究发现，在多子女的情况下，兄弟姐妹可以根据自身的角色定位和资源优势在赡养父母时进行合理的劳动分工。例如,"儿子出钱、女儿出力"就是当前农村家庭普遍实行的一种性别分工模式。但是随着中国生育水平的持续下降,未来将有越来越多的老人只有一个子女,这势必会打破已有的兄弟姐妹之间的分工合作模式,造成独生子女"既要出钱、又要出力"的不利局面。所以,独生子女家庭的大量出现将对中国传统的赡养制度构成强烈的冲击,女儿的参与虽然有助于缓解家庭的养老危机,但并不足以解决独生子女家庭的养老问题。如何调动各方面的资源以应对老龄化和少子化的双重冲击已是摆在我们面前亟须解决的重大问题。

最后,虽然本文使用了家庭内部比较这种较为严谨的数据分析方法,并且结合经济支持和生活照料两个方面力求对儿子和女儿的赡养行为进行更加全面的比较研究;但是,由于数据本身的限制,本文的分析结论也不可避免地存在一些缺陷。例如,第一,本文发现,与父母同住可以大大增加对父母的经济支持和生活照料,但是从另一个角度看,老人对子女的经济依赖和照料需求也会反过来影响居住方式的选择。虽然从分析技术上看,固定效应模型能够控制所有的父母特征,包括父母的年龄、健康和各种养老需求,但本文并未对这种内生因果问题进行细致的研究,所以这个问题还有待后续的研究去探讨。第二,本文的主要目的是比较儿子和女儿的养老功能,但由于数据的限制,我们并未考虑儿媳在其中所发挥的作用。根据中国的家庭传统,女儿出嫁以后将要和丈夫一起孝敬丈夫的父母,所以在传统中国社会,女儿的养老功能实际上是通过媳妇这一特定的角色得以实现的,但目前所有的调查数据都未询问媳妇对公婆的赡养,所以我们很难分清老人回答的来自儿子的经济支持和生活照料中,有多大比例是媳妇提供的,有多大比例是儿子自己提供的。只有期待在未来能够掌握更多数据资料的情况下再来回答这个问题。第三,在因变量的测量方面,很多研究指出,子女对父母的赡养应当包括经济支持、生活照料和精神慰藉三个方面,但 CFPS 仅询问了经济支持和生活照料两个方面的信息,而没有询问子女在情感方面对父母的支持(如探望频率、打电话的频率等),这在一定程度上限制了本文的研究。而且仅从经济支持和生活照料两个方面来看,CFPS 也只询问了子女是否有过赡养父母的行为,而没有进一步询问赡养行为的强度。例如,CFPS 没有询问子女给父母经济支持的数额,也没有询问子女帮父母做家务和照顾父母的频率,所以这也是本文的缺陷之一。总而言之，有关家庭养老的研究还有很多重要的问题没有得到妥善的解决，笔者也殷切地希望本项研究能够抛砖引玉，通过学术同仁的共同努力来推动相关领域的研究不断向前发展。

参考文献

费孝通，1983，《家庭结构变动中的老年赡养问题——再论中国家庭结构的变动》，《北京大学学报》（哲学社会科学版）第 3 期，第 7~16 页。

金一虹，2000，《父权的式微：江南农村现代化进程中的性别研究》，四川人民出版社。

李银河，2007，《性别问题》，青岛出版社。

莫丽霞，2005，《当前我国农村居民的生育意愿与性别偏好研究》，《人口研究》第 2 期，第 62~68 页。

唐灿、马春华、石金群，2009，《女儿赡养的伦理与公平——浙东农村家庭代际关系的性别考察》，《社会学研究》第 6 期，第 18~36 页。

王跃生，2006，《当代中国家庭结构变动分析》，《中国社会科学》第 1 期，第 96~108 页。

谢宇，2012，《中国家庭动态跟踪调查（2010）用户手册》，http：//www.isss.edu.cn/cfps/wd/jsbg/2010jsbg/。

徐勤，1996，《儿子与女儿对父母支持的比较研究》，《人口研究》第 5 期，第 23~31 页。

许琪，2013，《探索从妻居：现代化、人口转变与现实需求的影响》，《人口与经济》第 6 期，第 47~55 页。

鄢盛明、陈皆明、杨善华，2001，《居住安排对子女赡养行为的影响》，《中国社会科学》第 1 期，第 130~140 页。

杨菊华、李路路，2009，《代际互动与家庭凝聚力——东亚国家和地区比较研究》，《社会学研究》第 3 期，第 26~53 页。

叶华、吴晓刚，2011，《生育率下降与中国男女教育的平等化趋势》，《社会学研究》第 5 期，第 153~177 页。

曾毅、王正联，2004，《中国家庭与老年人居住安排的变化》，《中国人口科学》第 5 期，第 4~10 页。

Chu, C. Y. Cyrus and Yu, Ruorong, 2010, *Understanding Chinese Families*：*A Comparative Study of Taiwan and Southeast China*. New York：Oxford University Press.

Chu, C. Y. Cyrus, Xie, Yu and Yu, Ruorong, 2011, "Coresidence with Elderly Parents：A Comparative Study of Southeast China and Taiwan." *Journal of Marriage and Family* 73 (1)：120-135.

Greenhalgh, S., 1985, "Sexual stratification：The other Side of 'Growth with Equity' in East Asia." *Population and Development Review* 11 (2)：265-313.

Horowitz, A., 1985, "Sons and Daughters as Caregivers to Older Parents: Differences in Role Performance and Consequences." *The Gerontologist* 25: 612-617.

Lee, Y. J., William L. Parish and Robert J. Willis, 1994, "Sons, Daughters, and Intergenerational Support in Taiwan." *American Journal of Sociology* 99 (4): 1010-1041.

Lei, Xiaoyan, John Strauss, Meng Tian, and Yaohui Zhao, 2013, "Living Arrangements of the Elderly in China: Evidence from the CHARLS National Baseline." presented at the Population Association of America Annual Meetings 2012, Los Angeles, USC.

Lin, I-Fen, Noreen Goldman, Maxine Weinstein, Yu-Hsuan Lin, Tristan Gorrindo and Teresa Seeman, 2003, "Gender Differences in Adult Children's Support of Their Parents in Taiwan." *Journal of Marriage and Family* 65 (1): 184-200.

Montgomery, R. J. V., and Kamo, Y., 1989, "Parent Care by Sons and Daughters." In J. A. Mancini (Ed.), *Aging Parents and Adult Children*. Lexington, MA: Lexington Books.

Wu, Xiaogang and Donald J. Treiman, 2004, "The Household Registration System and Social Stratification in China: 1955-1996." *Demography* 2 (41): 363-384.

Xie, Yu and Zhu, Haiyan, 2009, "Do Sons or Daughters Give More Money to Parents." *Journal of Marriage and Family* 71 (1): 174-186.

Yang, H., 1996, "The Distributive Norm of Monetary Support to Older Parents: A Look at a Township in China." *Journal of Marriage and the Family* 58 (2): 404-415.

Zhu Haiyan, 2008, *Three essays on health, aging and the family in contemporary China*. Doctoral Dissertation of the University of Michigan. Not Published.

（原载《社会》2015 年第 4 期）

分化或特色：中国老年人的居住安排*

李 斌

摘 要 本研究主要着眼于西方现有文献，并以231名大学生作为访谈员，针对中国城乡老年人的居住安排，于2009年9月访谈了692位老人，研究发现：中国城乡老年人的居住安排呈现多样化特征，不过主流是老年人独立居住，有67.8%的受访者没有与自己的成年子女居住在一起；大多数老人居住上有比较高程度的不方便，其所居住的社区针对老人的服务和设施相当欠缺，尤其是针对残疾老人的设施更是奇缺；不过，老年人在使用社区设施上群体性差异较小；老年人在居住方面获得包括单位在内的机构的帮助已经很少；住房条件和财产权利构成了中国老年人社会分层的基本尺度。我们认为上述发现具有与西方发达国家老人住房安排和选择不一样的特征，这些特征蕴含着中国特色。

关键词 老年人 居住安排 居住选择 分化

中国是世界上人口最多的国家，2005年1月6日，中国人口已经超过13亿，占世界人口的四分之一。同时，中国老年人口数量也排在世界第一，2009年60岁以上的老年人已达到1.69亿，每年的增长速度接近100万。由于老龄化，中国已经产生了三大问题：第一，在基本生活方

---

* 本文系国家社会科学基金重大项目"新型城镇化背景下的城乡关系研究"（项目编号：15ZDA044）、国家社会科学基金重点项目"居住空间结构化与人口城镇化路径及策略研究"（项目编号：15ASH007）的阶段成果。

面，还有相当多的老年人缺少社会保障；第二，整体养老服务体系已经远远落后，而且中国快速的城市化进程为老年人留下更少的社区活动空间、资金和设施；第三，医疗设施短缺。因此，如何应对老龄化的挑战成为中国 21 世纪的主要课题。

本研究关注中国老年人的居住问题，原因如下：第一，老年人居住环境和他们健康间的关系很值得关注；第二，这个群体远离住所和邻居，即他们流动起来已经非常困难；第三，家庭成员及社区的支持对老年人至关重要。

一　文献回顾

老龄化和住房问题是一个非常重要的课题。一些学者早就观察到退休与住房模式改变之间的关系（Feinstein and McFadden, 1987; Venti and Wise, 1989; VanderHart, 1993）。住房人口统计学家特别关注住房的年龄因素，这不仅仅是人口的流动性随年龄增加而迅速降低，而且是不同年龄群体比较典型地居住不同类型的住房（Clark & Dieleman, 1996; Gober, 1992; Masnick, 2002），另外，年龄和住房所有权之间也相互影响（Chevan, 1989），住房所有权比率随年龄而增长，通常 65 岁后住房所有权达到顶峰（Dowell Myers and SungHo Ryu, 2008）。

事实上，当一个家庭中的小孩上高中或大学时，这个家庭就因为孩子的离开而获得了额外居住空间。所以，如果拥有住房，随着年龄增长，居住空间会出现过度消费现象（William A. V. Clark and Marinus C. Deurloo, 2006）。老年人针对自己过度消费居住空间的事实，他们中的一些人希望减少其住房资产净值（VanderHart, 1994）。这样，住房转抵押项目对于老年人来说就是很好的方式，它允许老年人把住房财产转变为现金流而增加即期养老资金，拥有房产的老年人通过这个方式在年老时可以提高其生活水平，同时也为国家和社会开启了一条解决养老金问题的新途径（Yan An, 2008）。住房转抵押作为住房养老金模式起源于荷兰，在美国得到发展，目前，美国已经发展成为最成熟、最具代表性的国家。

除此以外，不少学者将注意力集中在老年人的住房选择上。有学者研究发现，家庭模式、早期居住经历是老年人住房选择的主要因素。当然，影响老年人住房选择的因素还有：（1）家庭成员数目；（2）家庭再生产模式；（3）工作经历；（4）性别；（5）居住习惯或生活方式（Misa Izuhara and Frances Heywooe，2003；周春发、朱海龙，2008）。事实上，当个人事业进步或者失败，社会结构改变，社会政策或规范变化时，老年人的住房选择也会发生变化。例如，在日本尽管过去大多数人在晚年常常和他们的孩子住在一起，但是随着一些传统文化的消失，老年人在家庭中的地位已经从强烈的儒家文化等级秩序中解构出来，这改变了他们与年轻一代的关系。因而，老年人与年轻一代共同居住的预期和现状都显著下降（Misa Izuhara，2000）。相应地，在韩国也有类似情况，韩国老年人喜欢住房的顺序也是：年长者分开单元居住或新建住宅区，半帮助式的生活家庭，多代际群体家庭。他们喜欢的居住地的顺序是农村、城市和偏远地区（Sung-hyuk Kim，Hong-bumm Kim，and Woo Gon Kim，2003）。这都表现出老年人的独立居住倾向。

有关对个人资源变量的研究显示：拥有更多经济资源、更多孩子和身体、社会功能状态更好的老年人，他们更容易独立居住，他们不会轻易地生活或者死亡在养老院。经济学家已经有大量证据表明：在20世纪，社会保障收益是老年人独立居住比率增长的主要因素（Costa，1999；McGarry & Schoeni，2000）。一般说来，如果老年人已经有充足的经济资源，拥有属于自己的住房，并且还能够购买目前的住房管理服务，或者可以购买私人保险，他们一般会尽量延长独居时间。有学者认为，微观上拓展老人的功能可以更好地帮助安排老年人的社区生活（Jeffrey A. Burr & Jan E. Mutchler，2007）。

另一些研究关注健康因素，他们发现，老人恶化的健康状态对改变他们独立居住的意愿影响甚微，不过在健康极度恶化的情况下，老人们还是愿意搬到养老院以及其他有依靠的地方居住（Ellwood and Kane，1989；Garber and MaCurdy，1989）。随着不同类型住房的增加，便利服务的出现、健康关怀和医疗保险覆盖率的提升，住房和健康这两种观念逐渐缠绕在一起。

总之，现有西方文献大致认为：（1）退休与居住模式改变有关联；（2）60岁以上的住房所有者大多过度消费住房，住房转抵押模式也许是增加老年人养老金的一条好途径；（3）家庭特征，早期住房经历是决定老年人如何选择住房，即拥有还是租住的主要因素；（4）高收入和较多净财富的老年人显示出较高独立居住的可能性；（5）许多老年租房家庭面临住房支付困难；（6）住房和健康之间存在较强的联系。上述事实以及观点是否嵌合中国，中国老年人的住房如何选择，哪些因素影响中国老人的住房选择，中国老年人居住的方便程度如何？下面将深入探讨这些问题。

二 研究方法

斯特克将个案研究分成三种类型，分别是内在的个案研究（intrinsic case study）、工具性个案研究（instrumental case study）和多个案研究（multiple case study or collective study）。在内在的个案研究中，研究者研究某个个案，并非因为该个案具有代表性或是具有某种特殊的性质，而是对该个案本身感兴趣。在工具性个案研究中，研究者更多地将个案当作讨论某种议题、提炼概括性结论的工具。多个案研究是一种更为极端的工具性个案研究，研究者旨在研究某个总体或一般情况，对于特定个案本身则没有什么兴趣（转引自卢晖临、李雪，2007）。尽管多个案研究所获得的数据较严格地统计抽样调查所获得的数据，其结果在统计推断的效度上弱性一些，但是在较为严格的理论假设的导引下，其数据结果仍然具有很强的证明力，因而被社会科学研究广泛采用。

本研究在数据收集方法上综合了统计抽样与多个案研究方法。首先，鉴于研究者本人工作于中南大学，而中南大学是一所面向全国招生的综合性大学。在这样一所大学随机抽取足够数量的学生作为调查员，其调查对象就能够有效覆盖全国大部分地区。因此，研究者依据统计抽样原理在中南大学的学生中抽取调查员，然后进行培训。本次研究抽取了231名大学生调查员，其来源涉及24个省区市，具体分布如下：北京市3名，上海市6名，天津市2名，重庆市9名，安徽省5名，福建省8名，甘肃省15名，广东省7名，广西壮族自治区14名，贵州省6名，海南省7名，河北省12名，河南省10名，黑龙江省4名，湖北省15名，湖南省17名，吉林省14名，山东省16名，山西省13名，陕西省9名，四川省12名，新疆维吾尔自治区10名，云南省11名，浙江省6名。其次，本研究没有以全国1.69亿老人为特定总体并对其进行随机抽样，而是要求每个调查员在其父母居住的社区运用我们设置好的问卷，分别采访住房条件为上等、中等和下等的老人各1名，一共3名。因此，第二步又属于随机抽样基础上的"滚雪球"研究法，运用这种方法获得的数据可以进行统计推断分析（Matilda W. Riley, 1963; Russellk, Schutt, 2004）。本经验数据的收集时间开始于 2009 年 9 月下旬，结束于 2009 年 10 月上旬，所有数据结论通过 SPSS13.0 分析得到。此次调查共有 692 位调查对象，430 位男性，262 位女性；城市地区 293 人，农村地区 399 人；60 岁及以上有 651 人；在他们退休前，29 位调查对象没有工作，有 293 名农民，54 名工人，68 名教师，16 名一般技术人员，23 名专业技术人员，116 名干部，18 名商人，16 名职员；60.2% 的调查对象的配偶还健在。

表 1 调查对象的住房水平

住房水平	频数	百分数	有效百分数	累积百分数
下等	215	31.1	32.7	32.7
中等	247	35.7	37.5	70.2
上等	196	28.3	29.8	100.0
合计	658	95.1	100.0	
系统缺省	34	4.9		
合计	692	100.0		

三 老年人的住房安排及选择

以市场为导向的住房改革在极大地提升中国城市居民住房条件的基础上，迅速地提高了城市住房自有率。到 2008 年，中国城市居民人均住房面积达到 28 平方米，是 1978 年的 4.2 倍。中国城市住房自有率在 2002 年达到 82.1%，成为世界上住房自有率最高的国家（束克欣，2006）。那么中国城市老年人的居住状况是否因住房面积平均水平的提高、住房自有率的提升而表现出发达国家老年人住房的特征呢？或者是否体现出某种中国特色？

（一）老年人住房消费

住房消费通常通过人与房或者人与居住空间之间的关系来测量。阿姆斯特丹市政当局使用"拥挤"、"适中"、"宽敞"和"很宽敞"四个水平来衡量居民的住房消费。适中的住所是家庭拥有的房间数比人口数多一间，拥挤的住所是较适中的住所更少的空间，宽敞的住所是房间数比人口数多两间，而非常宽敞的住处，其房间数要比人口数多三间或者以上（William A. V. Clark and Marinus C. Deurloo, 2006）。

我们调查发现，目前大多数中国老年人享有自己的私人居住空间，只有5.2%的老年人或老年夫妻占有不足一间房，25.5%的拥有一个房间；24.5%的分享两个房间，20.6%的掌控三个房间，14.3%的拥有四个房间，9.8%的老年人拥有超过5个房间。根据上述四水平住房分类，24.3%的调查对象的住房是宽敞或是非常宽敞的，不过仍有30.8%的人住房很拥挤。尽管目前仍然存在拥挤现象，应该说到2009年中国老年人住房条件已经有明显改善。有研究发现2001年上海老人中无单独房间的占35.9%，有单独房间的只占32.2%，单独住非成套独用房的占11.2%，单独住成套独用房的仅占20.7%（老年住房课题组，2001）。

更深入的分析显示，（1）老年人退休前的职业与其现有住房消费存在很强的相关性。退休前的职业是国家干部的老年人拥有更多的房间，他们拥有的平均房间数是4.17个；第二是一般职员，平均房间数为3.27个；第三是技术人员，平均房间数为2.95个；第四是教师，平均房间数为2.91个；第五是商人，平均房间数为2.73个；第六是工人，平均房间数为2.52个；最后是农民，平均房间数为1.93个。[①]（2）老年人退休前的职位不同，房间数量差异也很大；（3）在城市与乡村地区间也存在差异。农村老年人平均拥有1.93个房间，而城市老年人则平均有2.79个房间。[②]而我们的常识经验似乎告诉我们农村居民往往拥有更宽敞的住房和更加广泛的活动空间，农村老人的住房也应该更多一些。

（二）居住选择

1. 老年人的居住现状

与自己的子女居住在一起，似乎是大多数国家老人曾经的基本选择。比如日本曾经绝大多数老年人晚年与他们的孩子一起居住，甚至目前仍然有接近60%的老年人与他们的后辈居住在一起。但是现在扩大家庭的传统居住安排已经不再是日本人晚年住房的主要选择，老年人在晚年开始选

[①] Test the average number, $F = 14.677$, $Sig = 0.000$.

[②] Test the average number, $F = 59.95$, $Sig = 0.000$.

择独居（Misa Izuhara, 2000），追求更多自由空间了。

在社会转型背景下，以儒家为主要特征的中国传统家庭文化也改变了很多。我们知道，中国传统文化特别强调大家庭，提倡老人与成年子女一起居住，实现家庭养老的社会理想。调查中我们发现，目前中国老年人的住房现状已经呈现多样化，并且老年人自己独立居住已经成为主流。数据显示，67.8%的调查对象没有和他们的成年子女一起生活，18.4%的调查对象是独自一人生活（见表2）。深入分析，我们发现31.7%的农村调查对象和他们的成年儿子居住在一起，而城市调查对象中只有18.8%的老年人与他们的成年儿子居住。这似乎表明：城市老年人有更强的经济收入能力，因而在居住上表现出更强的独立性。

表2 老年人目前的住房选择和其希望的居住状态

住房选择	频数 目前	频数 希望	有效百分数 目前	有效百分数 希望	累积百分数 目前	累积百分数 希望
单独居住	123	57	18.4	8.7	18.4	8.7
与配偶居住	329	305	49.3	46.6	67.8	55.3
与成年儿子居住	161	210	24.1	32.1	91.9	87.3
与成年女儿居住	32	56	4.8	8.5	96.7	95.9
与孙辈居住	15	22	2.2	3.4	99.0	99.2
其他	7	5	1.0	0.8	100.0	100.0
合计	667	655	100.0	100.0		

然而就老年人自己的住房意愿来说，我们的数据表明较少的调查对象愿意单独居住，除多数老人继续希望与配偶一起居住外，较多的老年人还是愿意与他们的子女，特别是成年儿子，一起生活（见表2）。这一发现与我们前面回顾的文献成果相左，现有的西方文献认为，老年人独自居住已经是现代社会的主流。我们认为之所以有较多的老人选择大家庭生活，或许是儒家文化仍对中国老年人的观念影响强烈，或者独立生活不是中国44.7%的老年人追求的目标。

2. 老年人的健康和共同居住选择

一些研究者强调，老年人正常的身体功能和健康状态对其是否选择独立生活，即是否与子女居住在一起，起重要作用。良好的健康与身体功能是独立居住、维持日常生活的必要条件（Hays, Pieper and Purser, 2003）。比较差的身体和心理状态会限制老人的日常行动，因此患有疾病的老人与子女居住的可能性就大得多（Waite and Hughes, 1999；Worobey and Angel, 1990）。但是，我们的研究数据并不完全支持以上论断，我们的数据显示，老年人患病后，独居或者与子女合居在比例上并不存在明显差异（见表3）。

表3 老年人健康状态与其住房选择

是否与子女居住或居住养老院	健康状态									
	良好		一般		经常有一些小毛病		有一种比较大的疾病		有一种以上大疾病	
	目前	希望	目前	希望	目前	希望	目前	希望	目前	希望
否	147	113	134	110	109	83	39	35	10	12
	33.5%	32.0%	30.5%	31.2%	24.8%	23.5%	8.9%	9.9%	2.3%	3.4%
是	38	60	60	79	73	84	28	33	8	5
	18.4%	23.0%	29.0%	30.3%	35.3%	32.2%	13.5%	12.6%	3.9%	1.9%
养老院		4		5		9		1		3
		18.2%		22.7%		40.9%		4.5%		13.6%

表3中的数据令人惊讶，我们的调查对象目前的居住安排和其希望的居住状态的比例特别相近，并不因为疾病而发生变化，特别是在他们已经遭受重大疾病以后，并不希望与子女居住在一起，增加子女的负担。这表明对中国老年人来说，健康状况与共同居住之间没有很强的关联。不拖累后辈似乎是老年人更强烈的意愿。就养老院居住这一选项，仅仅只有3.5%的调查对象愿意住在疗养所，绝大多数老年人选择居家养老。这一结果与另一个在上海开展的研究基本一致，该研究发现仅4.2%的老人不愿意居家养老（老年住房课题组，2001）。

（三）老年人的住房财产

有学者研究发现，拥有住房往往意味着持有大量财产，而租房具有的财产就特别少。如在美国，年龄为62岁及以上的房主净财富在1995年时为141300美元，而对租住者来说平均只有6460美元（Karen M. Gibler,

2003)。可以说，住房财产往往暗示着老年户主的社会地位。

1. 老年人住房类型

正如我们上述提到的，住房改革后中国城市已经产生世界上最高的住房自有率。在我们的调查中，有84.8%的调查对象拥有住房资产，12.3%的调查对象在他人赠送的房子里居住，只有1.2%的调查对象是租房住。对于调查对象所拥有的这些住房的来源来说，18.8%的房屋是从原来老年人工作单位分来的，11%是购买了经济适用房，8.2%来自商品房，14.1%的住房属于二手房，40.9%的住房（大多是农民）来自代代相传的祖传房。这些数据表明，中国老年人的住房安排已经呈现多样化态势。

2. 老年人的住房面积，住房市场价值和收益

调查中我们发现，大多数老年人都有一定量的住房财产。比如就住房面积来说，他们的平均水平是101.86平方米，而住房的市场价值则为209922元，据老年人自己判断，他们的住房平均收益大致是132080元。这些数据表明中国老年人的住房安排已经处于一个比较好的水平，住房的平均面积较高往往意味着比较适宜的居住空间。住房收益之间的差异主要体现在老年人退休前所从事职业，退休前为国家干部的老年人拥有最多的住房收益，一般办事人员位居第二，而身为农民的老年人收益最少（见表4）。

表4 老年人退休前的职业与现有住房资产交叉表

退休前职业	住房面积（平方米）			住房花费（元）			住房市场价值（元）			住房获益（元）
	频数	平均值	标准差	频数	平均值	标准差	频数	平均值	标准差	
无工作	22	80.50	9.62	8	77250	22984	7	145000	27451	67750
农民	278	91.85	7.99	86	21680	4624	87	62529	18386	40849
工人	50	85.22	11.94	35	60900	15409	36	242500	84678	181600
办事员	14	97.00	9.65	9	101111	22696	10	315000	44727	213889
教师	65	105.43	7.98	41	114935	18260	38	210421	22575	95486
技术人员	38	137.11	25.48	22	106747	31120	21	255714	41864	148967
商人	18	92.78	12.09	14	117142	29259	14	235714	36490	118572
国家干部	113	126.15	8.37	60	119500	17335	59	374538	85954	254838
合计	598	101.86	4.61	275	77842	6524	272	209922	24004	132080

如前所述，一些学者对住房转抵押模式给予很高的评价。住房转抵押指当老人到62岁时，拥有房屋财产的老人把房屋所有权抵押给保险公司或特定的金融机构，保险公司或金融机构给房产做一个综合评价，预估未来增值或贬值。然后根据对住房的估价和对老人平均预期寿命的计算，保险公司或金融机构按月或年给受保的老年人发放现金。这种固定的支付会持续到他们去世为止。老年人享有收益和房子居住的权利。保险公司或金融机构在老年人去世后相应获得财产权，他们可以出租或拍卖老年人过世后留下的房产（Yan An, 2008）。如果这种模式能够引进到中国，那么城市中相当一部分老年人的养老金问题或许会迎刃而解，尽管农村老年人因为其住房的流动性低而变现能力差，其养老金很难通过住房解决。

（四）老年人的收入

生活富有，或者至少不贫穷，对老年人来说意味深长。一些学者发现：富有的人其健康状态不大可能经历从好到差的转变，这暗示着财富与健康有因果关系（Lixin Cai, 2009）。从表5中的数据我们看到两种类型的老年人，农民或没有工作的老年人只有最低水平的养老收入，而其他职业的老年人则有令人满意的月收入。前面我们已经注意到，老年人较高的收入往往还与独立居住有较强的联系。

表5 老年人月收入

		职业分组								合计
		无工作	农民	工人	办事员	教师	技术人员	商人	国家干部	
当前月收入	平均值	361	398	1191	1726	1905	1364	1489	2033	1078
	频数	27	262	51	15	67	37	19	113	591
	标准误	464	486	722	989	1151	921	1159	2161	1346
退休（退出工作）前月收入	平均值	611	516	1028	1826	1983	1878	2631	2125	1231
	频数	26	260	51	15	68	38	19	113	590
	标准误	751	416	800	1039	1215	1818	2025	2208	1474

（五）老年人的住房设施

到目前为止，我们城市的住宅建设大多是为年轻、精力旺盛的城市生活方式而设计的,很少考虑到老年人的基本需求和身体特征。一个人要在现今的城市居家,他就必须能够上下楼梯、烹调、干基本的杂务。我们或许没有想到多数人年老后会丧失一项或多项能力,而活力十足的城市住宅不再适应老年人的要求。我们认为,如果老年人居住在设施齐全,各类服务容易利用的社区中,老年人独立生活的能力就会增强。

1. 住房设施与社区设施

有学者将住房设施定义为某种物理的、生物的和社会的区域,它代表着一种特定的生命技术和组织形式,是个体和社会的一种生活方式。任何居住形式都可以被认为是一种体系,一种可供分析的体系(Melnikas,1998),这一定义从个体和社会视角将住房设施置于住房生态层面,住房设施与人的年龄阶段、健康状况相关联:不同年龄、健康状态的人需要不同种类的住房设施以及服务设施。老年人减少了流动性,大部分时间待在家中,厨房、浴室以及在适合位置安装的扶手,煤气、电和自来水,对于老年人来说则是最基本的住房设施。如果缺乏这些,他们的生活将会不方便,甚至变得很困难。

由于中国城市住房建设偏向于非老年设计,因此,中国老年人的住房设施并不十分齐备。从表6中的数据我们看到98%的老年人家中有电,94%的老人拥有自己的厨房,但只有52%的老人家中有扶手,自来水、浴室、煤气的百分比都很低。这些数据告诉我们因为住房设施不完整,有很高比例的老年人住房不方便。

另外,社区设施对老年人的居住安排也很重要。例如路旁的长凳、公共卫生间、公园等共享空间,还有美观、安全优质的环境,清洁、照明良好的行人道,建筑物、社区服务、各类设施以及交通,所有这些都应该安全、可靠、可利用性强以及老年人能够支付得起或者对老年人免费,而上门服务则特别有益于身体存在一定机能障碍的老人。因此,社区要为老人提供基本设施,同时还要为他们提供参与机会,特别要照顾到不同年龄阶段的人所面临的障碍,同时还要为满足老年人的不同需要开展丰富多彩的活动。

本研究只关注了一些基本项目,例如残疾人设施、老年活动中心、身体锻炼中心、诊所、急救电话与交通。我们从表6提供的数据可以看到,老年人所生活的社区相应设施比较缺乏,特别是残疾人设施更为缺乏。这限制了老年人的活动空间,对他们的自由、独立起了抑制作用,增加了他们日常活动的依赖性。

表6 老年住房设施水平与社区设施水平

住房设施的有无	频数	平均值	最小值-最大值	标准差	社区设施的有无及方便性	频数	平均值	最小值-最大值	标准差
厨房	672	0.94	0.0~1.0	0.242	残疾人设施	650	0.21	0.0~1.0	0.405
浴室	666	0.77	0.0~1.0	0.418	老年活动中心	675	0.37	0.0~1.0	0.482
扶手	645	0.52	0.0~1.0	0.500	锻炼设施	660	0.40	0.0~1.0	0.491
煤气	656	0.67	0.0~1.0	0.472	诊所	664	0.74	0.0~1.0	0.438
电	666	0.98	0.0~1.0	0.144	找到紧急电话的方便程度	664	1.41	0.0~2.0	0.698
自来水	665	0.79	0.0~1.0	0.407	交通方便程度	665	2.17	0.0~4.0	1.177

注：就家庭设施及社区设施中的残疾人设施、老年活动中心、锻炼设施和诊所等项来说，最小值0代表"无"，最大值1代表"有"；就紧急电话、交通等项来说，最小值代表很不方便，最大值代表很方便。

2. 社区设施使用频率

尽管不同群体的老年人在住房面积和房屋市场价值的拥有方面存在很大差异，但在社区设施使用的频率上却非常相似。详细调查数据如下：(1) 居住地到老年中心的平均距离为1.426千米，老年人每周去老年中心的平均数是3.66次；(2) 居住地到身体锻炼中心的平均距离是0.927千米，老年人每周锻炼的平均数为4.82次；(3) 居住地到诊所的平均距离是1.12千米，老年人每周平均去诊所2.58次；(4) 老年人每周平均与他人交流7.06次。

笔者使用年龄、职业、收入、家庭条件、性别、教育水平等不同控制变量对上述平均数进行F检验，F值都非常低，显著性水平没有达到0.05。这说明，在公共设施使用上，老年人使用社区公共设施的频率存在一致性。不过，当我们使用健康状态去测量以上平均值时，我们发现使用手杖的老年人明显减少了日常社区活动，特别是交流与锻炼的次数。因此，在居住区配置老年人活动设施，有益于所有老年人。

3. 住房帮助

1949年以后，中国政府为老年人建设了两种住房设施：一种是社会福利机构，它提供住房给三无（无法定抚养人、无工作能力、无经济来源）老人；另一种是疗养院，它们坐落在景色优美的胜地，有一流的设施和高质量的服务，服务对象是各类老年精英。随着老龄化速度加快，老年人口迅速增加，政策制定者应该考虑如何帮助普通老年人解决他们的居住困境，规划他们晚年的居住安排和自主选择。然而，我们调查发现，到目前为止，只有很小比例的老年人得到了居住方面的相应服务（见表7），大多数老年人的居住安排不同程度地被遗忘。

计划经济时期，城市居民的住房服务大多来自所在单位，没有单位的城市居民则可以获得街道办的帮助，农村居民则能够获得所在生产队或所在村的支持（李斌，2009）。市场转型以后，尽管单位、街道办、城市政府并没有消失，但是它们所发挥的功能已经大大减少，取而代之的应该是社区组织。遗憾的是，我们调查发现，社区组织为老年人提供住房方面的帮助还特别稀少，只有12.1%的老年人得到社区组织的帮助。这说明，社区组织的发展要努力满足老年人的居住安排，为老年人排忧解难。

表7　老年人从不同机构获得的居住上的帮助

老年人居住上获得帮助的来源		频数	百分数	有效百分数	累积百分数
退休前的工作单位	是	149	21.5	25.9	25.9
	否	426	61.6	74.1	100.0
	合计	575		100.0	
社区组织	是	84	12.1	14.6	14.6
	否	490	70.8	85.4	100.0
	合计	574		100.0	
街道办事处	是	129	18.6	22.4	22.4
	否	446	64.5	77.6	100.0
	合计	575		100.0	
城市政府	是	179	25.9	31.1	31.1
	否	396	57.2	68.9	100.0
	合计	575		100.0	
其他组织	是	76	11.0	13.3	13.3
	否	497	71.8	86.7	100.0
	合计	573		100.0	

四 讨论

与过去传统大家庭居住安排不同，目前中国城乡老年人的居住安排已经呈现多样化特征，并且独立居住已经成为老年人居住安排的主流，有高达67.8%的受访者没有与自己的成年子女居住在一起。关于老年人独立居住，一些研究表明有较高收入和较多净财富的老年人显示出独立居住的更大可能性（如Costa，1999；McGarry & Schoeni，2000）。但是在我们的研究中，我们发现收入和独立生活之间关联性很少。所有收入群体中想独立生活的老年人均有很高比例。从我们的数据中，难道可以推断中国老年人的独居理想已深植于他们的观念之中？我们认为，独居对于中国老年人来说和西方老年人的独立性有不同意义，后续研究我们需要进一步追问这是老年人追求自由的结果还是被其后辈遗弃所使然，成为留守老人。但是，大多数老年人独立居住本身已经具有非常重要的社会政策意义。然而，我们遗憾地发现，大多数老人在居住上有比较高程度的不方便，其所居住的社区针对老人的服务和设施相当欠缺，尤其是针对残疾老人的设施更是奇缺。同时，老年人在居住上获得包括单位在内的机构的帮助很少，他们大多处于无助状态。

不同年龄阶段的群体对住房设施有不同的要求，这在西方国家或许是很自然的事情，他们相信住房和健康以及年龄之间存在关联。由于中国市场化背景下的住房改革将主要目标集中在住房的市场化、货币化，进而积极增加住房容量上（李斌，2004），所以尽管人均住房面积得到提升，住房自有率也位居世界第一，但是我们还没有意识到住房与老年之间的关联，甚至不少老年人自身仍然像年轻人一样思考，他们没有注意到老年人自身的特点，身体功能的退化，以及老年住房设施对老年人生活质量维持和提升的重要性。大部分中国老年人没有根据自己的年龄和健康状况来安排自己的居住生活，他们更多的仍然是根据自己的收入、职业、户口等要素获得住房，从而安排住房设施。

美国政府把相当多精力放在老年人住房方面，他们为老年人大致建设了三种基本类别的生活设施：第一种是集体住房，这种住房保障老年人的独立生活，同时提供食物、清洁服务和购物帮助。第二种是膳宿和护理住房，这种住房有公共的进餐设施，同时提供基本生活和针对个人身体状况的帮助（个人照顾、保健、穿衣、煮饭与洗澡），住房管理机构持续照顾居住在社区的退休老人，并依据老人的独立能力和健康水平提供不同水平的服务，所有人共享大体一致的设施。他们尽可能地提供一个定价合理的家庭环境，在那里意志脆弱或者不能独立生活的老人可以和他人进行交流。第三种是老年村（Elder Cottage Housing Opportunity，ECHO），这种住房起源于澳大利亚，老年人可以根据他们的喜好选择相应老年社区居住。这种居住区类似村庄，它在促使老年人享有普通村庄生活的同时，使老年人之间的交流得到加强（Sung-hyuk Kim, Hong-bumm Kim, Woo Gon Kim, 2003）。尽管已经有学者就中国老年住宅建设和老年住房政策提出了一些建议和对策（台恩普，2008；周春发、朱海龙，2008），也有学者提出老年住房政策应该考虑三个方面：市场机制、社会公益捐助和政府免费提供（汪霄，2003）。但是，中国政府到目前为止还没有来得及为中国老年人做如此多的工作，推出自成体系的住房。

因此，针对中国目前老年化速度的加快，研究者应该积极表达老年住房观念，然后促使在房屋建造时将老年人的要求和理念体现在住房设施的配备中。期待更多以老年人为导向的住房政策和住宅快速出现。

中国城市住房改革已经给老年人带来很高的住房自有率。随着时间的推移，加之独生子女政策所导致的家庭结构的巨大变迁，在每个城市和农村建造满足老年人特殊需求的不同种类的住房已经刻不容缓。

参考文献

老年住房课题组，2001，《上海老人养老方式选择及住房需求》，《住宅科技》第8期。
李斌，2004，《住房利益分化与社会分层机制变迁》，中南大学出版社。
李斌，2009，《分化的住房政策：一项对住房改革的评估性研究》，社会科学文献出版社。
卢晖临、李雪，2007，《如何走出个案——从个案研究到扩展个案》，《中国社会科学》第1期。
束克欣，2006，《我国城市居民住房自有率已居世界第一，"居住必买房"是危险导向》，《中国经济周刊》第24期。
台恩普，2009，《老年住宅建设的对策和建议》，《城市住宅》第7期。
汪霄，2003，《城市老年住房建设模式的探讨》，《南京工业大学学报》（社会科学版）第4期。

周春发、朱海龙，2008，《老年人住房政策：国际经验与中国选择》，《人口与经济》第 2 期。

B. Melnikas, 1998, "Management and modernization of housing facilities: specific features of central and eastern European countries, Facilities." *Bradford*: Vol. 16, Iss. 11; p. 326.

Chevan, A., 1989, "The growth of homeownership: 1940 - 1980." *Demography*, 26 (2), 249-266.

Clark, W. A., & Dieleman, F., 1996, *Households and Housing: Choice and Outcomes in the Housing Market*. New Brunswick, NJ: Center for Urban Policy Research, Rutgers University.

Costa, D. L., 1999, "A House of Her Own: Old Age Assistance and Living Arrangements of Older Unmarried Women." *Journal of Public Economics*, 72, 39-60.

Dowell Myers and SungHo Ryu, 2008, "Aging Baby Boomers and the Generational Housing Bubble: Foresight and Mitigation of an Epic Transition, American Planning Association." *Journal of the American Planning Association*, 74, 1, 17-33.

Ellwood, D. and T. Kane, 1989, "The American Way of Aging: An Event History Analysis." NBER Working Paper #2892;

Feinstein, J. and D. McFadden, 1987, "The Dynamics of Housing Demand by the Elderly: Wealth, Cash Flow, and Demographic Effects." NBER Working Paper #2471.

Garber, A. and T. MaCurdy, 1989, "Nursing Home Utilization among the High-Risk Elderly." Hoover Institution Working Paper E-89-1.

Gober, P., 1992, Urban housing demography. *Progress in Human Geography*, 16 (2), 171-189.

Hays, J., Pieper, C., & Purser, J., 2003, "Competing risk of household expansion or institutionalization in later life." *Journal of Gerontology: Social Sciences*, 58B, 11-20.

Jeffrey A. Burr & Jan E. Mutchler, 2007, "Residential independence among older persons: community and individual factors." *Popul Res Policy Rev*, 26: 85-101.

Karen M. Gibler, 2003, "Aging Subsidized Housing Residents: A Growing Problem in U. S. Cities." *The Journal of Real Estate Research*, Vol. 25, No. 4; 395-420.

Lixin Cai, 2009, "Be Wealthy to Stay Healthy: An Analysis of Older Australians using the HILDA Survey." *Journal of Sociology*. Melbourne: Vol. 45, Iss. 1; pg. 55.

Masnick, G. S., 2002, "The New Demographics of Housing." *Housing Policy Debate*, 13 (2), 275-322.

Matilda W. Riley., 1963, *Sociological Research* I: *A Case Approach*, Harcourt, Brace & World, Inc. 240-254.

McGarry, K., & Schoeni, R. F., 2000, "Social Security, economic growth, and the rise in elderly widows' independence in the twentieth century." *Demography*, 37, 221-236.

Misa Izuhara and Frances Heywooe, 2003, "A Life-time of Inequality: A Structural Analysis of Housing Careers and Issues Facing Older Private Tenants." *Ageing and Society* 23, Cambridge University Press. 207-224.

Misa Izuhara, 2000, "Changing Family Tradition: Housing Choices and Constraints for

Older People in Japan." *Housing Studies*, Vol. 15, No. 1, 89-110.

Russellk. Schutt, 2004, *Investigation the Social World: the Process and Practice of Research* (4th Edition), Univerisity of Massachusetts, Boston.

Sung-hyuk Kim, Hong-bumm Kim, Woo Gon Kim, 2003, "Impacts of Senior Citizens' Lifestyle on Their Choices of Elderly Housing." *The Journal of Consumer Marketing*. Santa Barbara: Vol. 20, Iss. 2/3; pg. 210-26.

VanderHart, P., 1993. "A Binomial Probit Analysis of the Home Equity Decisions of Elderly Homeowners." *Research on Aging*, 15: 299-323.

Vander-Hart, P., 1994, "An Empirical Analysis of the Housing Decisions of Older Homeowners." *Journal of the American Real Estate and Urban Economics Association*, Vol. 22, 2: 205-233.

Venti, S. and D. Wise, 1989, "Aging, Moving and Housing Wealth." In D. Wise, editor, *The Economics of Aging*. University of Chicago Press, Chicago.

Waite, L., and Hughes, M. E., 1999, "At Risk on the Cusp of Old Age: Living Arrangements and Functional Status Among Black, White, and Hispanic Adults." *Journal of Gerontology: Social Sciences*, 54B, S136-S144.

William A. V. Clark, Marinus C. Deurloo, 2006, "Aging in Place and Housing Over-Consumption." *J Housing Built Environ*, 21: 257-270.

Worobey, J., and Angel, R., 1990, "Functional capacity and living arrangements of unmarried elderly persons." *Journal of Gerontology: Social Sciences*, 45, S95-S101.

Yan An, 2008, "The Aging of the Population and Housing Reverse Mortgages in China." *Canadian Social Science* Vol. 4, No. 4.

（原载《中国人口科学》2010年第3期）

论老年人家庭照顾的类型和照顾中的家庭关系

——一项对老年人家庭照顾的"实地调查"

王来华 〔美〕约瑟夫·施耐德

摘　要　本文针对老年慢性病患者、因年迈与疾病而行动困难老人的家庭照顾进行研究，通过1990年至1991年对16个老年人家庭开展的"田野调查"，随后在1993年、1996年和1998年，又对这些家庭进行了跟踪访问。根据这些老年人家庭中生活角色、照顾类型和照顾质量等方面的调查数据和资料，讨论了影响家庭照顾行为和家庭关系的主要因素。研究发现，对老年人的家庭照顾类型和质量是不同的，这源于老年人家庭中的照顾者和照顾者角色扮演方面的差异。最佳的照顾类型是老伴儿的健在以及子女们在旁边的辅助。研究发现，家庭照顾会改变家庭成员之间的相互关系；老年人家庭照顾实际上是一个过程，家庭成员参与其中，包括社区医护人员、邻居、朋友以及其他人等非家庭成员也会参与其中。

关键词　老年人家庭病床　照顾者及类型　照顾质量　家庭关系

一　前言：理论方面的思考

老年人家庭照顾主要是指家庭成员对老人的照顾，家庭成员包括了老伴、子女、子女的配偶、孙子女和老年人的兄弟姐妹等亲属，而照顾内容包括了对老年人的经济支持、日常生活照料、精神疏导和患病情况下的护理等。此外，老年人家庭照顾还指这种照顾多发生在老年人的家庭里面，但有时候也发生在家庭外的一些其他场所，如在医院中的家属陪伴。老年人家庭照顾在内容上包括经济支持、日常照料和精神慰藉，这已经是理论和实践中的共识（《中国大百科全书·社会学》，1991：110）。作者在本文中所分析的对患病或年迈老人的家庭照顾，不同于一般的日常照料，常包含专业医护知识的运用和一些特殊的照顾内容。大量研究证明，家庭照顾依旧是目前中国城乡老年人照顾的主体，特别是当老年人因病或年迈而需要照顾的时候。这一现象是中国几千年传统文化不断沉积并产生影响的结果。中国传统的道德伦理观念一直以极大的力度支持着这种内含血缘联系、地缘联系、经济联系和其他联系的老年人与子女之间的社会关系。从古文献里叹颂的"哀哀父母，生我劬劳""欲报之德，昊天罔极"（《诗经·小雅·蓼莪》），到现在子女对报答父母养育之恩的谈论，都包含了几千年来一脉相承的物质和精神内涵。

但是，近些年工业化和城市化出现了跃进式的发展，中青年子女们的职业竞争不断加剧，跨地域的职业流动也在加速，子女与老年父母的传统联系模式不断受到挑战。在城市中核心家庭的比例和绝对数量大增，越来越多的老年人离开子女而独自生活。老年父母们本身也逐步受到生活自主性精神的影响，比过去更多地主动选择与子女彼此分开的居住方式。其结果是不仅仍存在如何照顾与子女一起居住的老年人的问题，而且还出现了子女如何照顾那些独居且患病或年迈的父母的问题。子女数量方面的变化也加剧了对子女与老年父母之间联系模式的挑战。城镇中出现的独生子女数量增加和老年人口比例增大的情况，使照顾老年人的子女数量与被照顾老年人数量之间失去了传统形式上的平衡，人们在日常生活中已经感觉到，一旦老年人患病，承担照顾责任的子女数量就不够了（夏传玲等，1995：10；郭志刚等，1996：7）。人们从家庭人口结构的角度解释这种挑战，使用过"421"家庭人口结构或其他相近的说法。

中国老年人口的数量很大，1999年10月世界人口达到60亿人时，中国60岁及以上的老年人口已达1.26亿人，占中国人口总数的10%。同时，经济迅速发展和市场机制的刺激，为建立较多的社会养老设施创造了新的可能性。于是，有些人开始梦想由社会来替代家庭承担起照顾老年人的责任。毫无疑问，来自社会方面的力量会有助于解决部分老年人的照顾问题，但是，是否真的存在完全由社会来承担这一责任的可能性呢？一些发达国家和地区在经历了老年人从家庭进入社会养老机构的变迁后，正依据经验教训，反思这一转变过程的合理性。例如，联合国在1982年通过并在全世界实施的"1982年维也纳老龄问题国际行动计划"中就曾明确指出，为年长者提供健康照顾，必须承认家庭及其所在社区所具有的平衡和良好的制度特点，在此基础上寻求社会养老机构和家庭之间的适当平衡（《老龄问题研究》，1983：81、251）。随着时间的推移，国际上相关领域的人们已经愈来愈感到这一看法的重要性和正确性。一种比较一致的看法是，把老年人留在家庭中，接受来自家庭和居住地社区的多种照顾，是适应老年人身心需要和减轻庞大社会开支的经济需要的"两全其美"的方式。这种看法还强调，这绝不是不顾及由家庭照顾老年人的困难，反而是充分地强调家庭特别是新形势下的家庭在提供照顾老年人服务方面的困难，倡导必须照顾那些照顾老年人的人。照顾那些照顾老人的人，就需要社会的参与。社会的"介入"具体表现为来自家庭外部的人和物的因素对老年人家庭照顾的投入。在这种情况下，以家庭为主体的照顾老年人的方式开始变成以家庭成员照顾为主，同时吸收更多社会支持的方式。这种介入在分解了纯粹意义上的家庭养老方式的同时，也起到了维系出现困难的家庭养老模式的作用，弥补了老年人家庭照顾方式的一些不足。

二 研究样本和调查研究方法的讨论

（一）关于研究样本

作者的此项研究始于1990年。1990年10月至1991年7月，本文作者对天津市区16户设立家庭病床的老年人进行了连续性的调查访谈。被研究样本由天津市一家规模很大的综合性医院和一家疗养院分别提供。最初提供的研究样本数量要大于16户，但是其中一些样本出于种种原因表示不愿意接受访谈，作者被迫放弃了这些样本。作者所选择的研究样本都是患各种慢性病的老人，他们正在接受来自医护人员和家庭成员的长期或短期的护理照料。就他们对家庭照顾的需要而言，他们成为作者研究老年人家庭照顾的专门对象。参与访谈的调查样本都是上了年纪的老人，而参与照顾他们的老伴、子女或其他亲属也都是作者的研究对象。作者最终访谈调查的人员有 100 余人。其基本情况详见表 1。

表 1　研究样本的基本情况

样本	年龄	性别	婚姻	子女数量	共同居住情况	以前工作	退休收入	住房
#01	74	男	再婚	5（4女1儿）	5（妻、儿子、儿媳和孙女）	医院的锅炉工	140 元	两室一厅
#02	62	女	已婚	1（女）	5（夫、女儿、女婿和外孙女）	纺织工人	150 元	两室一厅
#06	83	女	丧偶	7（4女3儿）	5（2女、1外孙女、1孙子）	医院护士长	400 元	三室一厅
#08	78	女	丧偶	5（1女4儿）	3（1儿、1孙子）	无工作	无	平房2间
#09	64	女	已婚	3（2女1儿）	4（夫、女儿和外孙女）	中学教师	200 元	两室一厅
#12	61	男	已婚	2（1女1儿）	4（妻、女儿和女婿）	大学处长	330 元	两室一厅
#17	71	男	再婚	3（2女1儿）	2（妻）	农林局长	300 元	楼房2间
#18	74	男	丧偶	4（1女3儿）	4（儿子、儿媳和孙子）	市政工程师	270 元	三室一厅
#22	60	男	丧偶	3（2女1儿）	2（女儿）	工厂瓦工	140 元	平房2间
#24	72	男	再婚	5（1亲生儿、2养子和2养女）	5（妻、儿子、儿媳和孙女）	船员	240 元	楼房2间
#25	60	男	已婚	3（儿）	6（妻、未婚儿子、已婚儿子、儿媳和孙女）	纺织厂工人	130 元	平房1间半
#26	60	女	已婚	2（女）	2（夫）	缝纫工人	130 元	楼房
#27	81	男	已婚	4（3女1儿）	2（妻）	邮政工人	160 元	两室一厅
#28	66	男	已婚	2（女）	2（妻）	银行处长	230 元	两室一厅
#29	68	女	未婚	无	3（与兄弟、弟媳相邻）	织染厂工人	140 元	平房1间
#30	84	男	再婚	1（养女）	2（妻）	外贸局长	300 元	三室一厅

说明：1. 样本编号保持了最初选取样本的次序，加在一起是 16 户，另外的样本因为不愿意接受访谈而最终被放弃；2. 关于样本的居住情况，"两室一厅"或"三室一厅"分别是指有两间卧室或三间卧室的单元楼房，而表中提及的"楼房"则是指由几户人共用一个厨房和一间卫生间的旧式楼房。

从表1中看到，参与访谈的老年人在性别、年龄、职务、子女数量和结构、退休收入水平和居住情况等方面有很大差别。这些差别为作者的多角度研究提供了益处。此外，虽然接受访谈的老人都是家庭病床病人，但是，他们的患病和生活自理情况也有很大区别（见表2）。

老年群体本身具有身体状况差异性大的特征。尽管多数60~70岁的老人身体仍然健康或比较健康，但这一年龄组也有相当一部分的老人和很多超过70岁的老人因患病或年迈体弱，身体状况处于较差或很差的状态。对患病或年迈体弱老年人展开专门研究，对于认识老年群体中普遍存在的健康问题和健康维护问题具有实际意义。在国际上，从事老龄问题及相关政策研究的研究者们十分注重对老年人普遍存在的健康问题的研究。一些国家诸如澳大利亚、日本、瑞典、美国等，对研究老年人健康问题的重视程度相对较高。

从表2中还可以看出作者对研究对象的访谈次数。访谈大都是作者与被访谈对象事先约定后进行的。有的访谈历时一个月，有的访谈历时半年之久。而后，在1993年、1996年和1998年，作者还对健在的样本进行过追踪访问。

表2 研究样本的健康状况和研究者对其家庭的访谈次数

样本	健康状况	访谈次数
#01	曾患脑血栓而致半身瘫痪，生活可以部分自理	8
#02	曾患脑血栓而致半身瘫痪，生活可以部分自理	4
#06	曾患脑出血症而致全身瘫痪，生活完全不能自理，并无语言能力	10
#08	患高血压和因年迈体弱，生活基本不能自理	8
#09	因患脑出血而致半身瘫痪，生活基本不能自理	6
#12	曾患脑血栓而致半身瘫痪，生活可以部分自理	9
#17	有高血压等病症，生活可以自理	6
#18	患帕金森症等病，生活可以勉强自理	10
#22	曾患脑血栓而致半身瘫痪，生活可以部分自理	6
#24	患肺心病等，生活基本不能自理	7
#25	患脑出血等，生活完全不能自理，无语言能力	5
#26	曾患脑血栓而致半身瘫痪，无语言能力，生活大部分不能自理	6

续表

样本	健康状况	访谈次数
#27	曾患脑出血而致半身瘫痪，生活可以部分自理	5
#28	患高血压和面瘫等症并多次住院，生活可以自理	8
#29	患哮喘等病，生活大部分不能自理	7
#30	患心脏病等症，生活大部分不能自理	3

说明："访谈次数"是作者对每一个样本或其亲属的访谈次数统计，平均一次的访谈时间在 1.5 小时左右。

（二）关于调查研究方法

作者所采取的研究方法可以定性为一种"实地调查"（fieldwork）法。必须指出的是，从数量上说，对上述样本的研究结论远不足以推而广之。此项研究的价值在于对样本本身情况的各种微观认识。

对研究样本和有关情况进行的描述，符合社会学描述性研究方式的一般特征，即系统、全面和深入仔细地观察后，又从研究的不同方面系统、详尽地描述出来。但是，作者并不满足于一般性描述，力图沿着一条研究的逻辑轨道，对老年人的家庭照顾进行一些社会学解释，类似于一种解剖，或类似于一种先导性的研究。诚然，当作者进入了解释性研究后，受作者观念和研究水平的制约，其阐释和分析可能会与他们所追求的对现象所含本质的认识产生距离甚至偏离。作者已经认识到，从一项微观的研究出发，通过描述、分析和阐释，再进入宏观的认识层次，是实证研究很难做到的事情之一。

作者所采取的研究方法具有以下几个特点，第一是从具体研究出发，在获取大量访谈资料后，对资料进行艰苦的过滤，逐步得出一些一般性结论。这种方法形象地说类似于"漏斗"。"漏斗"的基本含义是先获取大量访谈资料，并从繁杂的资料中提炼出基本分析结论，好比将大量液体灌入漏斗，而液体要一点一滴地从底部流出来。作者对研究样本的访谈量很大，最后的访谈笔记加起来有80多万字。作者期望能够通过归纳概括和进一步分析，产生一些有价值的认识成果。与抽样问卷调查方法相比，这种方法只是力求制作一幅具体和生动的"图画"。作者承认，"实地调查"方法和抽样问卷调查方法存在差别，同时也认为它们在很多时候可以相互补充,有些补充甚至是很重要的。

第二是"贴近与距离"。在与参与访谈的研究样本的接触中,必然会发生研究者与被研究者之间语言、感情、思想等方面的交流,这可称之为社会学意义上的"互动",也可以概括为对研究样本的一种"贴近"。在"实地调查"中,研究者的每一句话、每一个行动都把他们展示给被研究者,而被研究者也同样如此。在这一过程中,真诚、坦率和信任都是很重要的。研究者在研究中倾注了他们对老人和照顾者的关心、理解和尊重,于是,他们同样得到了关心、理解和尊重。这是一种建立在研究与被研究基础上的友情。毫无疑问,这种友情能使访谈顺利地进行,也能使访谈内容本身更细致和丰富,并为研究者提供了不断深入研究的机会。

在这种研究中还有一个保持"距离"的问题。保持距离是为了使研究者能够保持一种认识上的"中立"或客观性。假如在访谈中研究者只从同情和关心的角度出发,就可能使他们的言行带有过浓的感情色彩,影响他们做出理智和清楚的判断。对老年人照顾的"实地调查",常常易使研究者们深陷同情的感情纠葛之中。因而,在"贴近"被研究样本的同时,又时时不忘记自己作为研究者的身份,就成了这种研究方法的另一个重要特点。另外,对研究者来说,提问的策略还是比较重要的,在不违反对待研究样本的真诚和尊重的基础上讲究提问策略和对待回答的策略,这是这种研究方法所包含"距离"的具体所指。当作者问及研究对象关于照顾过程中存在的问题和矛盾时,就不能过于直截了当,老年人家庭照顾中的问题和矛盾毕竟是敏感和不易对家庭外的人吐口说出的。

第三,关于"问题树"。数次访谈要提出很多问题,研究过程贯穿的基本内容是由问题和相应的回答共同构成的。每一次访谈开始之前,作者(特别是施耐德博士)都要对研究样本及其情况进行讨论和分析,拟定一个基本认识框架,再围绕基本框架设计出问题提纲。在访谈中,既可以依照问题提纲按顺序提问,也可以不遵循提纲,随时增添新的问题来提问。开始时作者总是提出一些基本问题,如老人的病况、住院史、家庭人口构成和过去干什么工作等,这些问题构成了一系列问题的最初内容,作者称之为问题的"树干"部分。继而提出新的有关联的问题,诸如住院时的治疗和照顾情况、重要的患病事件中家庭成员和其他人在照顾方面的投入情况等,这些问题构成了"树干"上面大的"枝条"。然后,再提出更多问题,包括人们在护理和照顾老人时所持的观念、感受的责任、出现的家庭矛盾、家庭内外照顾资源的使用和家庭的一些历史情况等，构成了"枝条"上的"树叶"。于是，一棵"问题树"就长成了。当然，这只是一种比喻，实际操作的顺序有时是不同的。一方面作者需要循着被访谈者的思路走，以便让他们感到舒服一些，得到的资料也更自然一些；另一方面也是为了避免程式化。但大多数时候，作者提出问题还是循序渐进和逐步深入的。

第四，有关答案的真实性问题。这是一个很重要的问题。不能认定作者最后获取的答案都完全真实。作者当然始终追求真实和有用的问题答案。在作者的访谈中，主要依靠不同家庭成员之间的不同回答来进行相互印证，依靠作者亲身的观察和贯穿研究主线的种种基本脉络，力求把各种回答（有时可能是相互矛盾的）真实地连接起来。

三　研究变量的讨论

（一）"家庭病床"

在此项研究中，作者把"家庭病床"作为研究载体，是因为家庭病床是一个与此项研究密切相关的重要变量。在家庭中设立家庭病床的老人，一般都是因为患病或年迈而需要医疗照顾的老人。这些老人没有住在医院而是住在家中，他们在接受医疗照顾的同时，也接受来自家庭成员的照料，这使他们成为研究老年人家庭照顾问题的重要对象。

对家庭病床基本情况的描述，较多地见诸作者对研究样本的访谈。在20世纪80年代中期至90年代初期，中国城市里的医疗资源并不充裕，建立家庭病床的重要作用在于解决病人特别是老年病人"看病难"的问题。有了家庭病床，不仅对老人有利，而且也可以在一定程度上减轻老人家属的负担。据有关文献记载，中国的家庭病床是50年代在天津市最早设立的（《天津之最》，1990：249）。1984年上半年，天津市的一些大医院也建立了家庭病床，掀起了家庭病床发展的新高潮。1984年9月，国家卫生管理部门在天津市召开了现场会，把有关经验推广到全国。在其后六七年的时间里，家庭病床的数量一直在增长。如1988年天津市全年开设家庭病床的数量为73212张，比1985年的52004张增加了40.8%。在这一时期，有关医疗管理部门对家庭病床的组织形式、收治病人范围、医疗设备使用和家庭病床管理制度及岗位责任等，都做出十分明确的规定（天津市卫生局编，1990）。这些有关制度和规定在这一时期得到了比较好的落实。

（二）家庭中的照顾者

提供照顾的家庭成员是非常重要的研究变量。任何家庭成员都可能扮演照顾者的角色，但是，这些角色在发挥照顾作用方面存在着很大差别（见表3）。

表3　研究样本家庭中照顾者的情况

样本	家庭中的照顾者
#01	主要：妻；次要：同住的已婚儿子、不同住的4个已婚女儿
#02	主要：夫；次要：同住的已婚女儿
#06	主要：同住的三女儿、四女儿（1离婚、1未婚）；次要：同住的外孙女、不同住的大女儿
#08	主要：不同住的3个已婚儿子（排行1、2、4）；次要：不同住的已婚女儿、同住的未婚孙子
#09	主要：夫；次要：不同住的两个女儿
#12	主要：妻；次要：不同住的已婚儿子和同住的已婚女儿（另有保姆1女）
#17	主要：妻；次要：不同住的已婚女儿（排行2）
#18	主要：同住的已婚儿子（排行3）；次要：同住的儿媳和不同住的1个儿子（排行2）
#22	主要：同住的未婚女儿（排行2）；次要：不同住的已婚女儿和已婚儿子
#24	主要：妻和已婚的亲生儿子；次要：亲生儿子的媳妇、已婚的1个养女（养女排行2）
#25	主要：妻、未婚的小儿子和同住的二儿媳；次要：同住的二儿子、已婚的大儿子和大儿媳
#26	主要：夫；次要：已婚的大女儿和大女婿
#27	主要：妻和采取"轮班"形式的1个儿子、2个女儿（居住在外地的大女儿除外）
#28	主要：妻；次要：已婚的大女儿和已婚的二女儿
#29	主要：小妹妹和大弟弟的1个女儿；次要：二弟弟的1个儿子、大弟媳
#30	主要：妻

说明：表中列出的"主要"是指照顾者承担日常起居、饮食以及疾病护理等多种照顾，还组织和协调家庭中其他人对老人的照顾。"次要"是指照顾者在照顾中只起到辅助作用，帮助主要照顾者做一些辅助性的工作，抑或在某一个具体方面，如买药、请医生、医疗费报销等方面，承担一部分照顾老人的任务。

表3中虽然没有列出那些作为补充的照顾资源，如邻居、朋友等，但是他们有时也扮演家庭照顾者的角色，使家庭照顾形式和内容更加丰富。

1. 关于老伴

直到目前，人们在谈及家庭养老时，还常常认为子女在照顾老人时扮演主要角色。而实际上，依据作者的此项研究，健在的老伴在照顾配偶方面发挥着主要作用。老伴本身也多是老年人，退休在家或一直就是家庭妇女，他们在家中经常陪伴被照顾对象，不仅进行精神疏导，而且也提供力所能及的体力方面的服务，如做饭、洗衣、喂药、陪伴锻炼和其他巨细不分的照顾。对于生活不能自理的老年人，老伴的作用则扩展到服侍大小便等比较困难的照顾工作。不仅如此，老伴还承担着对其他照顾者的组织、协调工作，成为一个家庭中整个照顾工作的核心。作为照顾者的老伴，他们为照顾患病的配偶自愿地做出了牺牲。这种牺牲同时也是为了他们的孩子。在由老伴提供照顾的家庭中，通常维持着一种较和睦的家庭秩序。

男性老伴和女性老伴之间既有相同之处，也有一些区别。如在被调查的#2、#9和#26三个样本中，提供照顾的都是男性老伴，他们主要承担日常的护理工作，主要包括向家庭病床医生介绍病情、照顾老伴吃药和进行恢复性锻炼、照顾老伴大小便等。而诸如买菜、做饭、洗衣等日常家务活，则主要由他们的子女（特别是女儿）来承担。这似乎是男性老伴成为家庭照顾者而承担照顾工作的一种常态。不过，也有例外的情况，如样本#26的丈夫就同时做洗衣（床单等由大女儿洗）、午饭等日常家务。对于女性老伴来说，她们的照顾工作范围则较宽，不仅包括了男性老伴所做的工作，而且还包括了买菜、做饭、洗衣等项工作，她们对丈夫的付出在项目数量上一般比男性对妻子的付出要多。在样本#01、#12、#25、#28和#30那里，都可以看到这一情况。一般而言，女性老伴平时就承担大量日常家务劳动的情况，在其丈夫患病后依然在延续。通常，得到照顾的丈夫对提供照顾的妻子称赞有加，而这些女性老伴的确非常辛苦。对性别差异及其在照顾老人中不同表现的研究，是当前国际上对性别差异社会学研究的一个具体方面，作者的研究也直接涉及这一方面（约瑟夫·施耐德等，1994：161~167）。

2. 关于子女

子女在照顾老年父母方面的情况是多样化的。作者根据调查，把子女在照顾老年父母中的表现划分为两种基本类型。

（1）老人有老伴情况下的子女。当家庭中老伴起主要照顾作用的时候，他们的子女大多发挥"拾遗补阙"的作用。当子女发挥辅助照顾作用时，除了帮助担任照顾者的父母干一些零散的家务外，主要承担买药、请医生和报销医疗费等一些发生在家庭外的任务。子女在外工作之余可以就近或专门地完成这些工作。同时，他们还多干一些家庭中的体力活，这些工作需要较强的体力付出，而他们的父母都难以承担，如冬天的家庭储煤、储菜等。如果老伴的作用由于其身体状况较差而弱化，那么，子女的作用就会有所加强，他们所干的事情就会变得多一些。有时候，即使老年父母有能力承担的工作也会由子女来干，有的子女是自愿的，而有的子女虽然不怎么情愿，但毕竟要在多项日常照顾工作和家务劳动里面选择一些事情来做。一般而言，在父母发挥主要照顾者作用的时候，子女心理上会感到轻松，至少不会有很重的压力感。这种情况在样本#01、#09、#26和#28等那里，都可以被轻易地发现。这时有些子女常常夸赞自己的父母亲，并对自己的表现表示一些内疚。

（2）老人没有老伴情况下的子女。对于没有老伴的老人来说，则完全由他们的子女（以已婚子女为主）来照顾他们，照顾工作对照顾者时间上的要求，大多会使子女感到困难。从作者研究的样本看，子女们或者有比较轻松的工作，使他们可以在白天腾出时间来照顾患病的父母，或者向工作单位请假留在家里完成照顾任务（这种情况在老人住院的时候十分普遍）。因此，在老人病情稳定下来并主要靠家属来照顾的时候，如果家庭中有一位成员无工作或工作时间不受很大限制，那么他很可能会担负起主要的照顾责任，而其他人则发挥辅助的照顾作用，抑或只提供一些经济上的支持。

在样本#27和#08那里，可以看到在多子女家庭中很流行的"轮班"方式。当找不出一位可以承担较多照顾老人责任的子女时，几个子女经过协商，排出到老人身边提供照顾的"值班"时间表，然后大家轮流来"值班"。作者的研究发现，"轮班"的时间表花样很多，既能按日、周的时间界限安排，也能按月的时间界限来安排，均由子女们依据实际情况来确定。"轮班"方法维持着这样一种状态，即在老年人的身边至少要留下一个子女，提供日常或夜间的照顾。在实行"轮班"方法的老人家中，参与轮班的照顾者所承担的工作大体相同。"轮班"带来的另一个好处是，照顾老人给有工作的子女造成的时间和其他方面的负担会由参加轮班的子女们共同分担，照顾中谁做多谁做少的矛盾也可以因此得到一定程度的解决。但是，即使子女采用"轮班"方法分担了照顾老人的工作，也不排除老人与其中某一个子女更亲近，并获得老人更多的赞扬。

以已婚儿子为主要照顾者和以已婚女儿为主要照顾者的情况并不同。研究发现，女儿对老人的护理和照顾比儿子的护理和照顾要更细腻和妥帖，在精神照顾方面尤其如此。如在样本#06 那里，以已婚的三女儿为主，照顾年届 84 岁并且生活完全不能自理的老母亲，已婚的大女儿和大龄未婚的二女儿等人共同参与对老人的照顾。老人的三个儿子一个在外地、两个在国外，他们只是靠写信安慰或寄一些钱来提供帮助。女儿们没有依靠自己兄弟的想法，样本#06 几乎成了由女儿照顾老人的完美例子。从研究的情况看，儿子和女儿之间性别的差异使他们在照顾老人的过程中表现出不同的心理和行为取向。其他研究者的一项对老人家庭照顾中的"母女关系"研究，也指出了女儿在照顾母亲时更易于形成感情之间的融会，女儿善于发现母亲精神上的问题并适时地解决问题（熊跃根，1998：76~80）。

无论是在有老伴照顾还是在没有老伴照顾的情况下，子女们常常根据父母要求、个人意愿以及自己小家庭的收入情况，为老年父母提供经济方面的支持。在作者开展的访谈中这被称为"月钱"。多数参与访谈的老人都或多或少地按月收到来自子女的"月钱"。"月钱"的数额一般都不大，主要是显示子女对老人的孝心，特别是当老人的退休收入比较多的时候，子女们通过在老人那里吃喝或把孩子放在老人那里，会把这部分钱"吃回来"。如果老人没有收入，"月钱"就变得重要起来。在样本#08 那里，老太太没有工作和退休金，靠子女提供的"月钱"生活。她所得到的"月钱"有时甚至成为子女们议论的话题，显示出"月钱"的敏感性。也存在老人完全不在乎"月钱"的情况，如在样本#28 那里，老人把"月钱"看作一种传统的东西，并以不按照传统办事的名义否定了子女的经济支持。这个家庭的两位老人的退休金较多，实际上用不着子女经济方面的帮助（王来华等，1998：122）。

也存在子女从照顾老人中受益的情况。很多参与照顾老人的子女在住房继承和钱的花销等方面，直接或间接地从老人那里得到好处。例如，在样本#18 那里，不与父亲一起住的二儿子就隐隐约约地提及与父亲同住的弟弟、弟媳继承父亲三室一厅的单元楼房，而其弟则向作者明确地说明他们住在属于"老爷子"单位分配的单元房里，是因一种长期形成的儿子与父母亲同住的习惯，并且，他们也在照顾老人中出了别人不能替代的"力"。又例如在样本#12那里，患病的父亲和承担主要照顾责任的母亲帮助儿子照看上学的孙女。一些从事老年家庭照顾研究的研究者曾经指出，照顾老人的子女从老人那里受益，说明在他们之间存在一种"互惠"关系（熊跃根，1998：76~80）。作者的研究发现，这种"互惠"关系常常以一种很自然的形态存在，老人与子女都自觉或不自觉地加以接受。但是，有时候由于多子女的存在和对实际受益情况有不同看法，家庭成员间也常常出现一些矛盾。前面提到的样本#18家庭中的矛盾，就与这一点有关。

3. 关于"外姓人"

儿媳和女婿被当作"外姓人"，他们与被照顾的老人之间没有血缘关系，只有一种由子女婚姻关系制约着的家庭关系。其结果一是他们对照顾老人的投入并不被寄予很高期望，哪怕他们只是付出一点，其行为也会被赞扬，特别是当着家庭外的人赞扬，如样本#01、#02、#08、#09、#12、#18、#22、#25、#26、#27和#28，都可以听到老人和子女们对"外姓人"以赞扬为主的评价。二是他们也都清楚自己的地位，这种地位一般都不是一种照顾者的主体地位，而是一种附属地位，干一些"拾遗补阙"的事情，同时也是一种不负主要责任的地位。在这种地位上，他们更多地考虑能干多少就干多少，或者干一些让家里人能感觉得到和接受的事情。一旦他们不能清楚地认知这种地位和作用，做得过分或说得过多，就有可能给他们的付出带来不好的评价。例如在样本#18那里，不住在老人身边的二儿子对住在老人身边的弟媳不断地提出批评，认为她对父亲的照顾不好但还经常自夸。

在"外姓人"方面，儿媳的情况比女婿的情况显得特殊。儿媳的居住地以靠近其公婆的生活为主，在作者所研究的样本中甚至有与公婆同居的例子，如样本#01、#08和#25就如此。样本#08，年近50岁的大儿媳虽然与丈夫在晚上另栖他处，但每日要与婆婆同吃晚饭并在婆婆那里待一段时间。样本#25，20多岁的二儿媳、儿子和刚刚1岁多的孙女，与公婆住在被称为"死里外"的一间半平房内。以上两位年龄不同的儿媳有一个共同特点，即对自己父母家的事务顾及很少，而对婆婆家的事情参与很多，尤其是参与对老人的照顾。访谈中，样本#25家中的二儿媳说她丈夫不让她多回自己娘家（在市郊），而让她多帮助婆婆照顾生活完全不能自理的公公；而样本#08家中的大儿媳则表示，自己的父母可以由自己的弟弟们去照顾，她作为"出门子"的女儿，特别是作为这里的长儿媳，完全有责任来照顾患病的婆婆。儿媳的特殊表现是前面提及的性别差异问题的组成部分。儿媳作为与公婆生活在一起的女性，在照顾老人时发挥的作用在传统观念的影响下受到强调，而出嫁的女儿则不被强调。如在样本#08家中，唯一的女儿虽然也参与对母亲的照顾，如定时帮助母亲洗头等，但是其发挥的作用并不大，并且也不被她的弟弟们看得太重。在样本#12、#18、#22和#30那里，也都有类似的情况。当然，在只有女儿没有儿子的样本那里，情况并不同。如在样本#26和#28家中，出嫁了的女儿仍积极协助自己的父母，扮演着辅助性但依然重要的照顾者角色。

4. 关于其他提供照顾的人

首先是为设立家庭病床的老人提供服务的医护人员。来自医护人员的照顾主要包括到老年人家中的探视、问病、开药方、注射或输液、针灸等，医护人员的服务一般要按照比较固定的时间表和行为要求来进行，这与医院的有关规定相关。但是，经常的访问使医护人员与老年人及其家属逐渐熟悉，并且在他们之间普遍存在着感情沟通，从而使医护人员也发挥着对患病老人的精神疏导作用。作为回报，一些老年人和他们的家属在平时和节假日，向一些医护人员赠送礼品或纪念品，不断强化了他们之间工作和感情方面的联系。

还有来自邻居、朋友和单位所安排的人的照顾或服务。这些作用大多在特殊情况下发生，不是一种常态。一个典型例子是样本#26。样本#26午夜突然发病，几位同住一层楼的邻居赶紧起床，他们有的蹬三轮车，把样本#26急送到附近医院；有的按照样本#26丈夫的安排，去招呼其亲属赶往医院。这种帮助是临时性的，但是所起的作用很大，常常超过了不在老人身边居住的子女的作用。在其他的样本那里，也可以经常听到来自邻居帮助的情况。朋友们所提供的帮助多种多样，包括买药、请医、雇车和抬送，有些内容直接体现了老年人和他们的家庭所具有的社会关系，是利用"社会网"的一种具体情况（肖鸿，1999：1~11）。

长期的单位制和企业"办社会"现象，使曾有过工作的老人在患病后依然能得到原单位的照顾（王来华等，1992：16）。尽管近年来这一情况发生了很大的变化，但是在1990~1991年，老人们与他们的单位之间所保持的联系仍然是很强的。如样本#29从未结婚，也没有自己的子女，进入老年阶段和患病后主要依靠自己的妹妹、弟弟及他们的子女来照料。承担主要照顾责任的小妹经常到她原单位，与厂工会干部协商派日间照顾人员的问题，最终这家工厂还是派了叫"蔡姐"的人来照顾她的日常饮食。在20世纪80年代和90年代初期，厂内派员作为患病员工在医院或家中的陪伴，并不是很特别的事情（约瑟夫·施耐德、王来华，2000）。由单位提供的照顾还包括其他方面，例如，单位为离退休人员提供医药费报销。尽管老人们每月报销医药费的数量不同，但他们基本上能够享受到来自单位的这种照顾。在作者入户访谈时，研究样本们已经比较多地谈及医药费报销的困难。近年来，离退休人员医药费报销困难的问题已经变得非常突出了（王来华、白宏光、贾德彰，1998：122）。

四 影响因素的讨论

本文提出的影响因素主要包括家庭关系、老年人自理能力、个性、道德伦理观念以及家庭内外的社会关系资源等。

（一）家庭关系的影响

家庭关系是一种家庭照顾老人的"软环境"。家庭关系的本质特点是以婚姻和血缘联系为基础，包含了日常生活、收入、情感、性、生育、赡养、伦理和工作等多种关系。相关的研究早已阐明，直接影响家庭关系的基本因素包括家庭人口数量、代际层次、夫妻对数和物质生活水平，此外还有家庭成员的个人品德、个性、家庭责任感和居住方式等。作者的研究强调，对老人的家庭照顾也对家庭关系产生重要的影响。研究样本的日常家庭生活充满着照顾老人的内容和气氛，家庭中的家务劳动、经济支出和对外交往等事务大多以照顾老人为中心。以具体细微的照顾行为和事件为主要内容，逐步派生出多种家庭成员之间和与家庭外他人之间的新的联系。研究发现，对老年人的照顾会使家庭关系的基本面貌产生两种不同方向的变化。一种变化是使原本和睦的家庭关系转变为不怎么和睦甚至充满矛盾的状态。在很多时候，照顾者的付出会使他们的个人利益受到不同程度的影响。这些个人利益涉及家务劳动、经济支出和个人事业或工作等种种利益分配。例如样本#24，老人亲生的小儿子一方面积极照顾自己患病的父亲，另一方面还经常顾及父亲患病对自己非嫡亲的兄长和姐姐们的影响，他理解非嫡亲的兄长和姐姐们对照顾父亲的态度，自己总是多干一些，不让他们因为照顾方面的事情过多而影响家庭关系。又如样本#22，患病的父亲与儿子之间原本和睦的关系变得很紧张，老人总是抱怨儿子不能经常来看望他，而在他患病前儿子是常来的。另一种变化是家庭成员原来不十分紧密的关系变得紧密，生活变得更和睦。在样本#06和#25的家庭中，都可以看到照顾老人而使同居的家庭成员关系变得更紧密的情况。样本#25的小儿子在访谈中指出，大家在照顾老人的过程中变得更团结，更知道互相体谅了。

上述两个方向的变化在现实生活中往往呈现复杂的情况，特别是在同一变化方向中常有程度的区别。家庭关系的变化以家庭成员之间的血缘关系为重要基础，血缘和亲情往往规定着家庭关系发生变化的最终程度，尤其是对那种向不良方向的转变过程存在着一定（有时候则很强）的制约作用。前面曾专门讨论了"外姓人"和他们在照顾老人中的作用问题。从照顾老人的角度看，儿媳或女婿（有时候主要是儿媳）与被照顾老人之间的关系常常很敏感。

家庭关系的变化还包含了家庭成员地位和作用的转变。被照顾老人虽然很重要，但是，他们大多不位于"家庭第一成员"（即"家长"）的地位。"家庭第一成员"指的是能够主持家庭事务、决定家庭经济和重大事件、指挥和协调照顾事务的家庭成员。由于被照顾者生活不能自理或出现自理困难，由他们扮演这一重要角色有困难。在患病以前，他们可能是"家庭第一成员"，患病后就不自觉地从这一位置上退下来。于是，首先在老伴之间发生了"家庭第一成员"的地位转换。在由老伴充当主要照顾者的家庭中，"家庭第一成员"常常是这位老伴，不论其是男性还是女性。在没有老伴的情况下，地位转换则常常发生在老人与子女之间。那么，究竟什么样的子女可以承担这一重要角色呢？作者发现，有传统式的由长子继承的情况，如样本#08，由长子来承担主要的经济资助责任，由长媳承担主要的照顾责任；也存在不管子女的排行，不管是儿子还是女儿，由能胜任者来承担的情况。

（二）被照顾者自理能力的影响

被照顾老人的自理能力与他们所接受的照顾程度之间具有直接关系，

地位转换还包含了家庭权威的变化。无论谁承担"家庭第一成员"的责任，都需要权威，换言之，要说话算数。在样本#06的家庭中扮演"家庭第一成员"角色的三女儿，就被其他成员指出其具有家庭权威。从照顾老人的角度看，"家庭第一成员"的权威在提供照顾的过程中很有用。在由老伴提供主要照顾的家庭中，老伴作为"家庭第一成员"行使权力者司空见惯，且总是很有效果。而由子女或其他亲属作为"家庭第一成员"行使权力，却会变得不平常，常会被人谈及，有时还会受到挑战或抑制。

自理能力的大小影响到被照顾者对照顾的依赖程度。为此，家人对老人的照顾常常包含着有意识地提高老人生活自理能力的内容。在样本#12家中，老伴鼓励患病的丈夫坚持锻炼因中风而瘫痪的右腿，并在他床的尾部用旧自行车内胎制作了可供他练习蹬踏动作的装置。样本#26，丈夫为患病的妻子制作了围着床边的竹杠，以便老伴可以手扶竹杠练习踢腿，并且还在平时帮助她恢复语言能力，教她说出诸如"尿"和"饭"等简单的常用语。有时候，家里人还鼓励被照顾的老人从事一些力所能及的家务劳动。

（三）个性的影响

在研究样本#01和#29时，发现照顾者会谈到被照顾者的个性。这两个样本的情况刚好相反，样本#01在原工作单位和家中都被看成一位十分和气的人，对家人的照顾总是乐于接受，不挑剔，不批评。与他同住一个单元楼房里的儿媳说他的脾气总是很好。而样本#29从未结婚，也没有自己的子女，患严重的哮喘病，生活自理困难，但喜欢指责他人。主持照顾的小妹经常告诫自己的大姐不要太任性，不要把人都得罪了。参与照顾她的其他人也都有同感，并指出是疾病改变了她的性格。样本#29的弟媳与她共同居住在一个平房小院里，还是一位居委会主任，不乏时间为样本#29提供日常照顾。但是，弟媳指出样本#29喜欢猜疑。于是，弟媳仅仅提供很少的帮助，而只是鼓励自己的女儿多为"姑姑"（指样本#29）帮忙。样本#01和#29的情况反映，在微观层次上个性对老人家庭照顾有细微但非常重要的影响。

（四）文化道德观念的影响

与其他影响因素相比，文化道德观念因素的影响表现为家庭中的一种

"精神氛围"的影响。这种"精神氛围"直接体现家庭成员自身对社会道德伦理观念的接受水平，也直接体现出家庭外社会舆论的制约。一种国际通行的观点甚至认为，许多有关对老年人的照顾问题，与其说是人的生物机体自然衰变所引起的问题，不如说是社会对人的寿命的最后三分之一或四分之一的态度和看法所产生的问题（《老龄问题研究》，1983：65）。从微观角度看，文化道德观念的影响是复杂的和多重性的。如在样本#28那里发现，他们既传播着以"孝"为核心的传统道德观念，也宣传一些强调父母与子女相对平等的现代观念。在样本#08那里，看到一个类似传统大家庭式的家庭生活景象。而在样本#06和#27那里，可以看到东西方家庭观念的融合气氛。在样本#27那里，老夫妇二人都信奉天主教，样本#27的老伴和儿子都曾提到信奉宗教对子女照顾行为的制约作用，而老人的二女儿则一口否认这种作用，认为主要是亲情在发挥作用。

（五）照顾资源的影响

对"照顾资源"可以有多种解释的角度（王来华，1999：63）。老年人对照顾资源的使用有明显的个性差异，除了受到老年人自身受教育水平、个性特点等因素的制约外，也受到老年人个体社会地位和社会关系强弱的影响。老年人在离退休前的职位和社会关系有延伸式的影响作用，即老人过去的工作职位高和社会关系广泛，使他们能够在进入晚年后比其他人优先得到或更多得到照顾资源。老人家庭成员的社会地位对利用照顾资源也有更为直接的作用。样本#28、#12和#17的情况表明，他们原来有比较高的社会地位或子女们有比较高的社会地位，那么，他们在获取包括医疗等家庭外部照顾资源方面要容易一些。

五 关于此项研究的主要结论

（一）照顾类型和照顾者作用的差异性

提供家庭照顾者的角色和作用不同，使老年人的家庭照顾形成了诸多具体类型。如以女性老伴为主照顾患病丈夫的类型、以男性老伴为主照顾患病妻子的类型、以已婚女儿为主照顾老人的类型、以已婚儿子为主照顾老人的类型、无子女老人靠其亲属照顾的类型、子女采取"轮班"方式照顾老人的类型等。从前面对不同照顾者参与照顾过程的讨论，可以发现这些不同照顾类型的存在。照顾类型的不同，从根本上反映了照顾者角色和作用的差异性。即使家庭角色相同或相近，由于个性差异和其他因素的影响，他们提供照顾的方式、风格和效果也常常出现很大差异。不同照顾类型的存在，使我们看到了老年人家庭照顾的异质性。类型的划分也有助于认识儿子和女儿在照顾老人方面发挥作用的差异。从传统的角度来看，儿子特别是长子或老儿子在照顾老人方面的作用一直受到强调，作者的研究样本中依然包含了这种传统的例子，尽管在这些家庭里有女儿存在，女儿的作用并不大。但是，在其他一些样本里，承担照顾老人责任的照顾者已由儿子转变为女儿。虽然相当一部分老人在观念上仍认为照顾老人是儿子的责任，但是已经有不少老人认为可以由女儿来承担这个责任。在主要由女儿来照顾老人的例子中，即使有儿子存在，儿子的作用也不突出，甚至在有的家庭中，儿子的作用完全不如女儿。在由家庭照顾老人的格局里，儿子的地位和作用正在相对地下降，而女儿的地位和作用正在相对地上升。

（二）照顾质量的差异

对老人的家庭照顾质量既体现在照顾者的体力、精力、时间和经济等方面的投入上，也体现在老人是否很好地接受了这些照顾，是否有助于老人延年益寿等。研究发现，照顾质量高低与照顾类型有着直接关联。在以老伴为主要照顾者的类型中，照顾质量一般是好的和比较好的。老伴本人是主要照顾者，老伴本身提供主要的照顾，同时组织子女们提供一些必要的照顾，从而使对老人的照顾比较全面和周到，具有较高水平的照顾质量。在这种家庭照顾类型里，通常还维持着一种和睦或较和睦的家庭成员之间的关系。由于老伴的存在和老伴发挥家庭权威作用，家庭成员可以很好或比较好地协调那些影响老年人家庭照顾的因素，使这些因素朝着好的方向起作用。这恐怕是这一主要照顾类型具有较高照顾质量的重要原因之一。

尽管在子女照顾老人的类型里，也存在着主要的照顾者，并对整个护理和照顾工作进行直接参与、组织和协调，但是，在这些家庭里对老人照顾的质量，依然在总体上表现出一些不如老伴照顾类型质量的特点，特别是无法很好地满足老人精神方面的需求。作者在研究中常看到和听到这种情况。如在样本#09、#18和#27那里，可以看到老人们对日常不能与子女或他人进行精神交流而陷入精神苦闷的情况。样本#27的儿子在访谈中生动地描述过81岁的父亲每日站在窗前向外张望的情景。在由女儿照顾老人和由儿子照顾老人的具体类型之间也有质量上的差别。正如作者在上述讨论中曾经指出的，女儿对老人的护理和照顾，比儿子的护理和照顾要更细腻和妥帖，至少在精神照顾方面是如此。这种情况使作者进一步地认识到老年人家庭照顾中的"性别差异"及其作用。

作者的研究样本毕竟都是愿意参与研究的样本，在此之外肯定会有一些照顾质量较差或很差的情况存在，他们并没有加入研究。然而，即使在作者的研究样本里，也可以发现一些对老人照顾质量较差的情况。如样本#22，已婚的大女儿因为抚养自己的幼女而没有很大的能力照顾患病的父亲，而有照顾能力但居住较远的儿子却不能如父亲所愿常回家看望，老人因此而经常抱怨。在承担日常照顾责任的小女儿结婚离家后，老人甚至不能按顿吃饭，仅靠每天买几个烧饼果腹。最后，当老人实在不能自己支撑的时候，不得不恋恋不舍地离开自己的老屋到儿子那里居住，并很快因病去世了。

（三）家庭关系的重要性及其在照顾老人过程中的变化

家庭关系既影响对老人的照顾，也受照顾老人行为和过程的影响。老伴对配偶照顾的质量比较高，反映了老年夫妇之间良好关系状态对照顾过程的重要影响。此外，父母亲对照顾的需要、子女与父母亲之间血缘关系和长期的感情联系，促使子女们承担起照顾老人的责任。但是，子女与老人的代际关系与"老伴对老伴"之间的关系有很多不同。子女们在照顾老人的过程中受到许多生活因素的制约，这些制约使子女们的照顾行为常常具有不和谐的表现。此外，由于照顾老年人需要时间、精力、体力和经济等方面的种种付出，也由于照顾老人的子女们与老人之间有一些"互惠"的关系，在家庭成员之间常常产生一些矛盾和冲突。但同时，照顾者与被照顾者之间感情和思想交流增多，也使一些子女与老人之间的关系变得更为密切。

（四）多种参与的社会特征和社会资源的利用

此项研究的另一个重要结论是，家庭对老人的照顾需要社会方面的辅助。尽管家庭成员起到了主要的照顾作用，但是，对老人的家庭照顾在整体上是一种家庭成员和非家庭成员等多种照顾者参与的过程。对一个患病老人的照顾需要多方面因素的投入，如时间、精力、食品、药物和精神关怀等，也需要许多人的投入，如家庭成员、亲属、邻居、朋友、医护人员和老人原单位等。因此，对一位老人的家庭护理和照顾是一个多项因素投入和许多人投入的过程。近年来，许多对老年人照顾问题的研究十分关注来自家庭外的社会支持问题，有的学者分析家庭养老和居家养老之间的区别，提出对家庭养老给予一些社会的帮助；有的学者大力提倡社会养老机构的发展，鼓励老年人走出自己的家庭，到社会养老机构中去。还有的学者形象地提出了所谓"3+2"养老工程（穆光宗，1998：104）。其基本含义是以家庭养老、社会养老和自我养老作为基本方式，积极发展社会化养老事业和社会化助老事业，力求在综合性的框架内满足多样化的养老需求。但是，目前也存在与这种发展趋势相背离的情况。例如，由医院提供的家庭病床的数量一直在减少，这种减少与老人们和家庭成员对它不断增加的需要之间出现了尖锐的矛盾。据统计，1990年后，随着公费医疗制度的改革，相当一部分依靠公费医疗享受家庭病床的病人退出了家庭病床。同时，在家庭病床中也出现了一些不良医风等问题。此外，医院家庭病床的医疗设备跟不上病人的实际需要，也影响了家庭病床医疗服务的质量。最终，家庭病床的数量不断减少。据统计部门的正式统计，天津市1988年全年开设的家庭病床数量达73212张，是历史最高值，1991年为56138张，1993年为32093张，1995年为25063张，1998年为22836张。不断减少的倾向是很明显的。

最后要指出的是，当我们翘望社会养老设施和机构的发展时，不能忽略家庭养老的作用和意义。尽管我们必须承认当前家庭对老年人的照顾出现了很多困难，但是，我们还是要从老年人自身需要和社会支撑力量等现实情况出发，把解决好老年人照顾问题的希望同时放在家庭以及家庭附近的社区方面，对家庭照顾老人给予鼓励，同时倡导给予这些家庭必要的社区和社会支持。从这一角度来看，对家庭在照顾老年人中的作用和存在问题的研究，仍然十分有意义。

参考文献

杜鹏，1998，《北京市老年人居住方式的变化》，《中国人口科学》第 2 期。
高成鸢，1999，《中华尊老文化探究》，中国社会科学出版社。
辜胜阻、郭晋武主编，1989，《城市老人问题综合研究》，武汉大学出版社。
郭志刚等，1996，《对子女数在老年人家庭供养中作用的再检验：兼评老年经济供给"填补"理论》，《人口研究》第 2 期。
胡汝泉主编，1991，《1988 年中国九大城市老年人状况抽样调查》，天津教育出版社。
胡汝泉主编，1991，《中国城市老龄问题研究》，天津教育出版社。
姜向群，1999，《社会化养老制度的发展及其基本模式》，《人口学刊》第 1 期。
珂莱尔等，1998，《北京老年人社会支持网调查》，《社会学研究》第 2 期。
劳动部社会保障所，1996，《防止老龄危机：保护老年人及增进增长的政策》，中国财经出版社。
《老龄问题国际讨论会文集》，1988，劳动人事出版社。
《老龄问题研究》，1983，中国对外翻译出版公司。
雷洁琼等，1991，《中国大百科全书·社会学》，中国大百科全书出版社。
李德滨，1988，《老年社会学》，人民出版社。
李建新等，1997，《城市老年人心理健康及其相关因素研究》，《中国人口科学》第 3 期。
梁庆福等编，1998，《迎接人口老龄化的战略构想》（内部资料）。
林戈等，1999，《建立以家庭和社会服务相结合的老年人社会保障体系》，《人口研究》第 2 期。
穆光宗，1998，《3+2 养老工程：中国特色的养老之路》，《迎接人口老龄化挑战的战略构想》（论文集）。
潘允康、柳明主编，1994，《中国城市家庭大变动》，广东人民出版社。
天津市卫生局编，《天津市家庭病床管理》（内部资料）。
天津市地方志编修委员会编，1990，《天津之最》，中国铁道出版社。
王辉、王来华，1990，《老年生活方式探秘》，天津人民出版社。
王来华，1999，《论老年人的照顾资源》，《天津社会科学》第 2 期。
王来华、白宏光、贾德彰，1998，《老年生活保障与对社区的依赖》，《社会学研究》第 3 期。
王来华、约瑟夫·施耐德，1998，《漏斗：一项对老年人家庭照顾和家庭关系的社会学研究》，天津人民出版社。
王来华等，1992，《把企业从"办社会"中解放出来》，《理论与现代化》第 5 期。
邬沧萍、姜向群，1996，《"健康老龄化"战略刍议》，《中国社会科学》第 5 期。
夏传玲等，1995，《子女数对家庭养老功能的影响》，《人口研究》第 1 期。
肖鸿，1999，《试析当代社会网研究的若干进展》，《社会学研究》第 3 期。
熊跃根，1998，《成年子女对照顾老人的看法》，《社会学研究》第 5 期。

叶乃滋，1991，《现代老年社会学》，黑龙江人民出版社。

袁缉辉、张钟汝，1992，《社会老年学教程》，复旦大学出版社。

约瑟夫·施耐德、王来华，1994，"Mother Zhang, Children Du, Daughter Rong: A Story of Women and Caregiving from Tianjin"，1994 年 4 月香港"家庭和社区照顾国际会议"论文集（英文版）。

——，2000，*Giving Care, Writing Self: A New Ethnography*，该书将由美国纽约 LONG 出版社在 2000 年 5 月前出版。

中国老龄协会等编，1998，《中国的养老之路》，中国劳动出版社。

Bland, Rosemary, 1996, "Developing Services for Older People and Their Families." London, Bristal, and Pennsylvania: Jessica Kingsley Publishers.

Glaser, Barney G. & Anselm L. Strauss, 1967, *The Discover of Grounded Theory: Strategies for Qualitative Research*, Chicago: Aldine.

Glaser, Barney G., 1978, *Theoretical Sensitivity*, Mill Valley, Calif.: Sociology Press.

Hockey, Jenny, 1993, *Growing Up and Growing Old*, London: Sage.

Schneider, Joseph W. & Peter Conrad, 1983, *Having Epilepsy: the Experience and Control of Illness*, Philadelphia: Temple University Press.

Strauss, Anselm L., 1987, *Qualitative Analysis for Social Scientists*, Cambridge: Oxford University Press.

Strauss, Anselm L. & Juliet Corbin, 1990, *Basics of Qualitative Research: Grounded Theory Procedures and Techniques*, New bury Park, Calif: Sage.

Wang, Laihua & Joseph W. Schneider, 1993, "Home Care for the Chronically Ⅲ Elderly in China: the Family Sickbed in Tianjin." Cleveland: *Journal of Cross-Cultural Gerontology* 8.

（原载《社会学研究》2000 年第 4 期）

老人日常生活照顾的另一种选择

——支持家庭照顾者

陈树强

摘 要 家庭是照顾老人日常生活的一种自然机制，但随着社会的发展，家庭的照顾能力不断弱化。机构照顾和社区照顾是照顾老人日常生活的另类选择，但由于机构照顾不尽如人意的表现，现在大多数国家和地区均转向社区照顾，并强调要以老人所在的整个家庭为服务对象。

关键词 老龄化 老人照顾 家庭照顾 机构照顾 社区照顾

人口老龄化是一个世界性发展趋势，伴随着人口老龄化，会衍生出老人日常生活照顾问题。本文从人口老龄化与老人日常生活照顾问题之间的关系入手，首先论述家庭在照顾老人日常生活上的作用及其照顾能力的弱化；其次阐述机构照顾和社区照顾是照顾老人日常生活的另类选择及其从前者向后者的转变；最后探讨对我国解决老人日常生活照顾问题的启示。

一 人口老龄化与老人日常生活照顾问题

所谓人口老龄化，是指总人口中年轻人口数量减少、年长人口数量增加而导致的老年人口比例相应增长的动态过程（邬沧萍，1999）。这个过程在学术界往往做两种理解，一是指人类个体的老化，二是指整个人口群体的老化（邬沧萍，1999；Morgan & Kunkel, 1998）。

老人日常生活照顾问题则是指老人受身心健康状况影响，在日常生活活动方面不能自理，需要他人照顾。其中的"日常生活活动"包括两个方面，即"日常生活活动"（activities of daily living）和"工具性日常生活活动"（instrumental activities of daily living）。前者是指基本的自我照顾活动，譬如洗澡、穿衣、修饰等；后者则是指更复杂、更高级的自我照顾活动，譬如做饭、洗衣、理财等（Kinney, 1996）。

人口老龄化的上述两个侧面对老人日常生活照顾问题的形成均具有重要影响。就人类个体老化而言，随着年龄的增长，老人的身体或心理会逐渐衰退，甚至会患有慢性疾病，不能独立生活，需要他人的照顾。穆迪（Moody, 1998）指出，长期性身心失调经常会使老人丧失完成日常生活活动的能力。老人有长期身心失调症状，通常会在日常生活方面需要帮助。金尼（Kinney, 1996）的研究发现，在所研究的65岁或以上的老人中，将近85%的老人至少有一种慢性病，并且慢性病的发生随着年龄的增长而增加。五分之一的老人需要洗澡、穿衣、吃饭等日常生活活动的援助，五分之一的老人需要做饭、理财、持家等工具性日常生活活动的援助。在75岁及以上的老老人中，一半以上的人患有关节炎；将近五分之四的人至少有一种日常生活活动限制；90%以上的人至少有一项工具性日常生活活动限制。有多项日常生活活动和工具性日常生活活动限制的人相当普遍，五分之一的老老人有四项或更多的日常生活活动限制，三分之一的老老人有四项或更多的工具性日常生活活动限制。可见，虽然年龄的增长不是老人需要日常生活照顾的直接原因，但老人对日常生活照顾的需求的确是同年龄的增长相伴随的。诚如杜吉（Dooghe, 1992）所言，随着平均年龄的增长，越来越多的人将需要别人协助进行日常生活活动。虽然活到80岁不一定会丧失个人的独立性，但危机会随着年龄增长而增长。摩根和库克尔（Morgan & Kunkel, 1998）也指出，对老龄化的生理学和心理学研究表明，直到85岁左右，在没有慢性疾病的情况下，老人日常生活活动能力的下降情况并不明显。但到了85岁，大约25%的老人即使没有患病，也会表现得孱弱。

整个人口群体的老化同样对老人日常生活照顾问题有重大的影响。随着整个人口群体的老龄化，社会中的人口年龄结构也会发生相应的变化。

这些变化会对老人日常生活照顾需求的满足产生重要影响。首先，随着整个人口群体的老龄化，社会中的老人将会越来越多，年轻人所占的比率则会相对降低。在家庭内能够照顾老人的人数也会减少，照顾老人将会变得愈来愈困难（Bass & Noelker, 1997；Dooghe, 1992）。其次，随着整个人口群体的老化，社会的赡养比将会提高，平均每个年轻人赡养老人的比重将会加大。在经济不发达的国家和地区，这个问题则显得更为严重。因为国家要对整个社会的发展做全盘考虑，很难拿出大量的资源来照顾老人的日常生活。

总之，无论从人类个体还是从整个人口群体的角度来看，随着人口老龄化的发展，老人的日常生活照顾将成为一个迫切需要解决的社会问题。诚如迪万和库尔顿（Diwan & Coulton, 1994）所指出的，老人数量的增加引起了人们对老人日常生活照顾问题的关注。"经济合作与发展组织"（OECD, 1996）在题为《照顾孱弱老人：政策的演进》（Caring for frail elderly people：Policy on progress）的研究报告中也指出，老老人的增加在维持退休金和健康照顾资金的来源之外，又提出了一个新的政策议题——老人日常生活照顾问题。

二 老人非正式照顾系统照顾能力的弱化

非正式照顾系统（informal care systems）是解决老人日常生活照顾问题的一种自然机制。该系统主要由家庭、朋友和邻居组成（Angel & Angel, 1997；Cantor & Little, 1985；Dobelstein & Johnson, 1985；Moroney, 1998）。许多研究发现，孱弱老人经常从家庭、朋友和邻居那里获得日常生活活动方面的帮助（Cantor, 1975；Cantor & Little, 1985；Christianson & Stephens, 1984；Kirwin, 1991；Shanas, 1979；Stoller & Earl, 1983；Stone, Cafferata, & Sangl, 1987）。但在非正式照顾系统内部，家庭成员扮演更重要的角色。他们构成了老人非正式照顾系统的主体，为老人提供主要的日常生活照顾（Abel, 1989；Brody, Poulshock, & Mascicchi, 1978；Doty, 1986；Herrman, 1994；Horowitz, 1985；Stoller & Pugliesi, 1988）。安杰尔和安杰尔（Angel & Angel, 1997）指出，朋友和邻居无疑在购物和交通方面提供不少帮助，但由于他们有自己的家庭，所以未必能够在其他方面为老人提供更多服务。约翰逊和卡泰莱诺（Johnson & Catalano, 1983）亦指出，虽然朋友和邻居对于身

体健康老人的社会化和互助是重要的,但他们很少照顾孱弱老人。还有一些学者(Cantor, 1980; Johnson, 1983; O'Bryant, 1985; Stoller & Earl, 1983)指出,朋友和邻居大多数只在孱弱老人缺乏家庭照顾的情况下才提供照顾。

正是由于家庭成员在照顾老人日常生活上扮演了最重要的角色,所以,他们也承受着最大的负担或压力。第一,提供照顾所带来的身体和精神负担或压力。杜吉(1992)指出,许多研究表明,提供一段时间的照顾之后,照顾的情感和身体压力会导致照顾者及其家人的健康恶化。沉重的照顾压力会破坏家庭的健康和福祉,过重的照顾任务会使一些照顾者遇到短期或长期的身体健康问题。当照顾的责任完全落在一个人的身上时尤其如此。

第二,提供照顾所带来的社会负担或压力。杜吉(1992)认为,由于提供照顾,家庭成员要冒着变得疏离的危险。在他看来,扮演照顾角色通常会减少社会联系和闲暇活动。由于有家庭成员需要照顾,所以照顾者会减少拜访朋友的次数。反过来,他们的朋友也会减少拜访他们和他们的家人的次数。金尼(1996)在对照顾后果的比较研究中亦指出,毫无疑问,向老年家庭成员提供照顾会导致负面后果。照顾者同非照顾者的比较显示,照顾者社会功能更差,譬如,对社会活动的满意水平更低、限制更多。

第三,提供照顾所带来的经济负担或压力。杜吉(1992)指出,对家庭慢性病成员的长期照顾经常伴随着沉重的经济负担。照顾的成本包括用于照顾的物品、医药费、调整住房、额外的加热或特殊设备。此外,由于照顾老人不是受薪的工作,所丧失的收入也是一个经济负担。惠特拉奇和诺埃尔卡(Whitlatch & Noelker, 1996)也指出,经济压力是提供长期照顾的一个结果。而且,照顾责任通常会导致工作状况改变的事实更加重了这种经济压力。

第四,提供照顾所造成的家庭成员之间的冲突。坎托和利特尔(Cantor & Little, 1985)指出,照顾孱弱老人经常出现强大的张力,造成家庭的损毁。大多数照顾者是妇女,尤其是中年妇女,她们一方面要对老人负责,另一方面要对她们自己的家庭负责。杜吉(1992)也指出,提供照顾在家庭内部会产生张力。冲突的产生是因为家庭成员抱怨不被注意。照顾老年家庭成员会影响整个家庭,尤其是子女和在同一个家庭内生活的人。照顾的负担不仅落在主要照顾者身上,而且也落在家庭所有成员身上，一些家庭成员会感到他们受到忽视。许多照顾者也会感到他们得不到或者没有充分得到受照顾者的赞赏。在一些情况下，压力会毁坏老人和家庭照顾者之间的关系，并影响到所提供之照顾的质量。

第五，提供照顾所造成的照顾与工作之间的冲突。斯通、卡佛拉特和桑格尔（Stone, Cafferat, & Sangl, 1987）报告说，由于要提供照顾，在职工人不得不改变工作时间（29%）、减少工作时间（21%）、利用休息时间做没有薪水的工作（19%）。更为严重的是，由于需要向老年家庭成员提供照顾，一些成年子女不得不放弃他们的工作岗位（Blieszner & Alley, 1990）。

简而言之，尽管家庭在照顾老人日常生活上扮演着重要角色，但他们同时也承受着沉重的负担或压力。这些负担或压力非常之大，以至于如果没有来自其他方面的支持，他们很难继续提供这种照顾。

三 老人正式照顾系统及其演变

随着老人非正式照顾系统，尤其是家庭照顾系统照顾能力的弱化，社会中产生了正式照顾系统（formal care systems）来为老人提供服务。该系统主要由政府和非政府机构组成（Angel & Angel, 1997; Cantor & Little, 1985; Dobelstein & Johnson, 1985; Moroney, 1998）。它们在解决老人日常生活照顾问题上也具有重要作用。诚如惠特拉奇和诺埃尔卡（1996）所言，虽然非正式照顾系统是老人最偏爱和最经常使用的援助来源，但正式照顾系统也提供很多支持，尤其是对许多单独居住或没有适当的家人或朋友提供援助的老人。

早期的正式照顾主要为机构照顾，即把有日常生活照顾需求但没有家庭照顾的老人，或者虽有家庭但家人无力提供照顾的老人送入机构，由机构照顾。但机构照顾老人的效果并不能令人十分满意，引致了不少批评。学者认为，机构照顾容易造成社会疏离、非人性化和科层制的管理，也不能实现帮助老人过有意义的生活和适应其环境的目的（Wong, 1992）。除此之外，机构照顾给政府造成沉重的财政负担，政府也想利用一种替代方式（alternative）来纾缓经济压力（Chow, 1993; Fast & Kolodinsky et al., 1998）。再者，由于退休金收入和生活水平的提高，老人亦希望留在自己家里养老（OECD, 1996）。

在这种背景下，社区照顾逐渐地取代了机构照顾的主导地位，成为老人日常生活照顾的主流。社区照顾源于英国，是指"为因受到年老、精神不健全、弱智或弱能或五官功能受损等问题影响之人提供服务与支援，使其能在其家庭，或在'接近家庭环境'之社区内，尽量度过一个自主和独立的生活"（李翊骏，1998）。按照最初的设想，社区照顾是指"在社区中照顾"（care in community），即通过把专业或专门人员安排进社区之中，为居住在自己家里的案主（老人）提供服务（Victor，1994）。但1970年代的经济危机赋予了社区照顾新的含义，虽然这个时期仍然使用社区照顾这个概念，但其含义发生了微妙的变化，即"在社区中照顾"演变成"由社区照顾"（care by community），也就是说由非专业或非专门人员志愿地或半有组织地提供照顾（Victor，1994），并且最终演变为"由家庭照顾"（care by family）（Chow，1993）。如此一来，在社区照顾政策于英国实施了30年之后，在1970年代后期，家庭、朋友和邻居等非正式系统的照顾负担日益加重（Walker，1993）。

四 社区照顾的新方向——支持家庭照顾者

由于机构照顾的不尽如人意和社区照顾沦为家庭照顾，所以至1970年代，家庭照顾重新成为老年学研究的一个重要议题（Bass & Noelker，1997）。不少学者认识到，即使在现在，家庭仍然是老人日常生活照顾的主要提供者。格林（Greene，1983）所谓的一旦提供正式照顾，家庭就可能放弃他们的照顾责任的"替代模型"（substitution model）是不成立的（Brody，1981；Horowitz，1985；Noelker & Bass，1987）。周永新（Chow & Nelson，1993）在评论香港的老人社区照顾时也指出：如同马丁·布尔默所说的，"社区照顾"不一定可以"压缩家庭成员提供的照顾"，香港的经验表明，正是家庭系统扮演着老人照顾主要提供者的角色。这既是因为大多数老人仍然同他们的子女生活在一起，也是因为政府所提供的家庭服务不能够充分满足需求这个事实。

这也就向我们提出了一个问题：家庭仍然是老人日常生活照顾的主体，但它们同时承受着沉重的负担或压力，那么社会应该做些什么来帮助家庭？发展社区照顾显然是一个已经存在的和可行的选择。但为了避免社区照顾重蹈覆辙，至少有两点应当格外注意。第一，要理顺社区照顾几个层面之间的关系。颜文雄（1994）援引艾伦·沃克的观点，把社区照顾有系统地分为三个推行层面：在社区中照顾、由社区照顾和为社区照顾（care for the community）。认为第一个层面是社区照顾的崇高目标，第二个层面是社区照顾的推动基础，第三个层面则是社区照顾的扶助力。在推行方面，应要先有第三个层面，即足够的支持性社区服务，才能积极扶助第二个层面之实践，最后才到达第一个层面之目的地。所以，大力发展支持性社区服务是推行社区照顾的关键。第二，要调整社区服务的方向。社区照顾固然可以直接以老人为服务对象，但更重要的是要把老人所在的家庭作为一个整体，透过向家庭提供全方位的服务，维持家庭的照顾能力，以达到满足老人日常生活照顾需求之目的。不少学者指出，1990年代的主要问题不是家庭是否正在废弃其责任，而是可以做些什么来支持和使家庭能够继续提供照顾。倘若家庭照顾仍然是老人日常生活照顾的主要方式，那么支持家庭就是至关重要的，我们必须认真考虑帮助家庭的方法（Stone，1991；Dooghe，1992；Kirwin，1991；Topinkova，1994）。

五 支持家庭照顾者的若干方案

随着学术界重新强调家庭照顾的功能、关注家庭照顾的困境，相应地社会中发展出种种不同的方案（programs），来帮助减轻家庭照顾者的负担和减少非正式照顾系统所受到的侵蚀（Stone，1991）。这些方案被学者们划分成不同类型。布鲁贝克和布鲁贝克（T. H. Brubaker & E. Brubaker，1992）把它们划分成在家庭内部提供的支持（support within family）和在家庭外部提供的支持（support outside family），在家庭内部提供的支持包括主妇服务、送饭服务、暂托服务，在家庭外部提供的支持包括成人日间照顾、交通服务、家庭外暂托服务、辅导和支持小组。佛拉德金和希思（Fradkin & Heath，1992）把它们划分成家庭为本的服务（home-based services）和社区为本的服务（services based in the community），家庭为本的服务包括送饭、家庭健康照顾和家务服务，社区为本的服务包括营养场所、成人日间照顾中心和交通服务。莫罗尼（Moroney，1998）把它们划分成工具性服务（instrumental services）和情感或认知服务（emotional or cognitive services），工具性服务包括传统的照顾服务，譬如身体上的帮助（走路、上下床或楼梯），文书或理财上的帮助，其他的实际帮助（做饭、购物、家务），跟被照顾者交朋友，提供药物、注射和换药等；情感或认知服务包括社会支持小组、辅导和心理治疗等。虽然学者用来分类的概念有所不同，但他们所提出的方案实质上是一致的，基本上都可以归结为社区支持性服务。所谓社区支持性服务是指由政府机构或非政府机构在社区中所提供的服务，提供服务的地点既可以是入户的，也可以是在社区机构中；所提供服务的内容既可以是工具性的，也可以是情感或认知的。具体来讲，这种社区支持性服务主要包括以下几种。

第一，家务助理服务（home help services）。家务助理服务也被称作主妇或家务服务（homemakers or chore services）。它是为了把老人留在家里所采取的措施之一。在英国，该服务一般由地方政府提供，所提供的服务包括清扫房间、送饭、帮助做个人卫生，近来的发展趋势则强调提供基本的照顾服务（Victor，1994）。在美国，该服务一般由非营利机构、宗教团体或家庭服务组织提供，所提供的服务包括帮助老人料理较轻松的家务，例如打扫房间、做饭、洗衣、熨烫、购物等，或者帮助老人处理较沉重的任务，例如割草、小型房屋维修、擦窗子、铲雪等（Fradkin & Heath，1992）。由于家务助理服务的主要目的是把老人留在自己的家里，防止不必要的住院，因而其所提供的服务基本上是老人日常生活所必需的（李翊骏，1998）。也正是在这种意义上，家务助理服务可以有效地满足老人的日常生活照顾需求，并减轻家庭照顾者的负担。因此，一些学者认为该服务是用来减轻照顾者压力的最佳服务（Pillemer et al.，1989）。

第二，暂托服务（respite care）。暂托服务可以依提供服务的地点不同而分为家庭内暂托服务（in-home respite care）和机构暂托服务（institutional respite care）。两种服务除了提供服务的地点一个在家里，另一个在机构之外，其功用基本上类似，即都是通过对老人提供短期照顾，使照顾者能够获得短暂的喘息，暂时放下照顾任务去休息、参加娱乐活动、远行或拜访朋友（Fradkin & Heath，1992）。所提供的暂托服务时间可长可短，短则每天几个小时，长则一个星期，甚至一个月。暂托服务是减轻照顾者负担的服务方案之一（Pillemer et al.，1989），许多学者认为它是一个通过提供临时放下照顾责任的服务，帮助减轻照顾者的负担和延缓老人住院时间的途径（Stone，1991）。也有一些学者指出，虽然暂托服务和其他家庭支持服务不能降低老人住护理院的可能性，但它们的确改善了老人和家庭的生活质量（Barresi & Stull, 1993）。另外一些学者也表示，暂托服务可以减轻照顾者的负担（Doty, 1986; Scharlach & Frenzel, 1986）。

第三，成人日间照顾（adult daily care）。成人日间照顾为身体或精神受损或者二者兼有的老人提供一种安全、支持性和治疗性的日间照顾。其基本上有三个模式，即医疗模式、社会模式和只面向认知能力受损的个人，譬如，向阿氏痴呆症患者（Alzheimer）提供服务的模式（Fradkin & Heath, 1992）。但以第二种模式即社会模式同老人日常生活照顾联系最为紧密。接受社会模式照顾的老人一般能够走动，只需要最低限度的协助和照护。在为老人提供服务之前，成人日间照顾中心的工作人员一般会对其进行一个评估，以保证其适合中心提供的服务。一旦接收了某个老人，中心就会为其制定一个个人化的照顾计划，向其提供娱乐、社会化和日常生活活动的协助。成人日间照顾可以帮助满足被照顾者和非正式照顾者的需求（Moroney, 1998）。对于老人来讲，该服务可以使老人有机会同其他老人进行社会交往和参与有兴趣的活动，减轻疏离感。对于照顾者来讲，该项服务可以为他们提供舒缓压力的机会，减轻他们的照顾压力（Fradkin & Heath, 1992）。

第四，个案管理（case management）。个案管理是针对长期照顾系统分隔和无组织状况而发展起来的（Pillemer et al., 1989）。为了把老人的需求同服务更好地结合，个案管理者在老人及其家庭和正式服务之间扮演一个居中协调的角色。个案管理者帮助老人及其家人确认他们的需求、协调服务和监控正在提供的服务。个案管理者在进行评估之后，会对非正式照顾系统、医疗状况、功能限制、财政资源等做一个总体性检讨，并提出一个个人性的照顾计划，以便为老人提供切实可行的服务。个案管理服务是英国 1990 年有关社区照顾立法的一个组成部分（Phillipson, 1992），在美国，个案管理服务也广泛应用在公共和私人的服务中（White & Steiberg, 1990）。有学者认为，对于从机构返回家中和处于住院危机之中的老人来讲，个案管理服务是满足其需求的一个有价值的和普遍使用的方法（White & Steiberg, 1990）。

第五，家庭辅导或心理治疗（family counseling or psychotherapy）。在家庭中照顾老人，会在照顾者同老人之间以及照顾者同其他家庭成员之间产生张力。为了克服这些负面影响，家庭辅导或心理治疗服务应运而生。

这些服务可以老人、家庭照顾者或者二者同时为服务对象，提供服务的场所可以是成人日间照顾中心、社区精神健康中心、长期照顾机构或者私人机构（Brubaker & Brubaker，1992）。一些学者认为，对老人及其照顾者的家庭辅导或心理治疗可以减轻照顾者的负担（Sutcliffe & Larner，1988；Whitlatch & Eye，1991）。

第六，照顾者支持小组（caregiver support groups）。照顾者支持小组是舒缓照顾者情感压力的另一种支持性服务，小组可以由照顾者自发地组成，也可以在专业人员的引导下形成。照顾者支持小组可以为照顾者提供一个抒发情感及同其他照顾者分享应付策略和实践讯息的场所。通过支持小组，小组成员可以探讨难以同家人或朋友讨论的情感问题，参考其他成员解决情感问题的有效方法，拓宽获取社区资源的途径，并发展起长期的友谊。小组见面的时间可以是日间或晚上，可以在每个周末或隔两周甚至一个月。见面的地点可以在图书馆、医院、机构办公室、老人中心、成人日间照顾中心等场所。见面是有组织的，可以使参加者有机会表达他们的关注和向社区专家学习实践技巧及了解资源。小组的组织者往往是专业人员或富有远见的照顾者。一些学者认为，这种照顾者支持小组是照顾者非常宝贵的资源（Fradkin & Heath，1992），在协助家庭成员方面非常有用（Phillipson，1992）。

六 结论——对我国老人日常生活照顾的启示

人口老龄化是一个世界性发展趋势，伴随着人口老龄化，会衍生出老人日常生活照顾问题。传统上，非正式照顾系统，尤其是家庭照顾系统是照顾老人日常生活的主力，但由于家庭中照顾老人的人手越来越少，每个家庭成员的照顾负担或压力越来越重。机构照顾和社区照顾是照顾老人日常生活的另类选择，但由于机构照顾的不尽如人意，现在大多数国家和地区均转向社区照顾。然而，社区照顾并不是简单的重复，而是强调首先要发展支持性社区服务，并且要以老人所在的整个家庭为服务对象。

老人日常生活照顾的这种新的选择，无疑对我国解决老人日常生活照顾问题具有启发意义。事实上，我国同样困扰于老人日常生活照顾问题。以北京市为例，其在1990年就已经进入了老龄化城市的行列，并且自那时以来，人口老龄化的程度不断攀升，而且将会持续20多年〔北京市人口发展课题组，1996；《跨世纪的中国人口》（北京卷）编委会，1994］。随着人口老龄化的发展，北京市老人的日常生活照顾问题也显得越来越突出。白恩良（1998）引述1997年在北京市进行的一次调查，老人表示自己在日常生活中有困难的占5%，其中60至69岁年龄组个人日常生活需要照顾的为9.3%，70至79岁年龄组为20.4%，80岁及以上年龄组为51.4%。这些有日常生活照顾问题的老人，尽管占全部老年人口的比重并不是很大，但他们是特别值得关注的一群人。

如何解决我国的老人日常生活照顾问题，学者们见仁见智。我国人口老龄化同其他国家和地区相比有其特殊性，即它不完全是一个自然而然的过程，而是在很大程度上受到了计划生育政策的影响。因而一种意见主张，鉴于我国未来将出现"4-2-1"家庭结构，应当大力发展机构照顾模式，以解决老人日常生活照顾问题（孙炳耀，1998）。这种意见显然有一定的道理，但值得注意的是，"4-2-1"家庭结构并不是今后10到20年的现实。如果从20世纪70年代实行计划生育政策时算起，独生子女一代的父母要进入老年期也要等到2010年至2020年，所以，所谓"4-2-1"家庭并不会在未来10年到20年内出现。在这10年到20年间，大多数老人依然会同他们的家人一道生活，即使老人同其家人分开居住，当老人有日常生活照顾需求时，家人仍然会提供帮助。例如，郭志刚和陈功（1998）根据1995年1%人口抽样调查数据对北京市老人状况的分析表明，从总体上来看，北京市老人中的大部分仍然在与子女和孙子女共同生活，在60岁或以上的老人中，生活在二代户、三代户和假三代户中的合计比例为68.1%，尤其是三代户的比例高达41.9%。再者，我国是一个传统文化历史悠久的国家，"孝"的观念根深蒂固。一方面，老人愿意居家养老；另一方面，子女也视不赡养老人为耻。这使得老人及其家人，只有在迫不得已的情况下，才会选择机构照顾。王树新和亓昕（1999）援引在北京进行的一项调查表明，当问及老人"如果卧床不起需要别人护理时，您更喜欢以以下哪种方式得到帮助？"回答情况为：选择去老人护理院的占10.5%，选择由家人和亲属护理的占75%，选择入户护理的占12.7%。当问及"如果生活不能自理需别人帮助做家务时，您喜欢选择以以下哪种方式得到帮助？"回答情况为：选择进老人公寓的占11.5%，由家人和亲属帮助的占70.3%，在家请人上门服务的占16.2%。可见老人在不得已的情况下才会选择去老人公寓和护理院。

正因为如此，不少学者主张应当继续发扬我国的家庭养老传统。譬如，童星和李正军（2000）在"现代家庭养老功能分析"一文中指出，"我国的经济发展水平与发达国家相比还很落后，西方国家进入老年社会时人均国民生产总值已达4000美元，而我国却以人均国民生产总值800美元的水平来迎接老年社会的到来。所以，将老人完全推出家庭，由社会来养老是不现实的。家庭养老可以说是在我国经济还不发达条件下的一种过渡模式，更何况，由于受传统文化与亲情观念的影响，家庭在对老人的精神安抚方面仍发挥着不可替代的功能"。不仅如此，主张家庭养老的这种意见还得到了我国有关法律、法规的强化。我国的《宪法》、《婚姻法》、《遗产法》、《刑法》和《老年人权益保障法》等均有家庭养老的有关规定。

当然，家庭养老也不是万能的。对于没有家庭的老人，或者虽有家庭但家人无力提供照顾的老人，机构照顾显然是一个现实的选择。即使对于那些有家人照顾的老人，如同前面我们已经论述的，那些照顾老人的家人也已经身心疲惫，如果没有来自其他方面的支持，他们也很难继续维持下去。所以，一些学者主张，在以家庭照顾为主的前提下，应当大力发展支持性社区服务（陆学艺，2000；林戈、鲍曙明、刘晓明，1999；熊必俊，2000）。而且，这种支持性社区服务应当以老人所在的整个家庭为服务对象。陈一筠（2000）指出，社会保障体系建立的宗旨，既要有助于满足家庭中个体成员的特殊需要，又要照顾到家庭群体的共同利益，并且要强调后者。林戈、鲍曙明和刘晓明（1999）亦指出，由于家庭养老方式至少需要考虑到两代人，我们从政策上不应视老人保障问题仅仅为老人问题，而应从家庭成员整体的角度来考虑。

参考文献

白恩良，1999，《迎接人口老龄化挑战的战略构想》，《人口与经济》第3期。
北京市人口发展课题组，1996，《未来十五年北京市人口发展中面对的问题》，《首都经济》第3期。
陈一筠，2000，《家庭是社会保障的基点》，载张健、陈一筠主编《家庭与社会保障》，社会科学文献出版社。
郭志刚、陈功，1998，《从1995年1%人口抽样调查数据看北京老年人》，载刘宝成主编《迎接人口老龄化挑战的战略构想》，北京市老龄协会。

《跨世纪的中国人口》(北京卷)编委会,1994,《跨世纪的中国人口》(北京卷),中国统计出版社。
李翊骏,1998,《家务助理:香港的经验》,台湾地区老人服务输送体系及网络的建立学术研讨会论文。
林戈、鲍曙明、刘晓明,1999,《建立以家庭和社区服务相结合的老人社会保障体系》,载徐滇庆、尹尊声、郑玉歆主编《中国社会保障体制改革:'98中国社会保障国际讨论会论文选》,经济科学出版社。
陆学艺,2000,《家庭与社会保障制度的功能互补》,载张健、陈一筠主编《家庭与社会保障》,社会科学文献出版社。
孙炳耀,1998,《老年社会服务政策:天津鹤童老人院的几点启示》,载杨团、唐军主编《非营利机构评估——天津鹤童老人院个案研究》,华夏出版社。
童星、李正军,2000,《现代家庭养老功能分析》,载张健、陈一筠主编《家庭与社会保障》,社会科学文献出版社。
王树新、亓昕,1999,《社区养老是辅助家庭养老的最佳载体》,《南方人口》第2期。
邬沧萍,1999,《社会老年学》,中国人民大学出版社。
熊必俊,2000,《中国家庭规模和结构变化与养老保障的发展趋势》,载张健、陈一筠主编《家庭与社会保障》,社会科学文献出版社。
颜文雄,1994,《社区照顾——从理念到实践》,载香港圣公会教区福利协会《社区照顾与华人社区——内地、台湾、澳门及香港经验交流》。

Abel, Emily, 1989, "Family Care of the Frail elderly: Framing an Agenda for Change." *Women's Studies Quarterly*, 1 & 2, 75–86.

Angel, Ronald J. & Angel, Jacqueline L., 1997, *Who will care us?: Aging and Long-term Care in a Multicultural America.* New York: New York University.

Barresi, Charles M. & Stull, Donald E., 1993, "Ethnicity and Long-term Care: An overview." In Charles M., Barresi & Donald E. Stull (eds.). *Ethnicity and Long-term Care.* (3–21). New York: Springer Publishing Co.

Bass, David M. & Noelker, Linda S., 1997, "Family Caregiving: A Focus for Aging Research and Intervention." In Kenneth F. Ferraro (ed.). *Gerontology: Perspectives and Issues.* (2nd ed.). (245–264). New York: Springer Publishing Company.

Blieszner, Rosemary & Alley, Janet M., 1990, "Family Caregiving for the Elderly: An overview of Resources." *Family Relations*, Vol. 39 Issue 1, 97–102.

Brody, E. M., 1981, "Women in the middle and Family Help to Older People." *Gerontologist*, 21, 471–480.

Brody, S. J., Poulshock, W., & Masciocchi, C., 1978, "The Family Caring Unit: A Major Consideration in the Long-term Support System." *The Gerontologist*, 18 (6): 556–561.

Brubaker, Timothy H. & Brubaker, Ellie, 1992, "Family Care of the Elderly in the United States: An Issue of Gender Differences?" In Jordan I. Kosberg (ed.). *Family Care of the Elderly: Social and Cultural Changes.* California: SAGE Publications.

Cantor, M H., 1975, "Life Space and the Social Support System of the Inner City Elderly of New York." *Gerontologist*, 15, 23-27.

Cantor, Marjorie & Little, Virgina, 1985, "Aging and Social Care." In Robert H. Binstock & Ethel Shanas (eds.). *Hand of Aging and the Social Sciences*. (2nd ed.). (745-781). New York: Von Nostrand Reinhold Company.

Cantor, M. H., 1980, "The Informal Support System: Its Relevance in the Lives of the Elderly." In E. F. Borgatta & N. G. McCluskey (Eds.) *Aging and Society*. (131-144). Beverly Hills, CA: Sage.

Chow, Nelson, 1993, "The Changing Responsibilities of the State and Family toward Elders in Hong Kong." *In Journal of Aging & Social Policy*. Vol. 5, 1/2, 111-126.

Christianson, J. B., & Stephens, S. A., 1984, "Informal Care to the Impaired Elderly: Report of the National Long-Term Care Survey of Informal Caregivers (NTIS No. PB86-240058/AS)." Springfield, VA: Department of Commerce.

Diwan, Sadhna & Coulton, Claudia, 1994, "Period Effects on the Mix of Formal and Informal In-home Care Used by Urban Elderly." *Journal of Applied Gerontology*, Vol. 13 Issue 3, 316-321.

Dobelstein, Andrew W. & Johnson, Ann Bilas, 1985, *Serving Older Adults: Policy, Programs, and Professional Activities*. New Jersey: Prentice-Hall.

Dooghe, Gilbert, 1992, "Informal Caregivers of Elderly People: An European Review." *Ageing and Society*, 12, 369-380.

Doty, P., 1986, "Family care of the elderly: The Role of Public Policy." *Milbank Memorial Fund Quarterly*, 64, 34-74.

Fast, Janet E. & Kolodinsky, Jane et al., 1998, "The Hidden Costs of Informal Cargiving: An International Comparison." *Consumer Interests Annual*, Issue 44, 206-210.

Fradkin, Loouise G. & Heath, Angela, 1992, *Caregiving of Older Adults*. California: ABC-CLIO, Inc.

Greene, V., 1983, "Substitution between Formally and Informally Provided Care for the Impaired Elderly in the Community." *Medical Care*, 21, 609-619.

Herrman, Helen, 1994, "Care for dementia." *World Health*, Vol. 47 Issue 2, 12-14.

Horowitz, A., 1985, "Family Caregiving to Frail Elderly." In C. Eisdorfer, M. P. Lawton, & G. L. Maddox (eds.). *Annual Review of Gerontology and Geriatrics*. Vol. 5, 194-246. New York: Springer Publishing.

Johnson, C. L., & Catalano, D. J., 1983, "A Longitudinal Study of Family Supports to Impaired elderly." *Gerontologist*, 23, 612-618.

Johnson, C. L., 1983, "Dyadic Family Relations and Social Support." *Gerontologist*, 23, 377-383.

Kinney, Jennifer M., 1996, "Home Care and Caregiving." In James E. Birren (editor-in-chief). *Encyclopedia of Gerontology*, Vol. I (667-678). San Diego: Academic Press.

Kirwin, Patrica M., 1991, *Adult day care: The Relationship of Formal and Informal Systems of Care*. New York: Carland Pub.

Moody, Harry R., 1998, *Aging: Concepts and Controversies.* 2nd ed. California: Pine Forge Press.

Morgan, Leslie & Kunkel, Suzanne, 1998, *Aging: The Social Context.* California: Pine Forge Press.

Moroney, Robert M. (general ed.), 1998, *Caring and Competent Caregivers.* Georgia: The University of Georgia Press.

Noekler, L., & Bass, D., 1987, "In Home Care for Frail Aged: Linkages between Kin Caregivers and Formal Service Providers." Paper Presented at Gerontological Society of American, Washington, DC.

OECD, 1996, "Caring for Frail Elderly People: Policies in Evolution." Paris: Organisation for Economic Co-operation and Development.

O'Bryant, S. L., 1985, "Neighbors'Support of Older Widows Who Live alone in Their Own Homes." *Gerontologist*, 25, 305-310.

Phillipson, Chris, 1992, "Family Care of the Elderly in Great Britain." In Jordan I. Kosberg (ed.). *Family Care of the Elderly: Social and Cultural Changes.* California: SAGE Publications.

Pillemer, Karl, MacAdam, Margaret, & Wolf, Rosalie S., 1989, "Services to Families with Dependent Elders." *Journal of Aging & Social Policy*, Vol. 1 (3/4): 67-88.

Scharlach, A., & Frenzel, C., 1986, "An Evaluation of Institution-based Respite Care." *The Gerontologist*, 26, 77-82.

Shanas, E., 1979, "The Family as a Social Support System in Old Age." *The Gerontologist*, 19, 169-174.

Stoller, E., & Pugliesi, K., 1988, "Informal Networks of Community Based Elderly: Changes in Composition Over Time." *Research on Aging*, 10, 499-516.

Stoller, E. P., & Earl, L. L., 1983, "Help with Activities of Everyday Life: Sources of Support for the Noninstitutional Elderly." *Gerontologist*, 23, 64-70.

Stone, Robyn., 1991, "Family Obligation: Issues for the 1990s." *Generations*, Vol. 15 Issue 3/4, 47-50.

Stone, R., Cafferata, G., & Sangl, J., 1987, "Caregivers of the Frail Elderly: A National Profile." *Gerontologist*, 27, 616-626.

Sutcliffe, C. & Larner S., 1988, "Counselling Carers of the Elderly at Home: A Preliminary Study." *British Journal of Clinical Psychology*, 27, 177-178.

Topinkova, Eva, 1994, "Care for Elders with Chronic Disease and Disability." *Hastings Center Report*, Vol. 24 Issue 5, 18-20.

Victor, Christina R., 1994, *Old Age in Modern Society: A Textbook of Social Gerontology.* 2nd ed. London: Chapmen & Hall.

Walker, Alan, 1993, "Under New Management: The Changing Role of the State in the Care of Older People in the United Kingdom." *Journal of Aging & Social Policy*, Vol. 5, 1/2: 127-154.

White, Monika & Steinberg, Raymond M., 1990, *Case Management: Connecting Older*

Persons with Services. In Abraham Mok (ed.). *Handbook of Gerontological Services*, 2nd ed. New York: Columbia University Press.

Whitlatch, Carol J. & Noelker, Linda S., 1996, "Caregiving and Caring." In James E. Birren (editor-in-chief). *Encyclopedia of Gerontology*, Vol. 1 (253 – 268). San Diego: Academic Press.

Whitlatch, C., Zarit S. & Eye, A. V., 1991, "Efficacy of Interventions with Caregivers: A reanalysis." The Gerontoloist, 31, 9–14.

Wong, Linda, 1992, "Community Social Services in the People's Republic of China." *International Social Work*, Vol. 35, 455–470.

[原载《华东理工大学学报》（社科版）2002 年第 3 期]

农村老年人临终照料研究

周 云　彭书婷　欧玄子

摘　要　当人们意识到长期照料是老龄化社会必须面对的一个问题时，也没有忘记临终照料是一个更加急需探究的问题，因为临终照料更具有时间紧迫感、更多地与人们"善终"的议题相关联。目前农村老年人临终去世问题还未引起社会的足够重视；这与临终关怀也仅仅是在最近几十年才在中国开始受到关注有直接的关系。本文利用在山东乳山市农村地区访谈经历过长辈去世的村民所获资料，通过他们的记忆，研究去世老年人的家人对老年人去世时健康状况的认识、照料提供的类型与模式、照料过程的主观感受以及对老人去世原因的解释等。文章从临终照料的主体——临终者和照料者本身出发，对现有的临终照料研究加以补充与推进。

关键词　临终照料　照料模式　农村老年人

一　引言

长寿是人们的向往和追求，然而死亡却无人可以避免。在生与死之间，常有一个"临终"阶段，或长或短；个人可有意识或完全混沌地走

---

*　本项研究得到国家自然科学基金（项目批准号：71490732）以及 NIH（项目批准号：3P01AG031719-07S1）的联合资助，在此致谢。

过这一阶段。很多人，特别是老年人，往往是在经历疾病困扰和家人长期照护的情况下离世；另一些老人虽然健康状况不佳，但没有过多地依靠或"搅扰"家人，较快辞世。无论哪种情况，人们都要面临和适应家人去世前后的变故。目前我国农村老人的临终照料状况不容乐观。与西方发达国家不同，中国农村老年人的临终照料多依赖于老伴和子女，也就是家庭，而不是专业的医养机构和社会力量。在目前农村劳动力外流的背景之下，在公共服务机制尚不甚完善的农村社会中，丧失自理能力的临终老人究竟由谁来照料、如何照料以及家人参与临终照料的方式与过程等问题理应受到学界的关注。只有这样，才可能真正了解家庭临终照料过程中存在的问题，并有针对性地加以解决。基于此，本文的主要关注点在于农村辞世老人的离世经历和他们临终受照料情况，以及家人对这段生死离别生命历程的应对和解释。

二 相关文献归纳

本文关注的是农村老年人的临终经历及其家人在这一阶段所采取的应对措施，故在文献方面主要围绕临终老人的离世过程及农村社会针对这一群体采取的照料和关怀模式这两个主题进行检索与整理，并在文献整理的基础上提出本文研究的具体思路和内容。

在中国知网进行文献检索的过程中发现，虽然以临终为主题（而非关键词）的文献有很多，但在社会学及统计学类目下，以本文所关注的"临终照料"为主题的研究文献仅有12篇；以"临终过程"为主题的则仅有7篇。在时间方面，1950~1980年代中期，学者们尤其是社会科学学者，对临终问题的讨论甚少；自1980年代中期起至2003年前后，开始逐渐有学者试图将西方临终关怀观念和实践引入我国，但这一时期学界对临终关怀的讨论仍主要集中在临床医学和肿瘤学方面，而文章关注的主题多集中在对癌症患者晚期疼痛的控制方面（Anne et al., 1985；金晓怡，1987）。近15年来，对临终问题的研究呈现积累爆发的趋势，除数量上的增长外，文章的研究角度也在减轻临终者的生理痛苦之外增加了对其社会支持和精神关怀方面。在学科方面，除医学领域对绝症患者疼痛控制方面的研究外，越来越多社会科学方面的研究开始涌现。

在临终主题下，基于"临终关怀"和"临终护理"的讨论最为多样，其中有关于全国首次临终关怀研讨会的报道（喻琳，1991），也有早期关于安乐死的意愿调查（张丽辉、王若涛、马骏，1991），研究文献数量也在逐步增多。截至 2017 年 6 月 20 日，1992 年被中国知网"临终"主题涵盖的文章突破 100 篇（为 108 篇），2005 年接近 200 篇，2016 年时更是达到 398 篇，接近 400 篇。离今天越近的文献，研究的内容越与本文关心的临终照料问题相关。今天有关临终关怀或护理的研究已经涉及方方面面，既有针对患有不同类别疾病（癌症、艾滋病、意外事故）、住在不同地点（家庭、医院、养老院）、不同年龄、有不同关怀需求（如灵性、心理、护理需求等）的个体的研究，也有针对临终关怀体系的中国和其他国家的研究等。然而既有的国内研究主要集中在城市的医院患者及家属，针对农村老年人临终照料的研究十分有限。就临终关怀问题本身而言，现有的小范围和地域性研究发现，所调研的大多数农村老年人从未听说过"临终关怀"，绝大多数老年人不愿意提及与死亡相关的话题，更不愿意接受临终关怀服务（开封市郊区 458 位 60 岁以上老年人；路雪芹等，2014）。例如，有研究结果显示，山东牟平一个村庄中的男女性老年人对临终关怀表示了解的分别仅占 6.5% 和 4.7%，属于不了解、不是很了解或完全不了解临终关怀的男女性老年人分别占到 93.5% 和 95.3%（200 位 60 岁以上老年人的调查；曲壹方，2016）。

在对临终者的照料模式方面，以往针对农村老年人照料问题的研究更多注重有照料需求人群特征的分析（伍小兰，2009）；或者研究与照料相关的农村老年人家庭代际支持特点，考虑共同居住、与子女分开居住对老年父母晚年照料来说哪一个更重要（张文娟，2008）。也有学者探讨建立和推广农村养老模式的取舍问题，是偏向"低成本、广覆盖、快推广"式，还是注重"高质量、低覆盖、有序推进"式，抑或几种模式叠加（周娟、张玲玲，2016）。或是关注男性未婚中老年人这一特殊群体的养老困境和他们对社会保障中养老功能的依赖特征（王磊，2015）。以人类学的方法研究临终照料的文章多以田野笔记的形式出现，通过梳理老年人个人生命史的方式考量其照料需求和照料现状之间的差异（郭于华，1998）。

农村老年人的临终问题之所以还未引起社会的足够重视，与临终关怀在最近几十年才在中国开始受到关注直接有关。若放眼世界，临终照料、临终关怀的发展进程有先发达国家后发展中国家的特点；在国内，也有临终照料的服务与研究先城市后农村、先发达地区后发展中地区的特点。因此，一些针对城市的临终照料的研究对未来拓展农村的研究有一定的借鉴意义。例如在城市，老年临终患者的家庭照护者多有因照顾家人、面对家人去世而感到自身照顾能力不足，心理压力加大的现象，他们期望获得来自社会的点滴照料补充（张弛等，2011）。张弛等人的研究也说明照顾亲人最后一程的过程也是照顾者自我能力提升、逐步平和面对老年亲属临终与死亡的过程。类似主题的研究也说明城市居民在照顾治愈无望的亲人时常因亲人的健康状况而感到恐惧、悲伤和不舍；不知如何选择治疗方案以及与亲人沟通病情的方式；在家人离世后会有自责和后悔的情绪。被访的家人希望能得到有经验患者家属的帮助和指导，甚至是社区临终关怀服务（刘晓惠等，2015）。在农村地区，老年人自身应对疾病和突发事件的能力更加有限，除经济条件和子女不在身边的限制之外，对于一些高龄、重病的老人来说，无法从正常的社交生活中获得慰藉也加重了他们的痛苦（曾富生等，2010）。因此，对于临终照料的探究就显得更加必要。

在对老年人临终照料问题的研究角度方面，战捷（2004）基于高龄老人临终前卧床时间的长短，研究其临终前完全需要他人照料的状况。顾大男等人（2007）计算了中国老年人临终前生活不能自理、完全需要他人照料的天数分布，以及性别、受教育程度、子女可近度、有病得到及时治疗的状况、参加宗教活动以及健康状况等与完全照料时间相关的因素的影响。针对子女照料问题，有学者认为中国国内少有甚至没有针对临终阶段老年人子女照料问题的系统定量研究，他们通过自己的问卷调查和分析子女的性别、子女排行、两代人居住地相距的远近以及两代人的代际交换如何影响着农村老年人子女对老年父母提供临终照料的水平（左冬梅、郭晓颖，2014：57）。

左冬梅和郭晓颖的研究是与我们当前的研究最为相近的一项研究，因为我们关注的都是老年人去世之前家人照料的问题。他们研究的有趣发现在于子女的排行影响他们提供照料的状况（2014）。相对于中间排行的儿子，独子和长子为父母提供更多的临终照料，而排行最小的儿子提供的最少；女儿间也有类似的提供照料排行差异的趋势。子女数量多、子女性别多样的情况下，文化习俗制定了一套不成文的照料人手安排规定。由于农村生育水平要比城市高（孙鹃娟等，2016，31），农村老年人在医养模式和经济基础上与城市老人之间存在差别（王跃生，2012；孙鹃娟等，2016，102~105），我们在农村可能会发现更为多样的临终照料形式。这些多样的形式会影响到老年人去世之前的照料资源及其分配情况。

鉴于老龄化社会中临终照料的重要性、以往研究对农村临终照料关注的不足以及农村老年人家人提供临终照料形式的多样性，本文将集中讨论农村子女所经历的家人，特别是老年家人的去世问题。

三 研究问题和研究方法

开展本项临终照料的研究需要明确两个问题。首先是时段界定问题，也就是什么为临终。中国医学界一般将临终者的概念定义为："所患的疾病对根治性治疗无反应，且病情不断恶化者，生存期相对短的患者，也包括老衰临终者……在社区居家开展临终关怀服务的对象是晚期恶性肿瘤广泛转移的患者，其临终阶段一般≤90天；在医疗机构的临终关怀服务对象的临终阶段原则上≤60天"（施永兴、王光荣，2010：5）。然而，在本文的研究中，我们发现，所访谈的个案对临终阶段的定义差异较大，对这一阶段时间跨度的界定也不尽相同，故本文所讨论的临终或"去世之前"问题并没有特别具体的时段定义，但确实是指老年家人去世前相对短的一段时间，如几周、几个月或半年左右。

其次是临终照料研究的分析对象。一般来说临终照料的研究对象可以是去世老人本人，也可以是家人或照料提供者。然而，如果研究去世老年人本人，人们必须已经掌握老年人的健康状况，能够估计老年人的去世时间。因此在医院或机构的临终患者，或者在家中对预知（包括医学机构预测或家人预测）在世时间有限的老人会是研究对象。然而考虑到临终照料的对象生命已经垂危或个人完全无感知，很多人难以直接参加研究，这是临终老人与一般长期照料对象的区别。因此，有关临终老年人的照料，可以通过其家人或照料者了解临终老年人的一些情况，同时关注家人是如何看待、解释和应对老年人临终状况。这一人群多是临终照料研究的重点，也是本研究的主要研究对象。

研究的主题是去世老年人的家人对老年人去世时健康状况的认识、

照料提供的类型与模式、照料过程的主观感受以及对老人去世原因的解释等。这些研究内容较难采用定量研究方法开展，因此本研究使用定性研究方法。具体来说，定性研究方法运用在两个层面，一是数据收集的过程，二是分析和解释过程。在数据收集时，我们主要采用参与观察和半结构式访谈法。在通过阅读文献和实地调研对研究地点的文化背景、风俗习惯和历史沿革有所了解的基础上，与近50名村民进行了一对一的访谈，并对其中一些研究对象进行家访，从而更深入地了解其家庭结构和经济情况。针对所收集到的资料，我们则从实际出发，对当地临终照料模式进行深描，并力图将其背后起作用的社会和文化机制剖清、阐明。

四 调研相关信息的基本描述

通过各种途径的前期联系和准备（如实地预调查和文献搜集）之后，2016年6月14~24日，研究小组在山东省长寿之乡乳山市下属的一个村庄N村，针对去世老年人临终之前的生活和照料状况进行了田野调查。主要是通过家人回顾的方法，收集老年人去世之前的健康状况以及家人对老人的照顾安排。研究人员住在N村，调研期间在村内随机寻找可参加调查的老年村民进行访谈。理想的调查人群是60岁以上的老年人，但现场调研中也有部分60岁以下的村民参与了访谈。寻找60岁以上老年人进行访谈的目的是能够从他们的回答中归纳出当地群众健康长寿的一些经验，并从老年人的记忆中看他们同辈（如配偶）和父母辈亲属中去世亲人离世之前的一些健康和照料问题。相对考察过去人们是如何面对临终照料，为今后的研究和照料模式提供依据。整个调研期间研究人员共访谈了49位村民（表1）。访谈地点多在村头巷尾，有时也在热情的村民家中。时间集中在村民在外纳凉、聊天或劳作（补渔网、穿贝壳眼、准备鸡鸭食等）时段，如上午、近傍晚等。每个访谈时间长短不一，五分钟、十分钟、半小时甚至更长时间。访谈内容按事先准备的访谈提纲进行，但访谈提纲中的内容不分前后。对每位访谈者基本都记录了他（她）的年龄、性别、受教育程度、结婚年龄、子女的信息；也了解了他们对健康长寿的认识和临终照料的经历。

表1　被访者特征及其家人逝者特征描述

	人数		人数
被访者性别		逝者去世时年龄	
男	14	小于50	5
女	35	50~54	4
小计	49	55~59	4
		60~64	2
被访者年龄		65~69	4
小于50	1	70~74	14
50~54	7	75~79	11
55~59	7	80~84	20
60~64	7	85~89	4
65~69	7	90+	14
70~74	9	小计*	82
75~79	3		
80+	7		
小计*	48	逝者去世原因归类	
		没病	10
逝者性别		模糊病因	24
男	56	具体病因	59
女	43	不详	2
小计	99	小计*	95

注："*"表示这一类别的小计由于信息缺失而少于应有的人数。

五　基于调研所得的主要结果

根据研究目的和主题，我们将访谈结果归纳为三大类别。首先是家人对老年人去世原因的理解和分类。分析老年人去世原因和农村居民对疾病类别的理解和表述的信息，以及当前农村人口，特别是老年人群中疾病知识的特征。其次是家人提供的老年人去世过程的长短以及家人对去世过程的描述。去世过程的长短取决于老年人去世的原因，也关系到家人照料老年人的类别和强度。最后一类是家人对照料的感受。尽管三类问题都是由去世老人的家人提供，但前两类问题更多关注的是去世老年人,最后一类问题针对的是去世老人的家人。这几层分类,能够立体地展现去世农村老人在生命最后关口的生活状况以及家人的付出。在以下描述个案时,我们采用被访者代码而不是真实姓名的方式,以尊重被访者及其家人的隐私。

(一)受访者对家人去世原因解释的清晰程度有差异

在问及去世原因时,有人给不出原因、有人却能说出模糊的病因甚至是更具体、带有医学色彩的疾病名称,例如"没病""突然去世""老死""老年痴呆""尿毒症""脑血栓""心梗""子宫癌"等。接受访谈的49人经历过99位家人去世。我们按照村民给出病名的清晰程度将其家人的去世原因分为"没病"、"模糊病因"、"具体病因"和"不详"几大类。从人们的回答来看(表1),给出具体病因的比例更大(62%)。例如,P16(男82岁)认为其母亲92岁去世时并没有什么毛病。"说老实话,俺母亲身体并没有什么不好,就是吃不下饭……俺母亲最后死估计是因为那个老年痴呆,俺就看她端饭那个手抖,抖的呀,都没法使筷子,俺就拿勺把面条掐断了,喂给她……记性啥都好,就是不想着自己,吃饭也没法吃,这可不是老年痴呆不是,就是老年病,我觉着她呀,就是老死了,没有什么问题,对,没有什么病。"Z5(女70岁)的老婆婆活到93岁,最后也不知得的什么病去世的,只是摔过一跤后不能再自己走动,6个月后去世。

但还是有相当比例(25%)的被访者无法给出特别具体的去世原因,他们给出的模糊病因更与非常规或非医学定义相关,如摔了一跤、意外死亡等。在当地,很多被访者都提到摔(当地方言念"Ka"),并把摔与最终去世联系在一起。摔本身并不是导致去世的直接原因,但可能诱发死亡直接原因的出现。此外,摔本身也会是疾病产生的后果,也就是去世老人先患有某种疾病,这些疾病增加了老年人摔的可能,摔后又加大了老年人去世的风险。除了真正由不小心摔跤导致的死亡之外,一些突发的由心梗、晕厥导致的死亡也常被解释为因"摔(ka)了一跤"而致死。除此之外,老年痴呆症也常被归为家中老人死亡的原因(4例),而村民们对这一死因的解释常常是老人不知道照顾自己的身体、太惦念亲人或手脚不灵活。与"摔了一跤"类似,老年痴呆症也是一种模糊的致死原因。村民们往往用"就是老了"来总结这些原因模糊的死亡,而"老了"又被以比喻的方式来解释（如"油灯熄灭了""地瓜秧子虚了""油枯了，蜡烛烧完了"等）。可见，在当地人的观念中，"老死了"往往意味着生命力的耗尽，是一种自然的过程。由此观之，当地人对死亡的认识并非基于现代医学的解释体系，而是与其生活环境、文化背景和整个乡村社区对去世这一事件的归因密切相关。

（二）去世老人离世过程长短不一

人们的去世过程并不是按照统一模式和统一时间表发生的。去世过程与患有何种疾病有关系，也常具有偶然性。无论是哪种原因，去世的过程有快有慢。具体过程是怎样一种情形，下面一些例子可以反映。

有的老人去世时间非常短，经常短到家人还没有意识到人就这么走掉。"俺婆死得倒是干净，就老（死）了，也没生什么病，这不突然就死了，还是过年那前儿，就晚上吃完饺子，突然就不行了，之前都能自己做点饭啥的……"（P12，女64岁）。Z8（男67岁）的父母都是因动脉硬化而去世，吃过药，但没有住过院。父母去世之前都自己过。父亲去世前后也就是三四天。母亲去世时，上午还好好的，吃完饭，收拾收拾锅灶就倒下了，再也没缓过来，下午六七点钟就去世了。Z8的哥哥也和其母亲一样，上午还好，后来感觉不舒服，自己去医院看过，也没有检查出什么病，留在医院观察，就再也没有回到家（在医院去世的）。有因为突发脑出血、紧急带去医院，但去时人已经死亡2个小时［Z11（男54岁）70岁去世的母亲］。P7（女60）的母亲虽然生病有11年了，但最后去世时也就是几天的事情。去世时就是心梗，"阻塞了"，就倒下了。在家躺了几天，就在家去世了。她婆婆去世时也就是七八天的时间。去世之前有心脏病，总喘，不能干重活。去世之前说不舒服，就躺着休息了几天。最后那天上午喝了碗面，就感觉憋，喘不上气。"那个费劲啊，最后就一口气上不来，这不就这么去了。"Z3（女58岁）的公公是71岁时摔（ka）了一下后突然去世，出乎大家意料。

这类去世过程"快速"的例子也出现在"意外"死亡的个人身上。Z10（女70岁）的婆婆自己"有栓，尿糖病"，丈夫又有赌的习惯，导致刚强、脾气急的婆婆最终自杀。婆婆自杀后公公自己住；公公最后是因为晚上睡觉时抽烟，点着了被褥，被烟熏而"意外"死亡。人们把突然去世或很快离世的现象多看作"没遭罪""活够了（到时候了）""死得

'干净'（利索、不痛苦）"，但过程过快对家人的影响可能要比去世过程长的大，未能给家人留出相对足够的时间做好心理应对准备。

但还是有许多老人的去世过程持续十几天、几十天甚至9个月左右不等。当有一定的时间跨度时，人们回忆起去世过程时会以去世为终点，回溯之前一段时间逝者的生活状况。Z2（女59岁）的母亲一直有糖尿病，吃着药控制病情。去世之前因去够（当地话）收衣服，一下子摔倒，当时就不能说话。去县医院打胰岛素，第三天恢复说话功能。在医院前后住了四天之后回了家。回家后反复能说话、不能说话，去世前一天又不能说话，第二天离世，距从医院回到家前后历经11天。Z2把最后摔倒而去医院当作母亲最终去世的起始时间。

Z4（男67岁）说，"我老妈活到94岁，4年前去世。去世之前身体挺好。还能自立，什么都能自理。"去世前从发病到去世也就是十几天。去世之前喘不动气、走不动路。去医院检查过，也没检查出什么原因。最后五六天时吃不下饭。"按人家说的就是年龄到了（老死）"。开朗的71岁的Z9（女）嫁过来后就没有见过公公，婆婆是92岁去世的。去世之前有高血压，脑血栓后在床上瘫了9个月后去世的。P4（女73）是在自己家伺候母亲去世的，母亲是到P4家40多天后老死的。"有天早上（妈妈）吃着饼，吃着吃着就不能走了。咱这20多年前也没啥医疗条件，就躺了40多天（去世的），也不能动了"。P4和她的姐妹一起照顾母亲，帮她翻身，收拾不能自控的大小便等，前后忙了40多天。Z4和P4描述的"临终"或者"去世前"，是以老人去世前经历的一个特殊事件，一个印象深刻的事件为起始点的。

更有老人是慢慢地去世，没有什么特殊的医学健康事件作为参照，被认为属于"自然离世"。Z17（女68岁）的婆婆是88岁去世的。去世之前和老公公一起过（老公公还健在，94岁），有腿疼、瘫痪的问题，但最后去世并不是因为什么特别的毛病。去世之前曾不舒服，去过医院，还住过院。但医生也查不出有什么病，只说是老年病。"去世之前是慢慢地，一天不如一天地走的，也没有遭罪"。这一例子能说明许多老年人的去世过程并不突然，人们没有被追赶或被压抑的感觉，更像是一种自然的过程。有这种过程经历的家人往往不会给出特别明确的去世之前阶段的信息。但还是有人会观察到生命进入最后时段的体征或反常事件。

Z13（女68岁）的父亲91岁高龄去世。Z13有兄弟4人外加自己共5个兄弟姐妹。父亲去世之前身体挺好，自己单过。后来身体不舒服（但不知是什么病），老人特别想让在外当兵转业留在四川的大哥回来。Z13叙述说，大哥在四川工作忙，虽曾因为父母生病回来看望过，但因来往不方便就说等老人"老"了时再回来。当老父亲确实生病快去世时，家里弟兄给大哥打过电报（应该是比较早、电话还不普及年代的事情），说老父亲特别盼着他回来。打过电报后，老父亲天天在家门口望着，盼着大儿子回来。然而大哥因为自己身体不好也在医院看病就回电报说无法回来。Z13说，老父亲知道大哥不能回来，一下没有了"念想"，黑天（晚上）就不在了。然而在老父亲去世的前一天，Z13的哥哥让她回家看看，说老父亲快不行了，"爹的眼神都散光了，爹快老了"。果然第二天父亲就去世了。Z18（女62岁）说起自己婆婆去世前的情况。婆婆当时去世时70岁。一天去赶海，回来之后就不会动，瘫痪了。Z18说按现在的话说就是"栓"（血栓）了，在床上躺了两三年。去世前几天，婆婆的妹妹（称"姨婆"）过来，看她姐姐的情况后说"你（方言念'nen'）婆婆得老了"。Z18问她怎么看出来的，婆婆不是又能吃又能喝的嘛。姨婆说"你不信，她那吃饭两道（样），像红眼了一样"。回想起来，婆婆以前吃饭确实多是让着大家，但现在是"直吃直吃"（不断地吃）。果真三天四夜后，婆婆去世。不知是否当老人离世的过程较长、且去世之前没有特别令人印象深刻的健康变化事件时，人们只能通过察觉生活当中特殊甚至是异常现象，以此判断生命尽头的到来。

当然，还有一些人会记不清楚家人去世过程的长短。一旦家人去世得早、年代久远，人们就会说不出去世之前的状况，例如有人在结婚之前或刚结婚时婆婆、公公就已经去世。或者不是一起长期生活的人，了解的情况也不多，因此也就对家人去世过程的问题无从回答。

去世老人离世过程长短不一，影响到家人的照料感受和照料策略。我们可以假想，相对健康却突然离世的老人不会给家人带来更多的生理照料负担，但可能带来心理上的适应负担。健康状况差且持续相当一段时间再离世的老人的家人则需要更多的生理外加心理上的照料策略。如若这一假设成立，那么政府和医养机构针对这两类临终者提供关怀的形式和社会工作者针对去世者家人提供的心理支持当以不同的方面为侧重点。

（三）去世老人照料负担的合理分流

了解村民对老人去世原因的解释、对老人去世过程的描述之后，我们还希望考虑去世老人的家人是否感到有临终照料的负担，有怎样的负担以及在现实生活中如何化解或者减轻这些负担。老年人去世之前的健康状况以及去世原因，影响人们对照料负担轻重有无的不同解释。

访谈结果显示，感觉不到有照料负担的人并不多。Z6（女70岁）经历了老公公77岁因黄疸型肝炎去世、自己母亲70多岁因糖尿病去世以及老父亲1960年50多岁时在生活艰难的情况下去世。然而在她的印象中并没有感觉家人去世之前带来什么照料负担。P17（男67岁）的父母都因心肌梗死去世。"冠心病也不是啥大病，就是喘不上气，平时走动费劲，其他差不多都能自理。（平日照顾）也没操什么心……（要说困难）最多就是平时赶工有点忙不过来，不过也还行，基本都能顾得上，我觉得做儿女的都是应该的"。P20（男50多岁）的父亲因为心脏不好88岁去世。他也不认为有什么照料负担，因为他的父亲是突然发病去世，从发病到去世就一个多小时。所以他回答说"能有啥困难"。然而，子女常常也会遇到一些无可奈何的境地。P13（男81岁）说到1970年代去世的父母时，提到自己也没怎么照顾父母，或者无余力照顾父母。"自己都照顾不过来，还照顾老人呢……照顾好自己就行了呗，老人老死了，你说有啥办法……"

守寡11年的Z1（女73岁）和女儿一起照顾62岁时去世的丈夫的最后阶段。她没有儿子，只有两个女儿。她对最后照料过程的体力和精神负担印象并不深刻，始终强调经济负担。"如果有钱，就可以带老头看病和治病"。Z14（女78岁）也有经济上捉襟见肘的经历。她的老父亲80多岁去世，是在母亲70多岁去世后开始由几个哥哥轮流照顾的。问她哥哥们照顾老父亲的最后阶段累不累，她没有回答照料方面的难处，更多说的是经济上的问题。"你怎么说呢……那个时候钱少，经济也不富裕，想吃什么东西，钱……（没有钱买想吃的东西）"。

也有被访者强调日常照料的艰辛。Z2（女59岁）体验的是生理照料的负担。Z2的老婆婆82岁去世。去世之前瘫了三年，住在二儿子家。婆婆的五个孩子，含女儿，都轮流去二儿子家照顾她。这也算是轮流照料老年人的一种形式。Z2作为大儿媳妇，也去照顾婆婆，感觉照料起来有难度。"怎么不难。到最后拉屎都要抠，必须要用开塞露，然后再抠……20多天才拉一坨，遭那罪，拉的像豆一样（用手比画）……一天三顿，大便真少。尿多，都用纸尿布……"Z5（女70多岁）曾照顾过已经去世了的婆婆的婆婆（Z5丈夫的奶奶！大家称她为"老婆"！）。这位"老婆"是在93岁时摔了一跤的9个月后去世的。当时"老婆"病重，孙辈一个月轮一次都受不了，改为5天一轮。"拉尿都需（要）人，谁能（管）一个月。（5天一轮）大家都轻快轻快"。

P6（女53）对照顾患癌症去世的老父亲印象深刻。父亲患的是肺癌，去医院时已经说无法再治而回了家。P6就住在父母家帮助照顾了一阵子。帮父亲喂饭，还要拍背，让他呼吸的通畅一点。77岁去世前的最后几天，大约有一周，老父亲吃不下饭，家人就帮熬粥、母亲喂父亲。最后老父亲拉尿都在床上，所以每一两天就要帮父亲洗澡，或者在床上给擦身。经常还要给老父亲翻身，"哎，老人家身上沉，给翻个身特别费劲。后来就给喂干的，嚼碎了和着水给喂下去，不然老人家老拉稀"。老人大小便失禁、无法自理时，家人或照料者的照料负担更重。P12（女64岁）形容照料老公公时说，"俺农村太苦。俺公从得病到去世十来年，多得靠着我们，操心着。俺老伴儿兄弟两个，俺两家轮流照顾着。俺公最后瘫了，拉屎尿尿都在床上，都得我们给伺候，还得给做饭、洗衣裳，每天给翻身、给擦。可是辛苦，太辛苦。我不是个享福的人啊。"Z19（男58）当年伺候过因摔（ka）后不能走动的86岁时去世的老父亲。他自己有5个兄弟姐妹，3男2女。老父亲的最后阶段主要由三个儿子照顾。Z19说，老父亲瘫在床上，大小便都需要人照顾。肚子不好时，一天能大便7次，家人也就需要帮助收拾7次。P4（女73）曾经在自己母亲、公公和婆婆去世前进行照顾，他们分别在82岁、83岁和92岁于P4家去世。婆婆瘫了9年，但多亏是丈夫三个兄弟一起轮流照顾，每十天轮一回。婆婆在P4家时P4（而不是她的丈夫）每天要帮婆婆翻身、洗擦身子。"我可受累了。每天得给她洗屎尿洗六趟（次）。你看我这个手，都是那时候叫冰水扎的。我不是享福的人。"这些具体的例子多展现出村民在照料过程中的负担分流措施。只要家里有不止一个兄弟姐妹（特别是兄弟）时，老年人的照料就会在这些人中轮换。当地轮流照料的形式有在老年人自己家、子女轮流上门照料，也有子女轮流将老年人接到自己家中照料。两种方式都有轮流周期的安排，每个周期都不是很长，1个月、半个月或者5天为一个周期。周期的制定多为兄弟间协商、家里权威老大拍板或以集市周期

(5天一个集)为基础的结果。

轮养或者轮流照顾是当地村民减轻照料负担的人手资源上的安排；而采用不同手段照料也是减负的一种方法。纸尿布的运用就是其中的一种方法。例如上述 Z2 和这里 Z9 的例子。Z9（女 71 岁）的婆婆"栓了后右边一点不会动，不会说话，但脑子很清楚"。Z9 并没有提到或回应照料难的问题，但特别理解婆婆自己身体不能动但脑子却不乱的感受。"（瘫在床上）她自己也不愿意这样呀"。Z9 很欣慰地提到，在照顾婆婆直至去世的 9 个月里自己的女儿始终寄纸尿布给奶奶用，每天一般用两个，平均每天用 7 元钱的纸尿布。从她的话里感觉到这种方法给她带来了很多的方便，减轻了许多照料负担，用她的话说"省老鼻子事了"。这里既表现出 Z9 对孝顺女儿的赞扬，也体现出利用其他照料手段，能够减轻照料者的部分负担。

此外，减轻去世之前的照料负担，也要分从谁的角度去看。从子女一辈的角度看，父母年纪大有病，但其中一方若能够给予照顾，就能减轻子女的照料负担。"我父亲就是老年病，是心脏不好吧，也说不上是个什么病，反正最后就是不大能动弹了。那时候有老妈，没怎么用我们，我们就有时候跑跑去照看一下，没怎么费心。赶到老母亲就不行了，就赶着俺几个轮流照顾着……老公公是脑溢血去世的，我们基本上没有照顾，都是老婆婆照顾，（我们）就是给做做饭，送点东西"（P18，女 55 岁）。等老人的配偶去世或无能力照料时，就出现上面提到的子女间轮流照顾的模式。这一模式也可以减轻子女一辈的照料负担。

然而我们也可以从父母的角度看父母如何控制或管理自身产生的照料担子，尽管很难找到这样的资料。在调研过程中有人（P14，女 79 岁）回想起自己公公婆婆去世之前的照料状况。"俺婆 77 岁去世了，俺公快 90 了（才去世）……俺公是一直血压高，赶不能下床就十来天，俺也没咋费心，都是他闺女照顾得多，俺就给送饭，有时候给洗洗衣裳。擦屎擦尿的脏活都是他闺女干……最后几天老头也是心疼他闺女，知道自己要老（死）了，故意不解大手，就尿几滴搁炕上，一天也就尿个三四回，我们赶着给他擦。床单、裤衩都是他闺女给洗……"这是父母作为一个接受照料的个体，尽其所能减轻家人照料负担的例子，十分感人。也提醒我们，多数父母在力所能及的情况下，哪怕已经走到了生命的尽头，也会尽力为子女着想。

人们对照料体验有着不同的感受。说不出有无照料负担或不感觉有负担的被访者人更可能是没有自己亲自参与长辈照顾，如老年夫妻之间相互照顾、不用儿女操心，或者兄弟姐妹较多可稀释负担。也许每个人对同类照料可产生不同的体验。在感觉有照料负担的人群中，其负担多体现在生理照料和经济负担方面。可以预想，随着时代的变化，照料的内容或需求会从基本的温饱型转向更高生活质量的照料，例如分担心理负担或灵性服务需求的逐渐增多。

六 讨论

本文在研究主题上注重临终问题，特别是农村地区老年人的临终照料，将农村地区、而非仅仅是发达地区或大城市中的临终照料带入研究。根据 2010 年第六次人口普查，中国农村老年人口已接近 1 亿人（林宝，2015）。这 1 亿农村老年人晚年的健康状况和生活安排应该进入我们临终照料研究的视野中。讨论临终、去世之前的照料问题与简单的长期照料问题的探讨有所差别。首先是讨论重点的不同，长期照料的讨论重点更多在照料——目的是延长或维持生命。而临终之前照料的讨论更多思考或考察的是老年人"善终"的可能性及做好老年人善终所需基础的准备。其次当然是照料提供时期和长短的差异。临终照料照顾的是更接近生命尽头的个人，相比长期照料有更明显的时间紧迫性和时长浓缩性，因而给照料者的压力更大。最后是研究对象的差异，长期照料研究的对象可以是老年人本人，而临终照料的研究对象多半不可以是老年人，需要通过家人或者其他照料者来回溯老年人去世之前的健康和照料问题。

本研究就是这样一个回溯性研究。调研过程中给被访者一个时间限定，也就是家人去世之前的问题。给出一个时间区间，而且是一个相对短暂的时间，回答者更容易回想和回答相关问题。通过访谈，我们理解了被访村民家中老人去世的原因、家人对疾病类别的解释以及老年人临终前家人照料策略。有相当多的被访者不知道老年人的死亡原因[①]，他们会给出

[①] 相比之下，现在去世的个体对死因问题的回答会更简单一些。因为逝者的家属必须要填写"死亡医学证明书"，这是进行户籍注销、殡葬等人口管理的凭证，由卫生计生、公安、民政部门共同管理。《国家卫生计生委公安部民政部关于进一步规范人口死亡医学证明和信息登记管理工作的通知》，http://www.nhfpc.gov.cn/guihuaxxs/s10741/201401/aadf7c912ca14ccaa28db315487d49a9.shtml，2017-6-30。

一些含糊不清的病因，特别是摔（ka）这一当地群众多提到的原因。针对年龄较大、去世之前较少去医院的去世者，其家人多会给出这样的回答，哪怕老年人当时可能患有一种甚至多种疾病。村民对家人去世原因的自我归类，说明人们已经有了疾病类别的意识，这可能是日常生活中逐步积累健康知识的结果，也可能是人们有能力利用医疗机构或医疗机构诊断的结果。这对分析死亡原因的历史资料有消极的启示，也就是不能用现在的医疗分类标准去解释或推断过去死亡人口的死因。然而这对今后死亡信息的准确性也有积极的含义，因为部分村民已经有了比较准确的现代疾病、死因分类的基础。

当人们离开这个世界时，常常是独自面对未知，过程千差万别。在正常社会生活状态下，任何一个人口中的个体死亡过程一定会有长有短[①]，本调研群体的回答也如此。被调查群体的亲人去世过程短时只有几天，长时则持续几十天甚至几个月不等。这些回答针对的是我们去世时长的询问问题。在这一问题的框架内，人们会回想家人去世的情景，并按他们的推断或标准，而不是根据医学界或学术界临终的评定标准，给出一个去世过程的时间区间。人们对家人逝世过程的详细描述还原了死亡统计数字背后的一个个故事或者情景。尽管这些描述对死亡统计没有过多的意义，但对我们认识家人了解死亡过程、直面亲人的死亡、调整好自身心态这些与临终照料相关问题有积极的作用。以往我们对个体去世过程的细节关注不够，更多考虑的是社会管理的需求，而不是家庭适应的需求。不一样的死亡过程说明死亡是一个比出生更难掌控的生命事件。个人的出生权多掌握在父母手中；而晚年的死亡权只能"掌握"在自己的手中，或者确切地说是掌握在由生物特性构成的自我手中。

至于对临终老人的照料，人们回答的内容主要涉及生活照料（如做饭、送饭）、生理照料（如大小便处理、擦身洗澡）和经济帮助（如购物、看病），与常规的日常生活自理能力或工具性日常生活自理能力指标所考察内容相似。但就这些内容的照料，个体感受差异大。个人经历过的照料过程往往刻骨铭心；经历少的个体感觉到的负担轻一些。凡是老人没有让儿女照料负担过大，儿女们都会有所感觉，认为老年人本人去世没有遭罪，也没有让儿女费心。当老年人去世之前照料需求大时，当地家庭

---

① 在一些非正常的社会环境下，例如战争或自然灾害等，人们的去世过程和时长可能趋同。

主要采用子女轮流照顾的策略。轮养的方式可以是在老年人自己家中由子女轮流上门照顾，或者按周期将老年人接至子女家中进行照料。这是一种家人照料的合作模式，通过合作将照料资源优化使用，共同面对照料挑战。此外，被访者的回答也显示一些流行照料用品，如尿不湿尿片，开始在农村家庭中使用，在方便了老年人生活的同时，也会减轻家人照料的点滴负担。一些家人在回忆起老年人去世之前的生活时，并没有感到太多的"负担"，而是把这种照料或者轮养照顾方式内化，认为这是自然的家庭生活的一个部分，赡养老人理所当然。这种态度也促使当地农村普遍接受和较好地赡养老年人。

本研究较为细致地描述和分析了农村老年人去世相关的一些问题，集中在去世的直接原因、去世过程以及去世之前的照料细节。虽获得了新的知识、有新的解释，但也有一些遗憾。最主要的是受研究准备（包括主题和调研提纲）、研究策略（自然寻找被访者、研究人员分别访谈）以及研究时长（个案访谈时间和在村内调研总时长）的限制，没能将一位位去世者的临终状况全方位地展示出来，例如未能构建去世者家人的亲属网络，找出不同类别的亲人分头询问，从不同的角度考察和分析去世者去世之前的状况，从不同的角度考察个体对临终照料负担的感受和承受程度。老年人去世和临终照料的"故事"讲得还不够细致和生动。这些不足将在未来的研究中予以补充和弥补。但全文所提出和探究的临终照料问题，无论对城市还是农村居民，无论是个体还是社会，都是一个必须面对的问题，特别是老年时期、生命尽头时要面对的问题。

参考文献

郭于华，1998，《不适应的老人》，《读书》第 6 期。
金晓怡，1987，《现代护理学中的一门新分枝——终末护理》，《中华护理杂志》第 7 期。
林宝，2015，《中国农村人口老龄化的趋势、影响与应对》，《西部论坛》第 25 期。
刘晓惠、王凌云、赵洁、郝然、陈小冬、金琳、路琦、赵玉娇、刘春燕、胡宏，2015，《社区晚期癌症患者家属身心副反应的质性研究》，《中国全科医学》第 28 期。
路雪芹、陈传波、魏艳艳、蔡芳芳，2014，《农村老年人对临终关怀认知及接受度》，《中华老年学》第 23 期。
曲壹方，2016，《临终关怀在两性农村老年人眼中的差异——以山东烟台牟平曲村为个案》,《才智》第 24 期。

施永兴、王光荣,2010,《中国城市临终关怀服务现状与政策研究》,上海科技教育出版社。

孙鹃娟、杜鹏,2015,《中国老龄化和老龄事业发展报告 2015》,中国人民大学出版社。

王磊,2015,《农村中老年未婚男性的生活境况与养老意愿分析》,《中国农村观察》第 1 期。

王跃生,2012,《城乡养老中的家庭代际关系研究——以 2010 年七省区调查数据为基础》,《开放时代》第 2 期。

伍小兰,2009,《中国农村老年人口照料现状分析》,《人口学刊》第 6 期。

喻琳,1991,《来自生命最后历程的殷切呼唤 首次全国临终关怀研讨会综述》,《中国医学伦理学》第 3 期。

曾富生、朱启臻、徐莉莉,2010,《农村老年人养老应对能力的现状及其提升路径——基于行动应对视角的调查》,《湖北社会科学》第 11 期。

张弛、王俊俏、胡雁、朱雅萍,2011,《居家老年临终患者家属照顾者照顾感受的质性研究》,《护理学杂志》第 26 期。

张丽辉、王若涛、马骏,1991,《临终病人家属"安乐死"意愿调查》,《中国社会医学》第 1 期。

张文娟,2008,《劳动力外流背景下的中国农村老年人家庭代际支持研究》,中国人口出版社。

周娟、张玲玲,2016,《幸福院是中国农村养老模式好的选择吗?——基于陕西省榆林市 R 区实地调查的分析》,《中国农村观察》第 5 期。

左冬梅、郭晓颖,2014,《农村成年子女对老年父母的临终照料研究》,《西安交通大学学报》(社会科学版)第 34 期。

Anne L Cioppa Sue、Norville Mc Intive,1985,《安息护理》,臧美萍译,《国外医学》(护理分册)第 5 期。

(原载《老龄科学研究》2018 年第 12 期)

城市社区居家养老服务需求及其影响因素[*]

——基于全国性的城市老年人口调查数据

王 琼

摘 要 文章利用中国老龄科学研究中心 2010 年"中国城乡老年人口状况追踪调查"的城市老年人数据,研究城市老年人社区居家养老服务的需求现状及其影响因素,并试图从需求层面探索养老服务产业发展受到限制的原因。研究表明,城市老年人有较高的社区居家养老服务需求,然而需求被满足的程度却较低。影响因素方面,崇尚节俭和为子女着想等传统文化因素确实抑制了老年人的居家养老服务需求;而"未富先老"限制养老服务产业发展却是一个过于笼统的论断,在某些细分产业内,"未富先老"的负面作用并不那么明显。此外,健康状况是老年人对医疗保健和康复护理服务需求的硬约束。儿子和女儿则在为父母提供养老服务方面发挥了不同的作用。

关键词 居家养老服务需求 养老服务产业 传统文化 未富先老

一 引言

尽管受中国独特文化传统的影响,子女在为老年人提供经济保障和照

---

[*] 本文受到国家自然科学基金项目(项目号:71403218)的资助。

护服务等家庭支持方面发挥着重要作用（刘爱玉、杨善华，2000），但经济发展和社会变迁过程中出现的家庭规模缩小、劳动力流动性增强以及家庭亲属联系弱化等因素均在破坏着传统家庭养老模式的基础（Xiaoyan Lei et al.，2012）。在居住安排上三代同住比例下降、与配偶同住比例上升（曲嘉瑶、孙陆军，2011）是家庭养老模式发生变化的重要表现，这意味着依靠子女提供养老支持的传统养老方式难以为继，而同为照护服务需求者的配偶能提供的养老服务又相当有限，因此，以社区为依托的社会化养老服务供给成为解决养老服务问题的必然选择。《国务院关于印发中国老龄事业发展"十二五"规划的通知》指出，要"建立以居家为基础、社区为依托、机构为支撑的养老服务体系，居家养老和社区养老服务网络基本健全"，突出社区在养老服务提供上的重要作用。在人口老龄化快速发展的背景下①，从以政府作为养老服务购买和提供主体的养老服务事业到通过市场配置养老服务资源的养老服务产业的发展思路转变，更意味着社区居家养老服务蕴含着巨大的市场潜力。

在市场潜力巨大的同时，我国养老服务产业发展却举步维艰，难以向前推进。市场供给主体往往将这种困境归因于老年人崇尚节俭和为子女着想进而抑制自身消费等文化因素及中国"未富先老"的无奈现实。然而，事情并非如此简单。研究表明，我国社区养老服务业存在服务对象群体化②、服务内容单一以及服务方式固定等问题（王莉莉，2013），此外，养老服务供给大于需求，而利用率远低于需求的供需矛盾也不容忽视（丁志宏、王莉莉，2011）。这均说明供给与需求不匹配是限制养老服务业发展的一个重要原因。而市场对养老服务需求了解不足进而无法提供适合老年人需求的养老服务则是这一问题出现的直接原因。因此，要发展养老服务产业，为老年人提供符合其需求的养老服务，必须深入分析老年人的居家养老服务需求。同时，作为被广泛认同的影响养老服务需求的两个因素——老年人崇尚节俭、为子女着想等文化因素和"未富先老"的现实是否确实抑制了养老服务需求，还有待实证的检验。

---

① 根据预测，60岁以上的老年人口将从2013年的2.02亿人增长为2050年的4.8亿人（吴玉韶、党俊武，2014）。
② 根据王莉莉（2013）的研究，当前可获得社区居家养老服务的群体主要是生活特别困难的"三无"、"五保"、低收入且生活不能自理的"弱势老年群体"以及家庭经济条件良好且有条件从市场上购买服务的"优势老年群体"。

已有文献研究老年人养老服务需求的影响因素（贾云竹，2002a；田北海、王彩云，2014），但大多基于地区性调查数据，结论的代表性受到限制。此外，还没有文献研究传统文化因素对养老服务需求的影响。本文使用中国老龄科学研究中心 2010 年进行的"中国城乡老年人口状况追踪调查"的城市老年人口数据，研究城市老年人口社区居家养老服务的需求现状及其影响因素，在深入理解养老服务需求影响因素的同时，探索养老服务产业发展受到限制的原因。研究表明：（1）城市老年人有较高的社区居家养老服务需求，然而需求被满足的程度却较低；（2）崇尚节俭和为子女着想等传统文化因素确实抑制了老年人的居家养老服务需求；（3）"未富先老"限制养老服务产业发展是一个过于笼统的论断，在某些细分产业内，"未富先老"的负面作用并不那么明显；（4）健康状况是老年人对医疗保健和康复护理服务需求的硬约束；（5）儿子和女儿在为父母提供养老服务方面发挥了不同的作用。

二 文献综述

已有较多文献尝试研究养老服务需求，但他们大多基于地区性调查数据，通过简单的数据描述方法分析需要各类养老服务的老年人比例或对老年人最需要的养老服务进行排序（周伟文等，2001；贾云竹，2002b；黄少宽，2005；高琳薇，2012；蔡中华等，2013；姜向群、郑研辉，2014）。这些研究有助于了解各地区老年人的服务需求概况，但也存在两个问题：第一，由于各地经济发展水平和文化传统存在差异，对养老服务的需求千差万别，因而基于地区性的调查数据研究结论难以推广到全国，无法全面把握养老服务的实际市场需求；第二，仅简单介绍养老服务需求概况，缺乏对养老服务需求影响因素的分析，不利于为老年人提供有针对性的养老服务。

对于第一个问题，黄艺红和刘海涌（2006）使用他们于 2005 年进行的全国性老年人调查数据，考察城市老年人的健康、精神文化活动等 7 类需求，这些需求包括但不限于养老服务需求，同时，他们还通过简单相关性分析考察了部分需求的可能影响因素。丁志宏和王莉莉（2011）则使用中国老龄科学研究中心 2006 年"中国城乡老年人口状况追踪调查"数据，分析了社区居家养老服务的需求、供给和利用状况，并着重分析了城市与农村，东部、中部与西部在社区居家养老服务的需求、供给和利用方面存在的差异。王莉莉（2013）使用与丁志宏和王莉莉（2011）同样的数据，基于"服务链"理论分析了社区居家养老服务存在供给大于需求而利用率远低于需求等问题的原因。这些研究尽管使用全国性的调查数据，提供了关于养老服务需求水平的信息，但并未对各类养老服务需求的影响因素进行详细分析。

对于第二个问题，已有文献尝试实证分析养老服务需求的影响因素（贾云竹，2002a；田北海、王彩云，2014）。贾云竹（2002a）使用北京市老龄问题研究中心1999年进行的"北京居民生活状况研究"调查数据，考察教育程度、居住类型、性别和月收入等老年人个人特征和家庭特征因素对社区助老服务需求的影响。其中，社区助老服务需求是对入户护理、入户家务料理、日间照料服务、陪同看病、送饭上门服务、陪老年人念书报聊天、老年人饭桌和协助日常购物等8项内容的综合需求，只要具有其中至少一项需求，则认为存在社区助老服务需求，并未对不同服务需求进行区别对待。

田北海和王彩云（2014）则基于2013年湖北省3个城市的调查数据，从身体机能、家庭结构、经济社会地位和当前养老方式等因素入手，考察其对城乡居民社会养老服务需求水平的影响。其中社会养老服务需求水平为4类31个社会养老服务需求水平的算术平均数。每项需求水平分为不需要、不太需要、一般、较需要和很需要5个等级，取值分别为1~5。社会养老服务需求的总体水平平均为2.1，介于不太需要和一般需要之间，需求水平较低。

尽管这两项研究实证分析了养老服务需求的影响因素，但一方面，二者均基于地区性的调查数据，其结论的代表性有待商榷；另一方面，两项研究均使用综合养老服务需求指标，不对养老服务需求进行区别对待，忽视了不同养老服务的本质差异。田北海和王彩云（2014）对养老服务需求的分级和加总方式值得商榷。在实际的市场结果中，不需要和不太需要可能都表现为没有养老服务需求，但在实证分析中，由于二者取值的差异，不需要到不太需要是需求水平的增加，与从一般到比较需要之间的增长意义相同，后者在市场表现上却有着实质性变化。因此，田北海和王彩云（2014）在实证分析中使用的养老服务需求指标存在一定的问题。

最后，目前还没有文献实证分析老年人消费观念等文化因素对其养老服务需求的影响。崇尚节俭的文化传统通常被认为是导致中国居民高储蓄或低消费倾向的重要原因（方福前，2009），受文化传统影响更深的老年人的消费行为更是如此。与老年人消费相关的一个共识是，老年人较为保守和节俭的消费观念是导致老年人消费不足的一个重要原因（何纪周，2004；郑红娥，2006）。此外，为子女着想进而抑制个人消费也被认为是老年人消费的一个重要特征。这些成为老年人养老服务需求不足和养老服务产业发展裹足不前的一个老生常谈的理由。但是，这一论断大多停留在理论分析上，对其进行实证研究的文献几乎没有。

本文基于中国老龄科学研究中心 2010 年进行的"中国城乡老年人口状况追踪调查"的城市老年人口数据，研究城市老年人口社区居家养老服务的需求现状及其影响因素。与已有研究相比，本文分析了 8 项社区养老服务需求的影响因素。与已有文献使用养老服务需求的综合指标不同，考虑到不同养老服务需求的本质差异，本文对不同的养老服务需求进行区别对待，分别研究 8 项养老服务需求的影响因素。根据《社会养老服务体系建设规划（2011—2015）》，居家养老服务涵盖生活照料、家政服务、康复护理、医疗保健、精神慰藉、法律服务等。结合数据的可得性，本文分析了包括上门看病、陪同看病、上门护理、康复治疗、聊天解闷、老年人服务热线、法律援助、帮助日常购物在内的 8 项社区居家养老服务需求及其影响因素。这八项涉及养老服务的不同方面，因而可以提供关于养老服务需求的较为全面的信息。

三 社区居家养老服务的需求、供给和使用

本文使用的数据来自中国老龄科学研究中心 2010 年进行的"中国城乡老年人口状况追踪调查"。这是一项针对 60 岁及以上城乡老年人的调查，覆盖全国 20 个省份 80 个城市[①]。郭平（2013）对调查的抽样方法、数据评估和样本的权重计算进行了详细的介绍。本文使用其中的城市老年人口数据[②]，共 9229 个样本。

根据《社会养老服务体系建设规划（2011—2015）》，居家养老服务

---

① 调查省份包括北京、山西、上海、黑龙江、陕西、辽宁、江苏、浙江、湖北、四川、云南、广东、福建、湖南、安徽、河北、山东、河南、广西和新疆。
② 根据丁志宏和王莉莉（2011）的研究，城乡老年人对社区居家养老服务需求存在显著的差异，受文章篇幅所限，本文仅针对城市老年人进行分析。

涵盖生活照料、家政服务、康复护理、医疗保健、精神慰藉、法律服务等。"中国城乡老年人口状况追踪调查"询问了11项社区养老服务的供给、需求和利用情况，包括上门看病、陪同看病、上门护理、康复治疗、聊天解闷、老年人服务热线、法律援助、帮助日常购物、上门做家务、老年饭桌或送饭以及日托站或托老所等，其中后3项缺失值过多[①]，因此，本文将研究的服务项目限定为前8项。其中前4项是关于医疗保健和康复护理相关的服务，聊天解闷和老年人服务热线是精神慰藉方面的服务，法律援助是法律服务，而帮助日常购物则是生活照料方面的服务。为了尽可能多地使用调查信息，本文并未统一各项养老服务需求的样本，因而不同的养老服务类别涉及的样本数量不同，这8项服务的样本缺失比例均较低，由于数据缺失带来样本选择问题的可能性较小。

表1列出了经过加权后的8项居家养老服务的需求、供给和利用情况，并给出了有需求条件下各类居家养老服务的利用率。如果老年人回答当地有该项服务则认为存在该项服务的供给，回答需要该项服务则认为有该项服务的需求，利用率为回答使用过该项养老服务的老年人比例，而有需求的利用率则是在有某项养老服务需求的条件下又使用了该项服务的老年人比例。显然有需求的利用率更能体现需求的满足程度。

表1 各项居家养老服务的需求、供给和利用情况

单位：%

服务项目	需求	供给	利用率	有需求的利用率
上门看病	30.92	46.96	6.01	12.86
陪同看病	17.51	16.91	0.86	4.36
上门护理	22.67	37.83	0.46	5.31
康复治疗	24.11	33.51	2.45	5.38
聊天解闷	17.86	23.76	1.82	6.50
服务热线	25.44	30.49	1.51	4.11
法律援助	26.75	54.07	1.43	4.76
日常购物	14.76	18.81	0.45	2.38

注：此处的供给和需求指回答有供给和需求的老年人的比例。各项居家养老服务的供给、需求和利用率均为加权以后的结果。各项服务使用的样本为后面用于实证分析的样本，具体的样本数量参见表3。

① 其中上门做家务的非缺失样本最多，为2599个，但缺失样本的比例仍达到71.8%。老年饭桌或送饭和日托站或托老所的样本缺失数更大。

从表1可以看出，除了陪同看病以外，其余7项居家养老服务均存在供给大于需求的情况，这与丁志宏和王莉莉（2011）使用2006年数据得出的结论基本一致[①]。至少有其中一项需求的老年人占比达到45.58%，大幅超过任何一项需求的比例。由此可见，总体而言，老年人对居家养老服务有较高的需求，但对不同养老服务需求的差异性较大。从服务分项来看，上门看病的需求最高，其次是法律援助、老年人服务热线、康复治疗和上门护理，而帮助日常购物、陪同看病和聊天解闷的需求则相对较低，不足20%。经过政府努力和市场对老龄化的快速反应，部分社区居家养老服务已经有了一定规模的供给，回答当地有法律援助和上门看病的老年人接近或超过50%，而回答当地有陪同看病和帮助日常购物等服务的老年人比例则不足20%。

尽管老年人对各项居家养老服务有一定的需求，但使用过这些服务的老年人比例却很低。除了使用过上门看病服务的老年人比例相对较高，达到6.01%以外，其他居家养老服务的利用率均不足2.5%。这一结果从需求的满足程度看来更为直观。有需求的利用率均较低，除了12.86%的上门看病服务需求被满足以外，其他养老服务需求被满足的程度均不足7%。

老年人对居家养老服务的需求较高，可见居家养老服务市场前景广阔。较高的供给表明当前居家养老服务已经得到一定程度的发展。然而，在供给较高的情况下，需求的满足程度却较低，当前提供的养老服务与需求不相适应可能是出现这一问题的重要原因。因此，有必要对居家养老服务需求的影响因素进行详尽地分析，帮助市场了解养老服务需求的目标群体，以便提供有针对性的居家养老服务。

四 社区居家养老服务需求的影响因素

由于衰老和疾病等因素导致的日常生活功能或身体机能受损是老年人

---

① 由于供给是回答当地有该项服务的老年人比例，但可能存在当地有该项服务而老年人不了解的情况，因此，这里的供给概念可能会低估实际的养老服务供给。然而，基于不了解的养老服务提供不能形成实际供给的思路，这样设定的供给是有意义的。此外，需要说明的是，丁志宏和王莉莉（2011）使用的是2006年的调查数据，而本文使用2010年的调查数据，因而在各项养老服务需求的具体数值上有所差异。

有别于年轻人的重要特征，也是养老服务需求产生的根源。因此，老年人的居家养老服务需求多与老年人的特殊身体特征相关。家庭是养老服务的一个重要提供方，因而家庭因素也影响着养老服务的市场需求。此外，影响一般消费需求的其他因素包括社会经济地位以及文化等，也是老年人养老服务需求的重要影响因素。综合现有关于老年人养老服务需求影响因素的研究，本文将老年人社区居家养老服务需求的影响因素分为身体机能、文化因素、经济社会地位和家庭因素等。

1. 变量选取和描述性统计

（1）身体机能是影响老年人居家养老服务需求的硬性指标。生活自理能力和年龄是衡量老年人身体机能的两个典型指标。其中，生活自理能力常用于衡量老年人的身体状况，通过 WHO 提出的日常生活活动能力量表（activities of daily living, ADL）进行评定。ADL 量表分为基本日常生活活动量表（basic ADL, BADL）和工具性日常生活活动量表（instrumental ADL, IADL）。在调查中，前者主要包括吃饭、穿衣、上厕所、上下床、洗澡和在室内走动等 6 项，后者包括扫地、日常购物、做饭、洗衣、提起 20 斤重物、管理个人财务、步行 3~4 里、上下楼梯、使用电话和乘坐公交车等 10 项。老年人被询问做每一项活动的困难程度——不费力、有些困难和做不了。任何一项活动如果老年人不能自己完成均意味着需要依赖他人的照料。借鉴汤哲和项曼君（2003）的评定方法，BADL 中有 3 项及以上活动做不了，被认为有重度依赖，有一项或两项活动做不了为中度依赖，而 IADL 中有一项及以上活动无法完成，则被认为有轻度依赖。数据显示，具有轻度、中度和重度依赖的老年人比例分别为 22.6%、3.47% 和 2.06%，没有依赖的老年人占比 71.87%。依赖程度越高，老年人对居家养老服务的需求可能越强烈。

年龄也在一定程度上度量了老年人的身体状况。年龄越大，身体机能衰老的可能性越大，进而越可能构成对居家养老服务的需求。本文将老年人的年龄分为 5 段，分别为 60~64 岁、65~69 岁、70~74 岁、75~79 岁和 80 岁及以上，各年龄段老年人所占比例分别为 17.56%、21.78%、27.02%、19.99% 和 13.65%。

（2）文化因素的影响。崇尚节俭和为子女着想是影响老年人养老服务需求的两个重要文化因素，二者均可能降低养老服务需求。"中国城乡老年人口状况追踪调查"询问了老年人在每月给其 100 元现金补助的条件下对该笔补助的使用方式。选项中包括买食物、买衣服、买药、娱乐、给子孙、给亲友买礼物、买日用品、请小时工、储蓄、还欠款、旅游和其他等12项。如果老年人首选将该笔补助用于储蓄，则可以认为该老年人更崇尚节俭，同理，如果老年人首选的使用方式是给子孙，则认为该老年人更为子女着想[①]。从数据来看，10.11%的老年人首选将补助用于储蓄，4.51%的老年人首选将补助给子孙，可见节俭和为子女着想的文化传统仍然对老年人有重要影响。

（3）经济社会地位的影响。需求由购买能力和购买意愿两方面构成，没有购买能力的需要并不能构成需求[②]，因此，经济状况是影响养老服务需求的重要因素。未富先老是中国老龄化的显著特征，因而经济条件较差被认为是老年人总体消费能力较低的重要原因。对于单个老年人而言，如果其经济状况较好，对养老服务的需求也会相应提升。社会地位则往往附带着相关的福利，在医疗保障方面更是如此。中国的医疗保障水平与职务级别挂钩，在可以享受国家提供的正规医疗保障条件下，级别较高的老年人可能会降低医疗方面的社区居家养老服务需求。本文使用年收入、是否有养老存款、拥有的房产数量、是否是干部、是否是党员、退休前工作单位性质和受教育水平衡量老年人的经济社会地位。其中年收入代表收入流量，而房产数量和养老存款则衡量资产和收入存量。

城市老年人的平均年收入为20140元，单个老年人平均拥有的房产数量为0.88套，同时，40.46%的城市老年人有为自己的老年生活储备存款。城市老年人中，党员的比例为33.18%，干部的比例则为34.94%。工作单位性质方面，退休前在机关事业单位或部队工作的城市老年人比例为22.45%，国有企业员工比例为40.77%，集体企业的比例为14.03%，外资和私有企业的比例为1.22%，其他单位或从未有过工作经历的城市老年人比例为21.53%。

田北海和王彩云（2014）指出，文化程度较高的老年人更易于接受

---

① 由于需要与买食物、买衣服等日常需求相比较，因而本文对节俭和为子女着想的度量存在一定程度的低估。但如果本文得到的结论是节俭和为子女着想对老年人的居家养老服务需求有抑制效应，则这种低估更会加强本文的结论。

② 由于大多数居家养老服务需要付费，因此，老年人在考虑是否需要该项服务时会将自身经济条件考虑在内，在这个意义上，询问老年人是否需要某项居家养老服务可以一定程度上衡量老年人对该服务的需求，这也是本文使用这一变量作为需求度量指标的重要原因。

社会养老的新型养老方式，因而对养老服务的需求也较高。通过计算，未接受过正规教育的城市老年人比例为11.99%，小学、初中、高中和大专及以上的比例则分别为31.94%、30.36%、16.87%和8.84%。

（4）家庭因素的影响。衡量家庭因素的变量包括儿子数量、女儿数量、居住安排和子女孝顺程度。子女是家庭养老支持的主要提供者，同时，儿子和女儿在家庭养老服务提供中充当的角色存在差异，因而有必要将儿子和子女数量分开分析。城市老年人的平均儿子数量为1.4963个，女儿数量为1.4008个。

在居住方式上，由于子女可能替代市场为老年人提供养老服务，因而与子女居住可能会降低对社区居家养老服务的需求。与父母同住还需要承担服务提供者的角色，进而影响自身的养老服务需求。配偶是除子女以外生活照料的提供者和精神慰藉的来源，因此，婚姻状况以及是否与配偶同住也可能是养老服务需求的影响因素。本文将居住安排与婚姻状况结合起来，具体而言，居住安排分为5类，分别为独居、只与配偶同住、与父母同住、与小辈同住但不与父母同住、与其他人同住但不与父母同住[①]，所占比例分别为8.98%、47.96%、2.49%、36.59%和3.97%。由此可见，独居和只与配偶居住的比例超过了与小辈同住的比例，依靠子女的传统家庭养老模式已难以适应当前的居住方式。

子女的孝顺程度对老年人社区居家养老服务需求的影响可能是双面的。孝顺的子女可能选择亲自为父母提供养老服务，也可能通过提供经济支持的方式在市场上为老年人购买更优质的养老服务，因而子女孝顺程度对老年人养老服务需求的影响是不确定的。认为子女很孝顺、比较孝顺、一般孝顺、比较不孝顺和很不孝顺的城市老年人比例分别为45.07%、40.36%、13.60%、0.79%和0.18%。可见孝道传统仍然在中国城市地区发挥着重要作用。

此外，本文还考察了社会活动参与意愿、性别和地区差异对老年人养老服务需求的影响。社会活动参与意愿高的老年人，对市场提供养老服务的接受程度也可能更高。愿意参加社区组织的老年人活动的城市老年人比例为73.33%。不同性别的老年人对居家养老服务需求可能存在差异，调查样本中男性老年人占比为54.39%。省份变量则衡量了区域文化和经济

---

① 与小辈同住指与子女或孙子女同住。

发展水平差异等因素对老年人养老服务需求的影响①。表 2 是变量的简单描述性统计。

表 2 变量的简单描述性统计

变量	均值	方差
身体机能		
日常活动依赖程度		
没有依赖（参照组）	0.7187	0.0106
轻度依赖	0.2260	0.0098
中度依赖	0.0347	0.0035
重度依赖	0.0206	0.0032
年龄		
60~64 岁（参照组）	0.1756	0.0107
65~69 岁	0.2178	0.0107
70~74 岁	0.2702	0.0115
75~79 岁	0.1999	0.0093
80 岁及以上	0.1365	0.0073
文化因素		
崇尚节俭	0.1011	0.0078
为子女着想	0.0451	0.0054
经济社会地位		
年收入（千元）	20.140	0.388
是否有养老存款（有=1）	0.4046	0.0124
房子数量（套）	0.8808	0.0140
党员	0.3318	0.0118
干部	0.3494	0.0124
工作单位性质		
机关事业单位及部队（参照组）	0.2245	0.0123
国有企业	0.4077	0.0119
集体企业	0.1403	0.0081
外资和私有企业	0.0122	0.0027
其他单位	0.2153	0.0106

---

① 受篇幅所限，城市老年人的省份分布在此略过，有兴趣的读者可以向作者索要。

续表

变量	均值	方差
文化程度		
未受过正规教育（参照组）	0.1199	0.0064
小学	0.3194	0.0118
初中	0.3036	0.0118
中专或高中	0.1687	0.0108
大专及以上	0.0884	0.0061
家庭因素		
儿子数量	1.4963	0.0255
女儿数量	1.4008	0.0302
居住方式		
独居（参照组）	0.0898	0.0057
只与配偶同住	0.4796	0.0127
与父母同住	0.0249	0.0049
与小辈同住	0.3659	0.0122
与其他人同住	0.0397	0.0051
子女孝顺程度		
很孝顺（参照组）	0.4507	0.0125
比较孝顺	0.4036	0.0125
一般孝顺	0.136	0.0090
比较不孝顺	0.0079	0.0018
很不孝顺	0.0018	0.0005
其他因素		
社会活动参与意愿	0.7333	0.0125
男性	0.5439	0.0125
样本	8791	

2. 社区居家养老服务需求影响因素的实证分析

由于社区居家养老服务的异质性，不同养老服务需求的影响因素可能存在差异，这也是为什么需要针对具体的养老服务需求进行实证分析。本文对居家养老服务需求的定义为老年人是否需要某项服务，这是二元选择变量，对该项服务有需求取值为 1，否则为 0，因此，实证分析部分使用加权 logit 模型估计八项社区居家养老服务需求的影响因素。表 3 是对 8 项社区居家养老服务需求的估计结果。

表 3 社区居家养老服务需求的 logit 估计结果（边际效应）

	（1）上门看病	（2）陪同看病	（3）上门护理	（4）康复治疗	（5）聊天解闷	（6）服务热线	（7）法律援助	（8）日常购物
身体机能								
日常活动依赖程度								
轻度依赖	0.0958***(0.0282)	0.0379(0.0235)	0.0593**(0.0252)	0.0393(0.0277)	0.0444**(0.0228)	0.0662**(0.0274)	-0.0041(0.026)	0.0226(0.0208)
中度依赖	0.1005*(0.055)	0.0788*(0.047)	0.1024*(0.0552)	0.1058*(0.0561)	0.0224(0.0378)	0.1497***(0.0572)	0.05(0.0515)	0.1078**(0.0497)
重度依赖	0.3038***(0.0817)	0.0824(0.0602)	0.255***(0.0874)	0.1441*(0.0838)	0.0076(0.0528)	-0.0863**(0.04)	0.0409(0.078)	0.0417(0.053)
年龄								
65~69 岁	0.029(0.0465)	0.0323(0.0352)	0.036(0.0426)	0.0165(0.0415)	0.0608*(0.0361)	0.059(0.0429)	0.0302(0.0425)	0.0498(0.0341)
70~74 岁	0.0365(0.0459)	0.0897***(0.0346)	0.0941**(0.0417)	0.0409(0.0395)	0.0825**(0.034)	0.018(0.0396)	0.0071(0.0396)	0.0907***(0.0333)
75~79 岁	0.0577(0.0475)	0.0990**(0.0396)	0.0814*(0.0436)	0.0866*(0.0458)	0.1172***(0.0375)	0.0869**(0.0442)	0.0403(0.043)	0.1149***(0.0391)
80 岁及以上	0.0901*(0.0542)	0.1413***(0.052)	0.1044***(0.052)	0.0583(0.0484)	0.1479***(0.0488)	0.1014*(0.0523)	0.0047(0.0464)	0.1346***(0.0506)

续表

	（1）上门看病	（2）陪同看病	（3）上门护理	（4）康复治疗	（5）聊天解闷	（6）服务热线	（7）法律援助	（8）日常购物
文化因素								
崇尚节俭	-0.1047*** (0.0373)	-0.0841*** (0.0213)	-0.0785*** (0.0300)	-0.1006*** (0.0308)	-0.0093 (0.0349)	-0.1263*** (0.0250)	-0.1387*** (0.0261)	-0.0723*** (0.0191)
为子女着想	-0.0840** (0.0408)	-0.09568*** (0.0200)	-0.1120*** (0.0285)	-0.0984*** (0.0335)	-0.0913*** (0.0221)	-0.0622* (0.0354)	-0.0488 (0.0441)	-0.04838* (0.0231)
经济社会地位								
年收入	0.0018* (0.0009)	-0.0004 (0.0007)	0.0019*** (0.0008)	0.0010 (0.0008)	0.0017** (0.0007)	0.0004 (0.0008)	0.0004 (0.0009)	0.0003 (0.0006)
有养老存款	0.0411 (0.0258)	0.0316 (0.0197)	0.0103 (0.0221)	-0.0124 (0.0241)	0.0189 (0.0199)	0.015 (0.0225)	-0.0062 (0.0241)	0.0111 (0.0173)
房子数量	0.0132 (0.0224)	0.0257 (0.0158)	0.0176 (0.0175)	0.0015 (0.0202)	0.0318* (0.0165)	0.0146 (0.0200)	0.0034 (0.0219)	0.0309** (0.0144)
党员	-0.0263 (0.0315)	-0.0309 (0.0225)	-0.0134 (0.0262)	-0.0183 (0.0281)	-0.0243 (0.0236)	0.0076 (0.0266)	-0.0200 (0.0289)	-0.0133 (0.0192)
干部	-0.0066 (0.0357)	-0.0538** (0.0229)	-0.0637** (0.0251)	-0.0787*** (0.0263)	-0.0289 (0.0218)	-0.1062*** (0.0276)	-0.0469 (0.0309)	-0.0519** (0.0207)

续表

	（1）上门看病	（2）陪同看病	（3）上门护理	（4）康复治疗	（5）聊天解闷	（6）服务热线	（7）法律援助	（8）日常购物
工作单位性质								
国有企业	-0.0056 (0.0353)	-0.0338 (0.0236)	-0.0538** (0.0273)	-0.0821*** (0.0286)	-0.0034 (0.0249)	-0.0439 (0.0300)	-0.0074 (0.0341)	-0.0214 (0.0223)
集体企业	-0.002 (0.0448)	-0.0042 (0.0318)	-0.0489 (0.0336)	-0.0749** (0.0324)	0.0335 (0.0372)	-0.0849*** (0.0316)	-0.0284 (0.0437)	0.0026 (0.0320)
外资和私有企业	-0.0069 (0.1183)	-0.0095 (0.0818)	-0.0014 (0.1066)	-0.0593 (0.0953)	0.072 (0.1233)	-0.1052* (0.0594)	-0.1287** (0.0616)	-0.0802** (0.0321)
其他单位	0.0923* (0.0503)	-0.0331 (0.0321)	0.0184 (0.0394)	0.0155 (0.0414)	0.0622* (0.0374)	0.0038 (0.0462)	0.0737 (0.0480)	-0.011 (0.0331)
文化程度								
小学	-0.0172 (0.0336)	-0.0011 (0.0254)	-0.0227 (0.0279)	0.0710** (0.0350)	-0.0170 (0.0240)	0.0453 (0.0349)	0.0389 (0.0334)	0.0091 (0.0235)
初中	-0.0733* (0.0380)	0.0057 (0.0303)	-0.0359 (0.0324)	0.0625 (0.0407)	-0.0028 (0.0299)	0.0387 (0.0399)	-0.0097 (0.0382)	-0.0022 (0.0276)
中专或高中	-0.092** (0.0434)	0.0321 (0.0400)	-0.0192 (0.0377)	0.1194** (0.0547)	0.0142 (0.0352)	0.0652 (0.0513)	0.0447 (0.0509)	0.0443 (0.0390)
大专及以上	-0.0914* (0.0476)	-0.0237 (0.0372)	-0.0513 (0.0384)	-0.024 (0.0493)	-0.0592* (0.0317)	0.0365 (0.0571)	-0.0518 (0.0480)	-0.0177 (0.0346)

续表

	（1）上门看病	（2）陪同看病	（3）上门护理	（4）康复治疗	（5）聊天解闷	（6）服务热线	（7）法律援助	（8）日常购物
家庭因素								
儿子数量	0.0157 (0.0121)	−0.0011 (0.0098)	−0.0015 (0.0102)	0.0079 (0.0114)	−0.0041 (0.0093)	0.0111 (0.0113)	0.0193* (0.0117)	−0.0148* (0.0089)
女儿数量	−0.0017 (0.0121)	−0.0102 (0.0095)	−0.0048 (0.0098)	−0.0125 (0.0107)	−0.0185** (0.0085)	−0.0033 (0.0116)	−0.0021 (0.0111)	−0.0121 (0.0093)
居住方式								
只与配偶同住	0.0702* (0.0368)	−0.0046 (0.0286)	0.0467 (0.0317)	0.0067 (0.0334)	−0.0266 (0.0283)	0.0476 (0.0367)	0.0385 (0.0351)	−0.0038 (0.0257)
与父母同住	0.2608** (0.1185)	0.1282 (0.1166)	0.2466** (0.1116)	0.2088* (0.1113)	0.0794 (0.1083)	0.3744*** (0.1142)	0.3010*** (0.1098)	0.1190 (0.1117)
与小辈同住	0.0110 (0.0358)	−0.0357 (0.0272)	−0.0309 (0.0290)	−0.0247 (0.0326)	−0.0399 (0.0262)	0.0406 (0.0374)	0.0140 (0.0346)	−0.0330 (0.0240)
与其他人同住	0.0397 (0.0696)	−0.0282 (0.0423)	0.0055 (0.0536)	−0.0023 (0.0583)	0.0131 (0.0510)	0.0528 (0.0696)	0.0331 (0.0681)	0.0073 (0.0454)
子女孝顺程度								
比较孝顺	0.0612** (0.0271)	−0.0106 (0.0194)	0.0333 (0.0238)	0.0311 (0.0254)	0.0113 (0.0197)	0.0318 (0.0245)	0.0609** (0.0260)	0.0146 (0.0179)

城市社区居家养老服务需求及其影响因素

续表

	（1）上门看病	（2）陪同看病	（3）上门护理	（4）康复治疗	（5）聊天解闷	（6）服务热线	（7）法律援助	（8）日常购物
一般孝顺	0.0645 (0.0417)	0.0479 (0.0316)	0.0590* (0.0331)	0.0325 (0.0345)	0.0108 (0.0270)	0.029 (0.0381)	0.0598 (0.0372)	0.0382 (0.0312)
比较不孝顺	0.3793*** (0.1157)	−0.0709 (0.0452)	0.0192 (0.0774)	0.4261*** (0.1247)	0.0535 (0.1069)	0.3723*** (0.1119)	−0.0247 (0.0747)	−0.0182 (0.058)
很不孝顺	0.0004 (0.1571)	−0.0995*** (0.0357)	−0.0759 (0.0709)	−0.0429 (0.1030)	−0.1338*** (0.0222)	0.0267 (0.1824)	0.0815 (0.1767)	−0.0722* (0.0373)
其他因素								
社会活动参与意愿	0.0280 (0.0266)	0.0102 (0.0212)	0.0306 (0.0225)	0.0559** (0.0255)	0.0308 (0.0199)	0.0692*** (0.0238)	0.0776*** (0.0252)	0.0198 (0.0190)
男性	0.0296 (0.0258)	0.0194 (0.0187)	0.0408* (0.0220)	0.0108 (0.0235)	0.0173 (0.0184)	−0.0173 (0.0233)	0.0451* (0.0238)	0.0138 (0.0169)
省份固定效应	有	有	有	有	有	有	有	有
样本	8514	8131	8517	8515	8518	8130	8515	8130
预测值	0.0288	0.1485	0.1949	0.2108	0.1605	0.2277	0.2392	0.1275
正确预测率（%）	70.19	83.31	76.87	77.84	81.45	75.62	75.54	84.94

注：括号中数值为稳健标准误。***、**、*分别表示在1%、5%和10%的显著性水平下显著。报告的估计结果为边际效应而非估计系数。预测值为对各项需求的预测概率。模型最低的正确预测概率超过70%，可见模型拟合程度较高。

根据多重共线性检验结果，只有与配偶居住和收入两个变量的方差膨胀因子超过5，分别为6.15和5.18，远小于临界值10，其他变量的相应数值均小于5。平均的方差膨胀因子也较低，为2.4，因而多重共线性的可能性较小。同时，8项居家养老服务影响因素估计的正确预测率均超过70%，模型拟合程度较高。

从表3的估计结果可以看出，第一，在上门看病、陪同看病、上门护理和康复治疗等医疗保健和康复护理相关的需求方面，生活自理能力越差的老年人，有这方面养老服务需求的概率也越高，说明身体状况是形成医疗保健和康复护理需求的硬性约束条件。年龄的估计结果也侧面印证了这一结论。70岁以下的老年人对医疗保健和康复护理的需求没有显著差异，而75岁以上老年人对该类养老服务的需求明显增加，主要是因为，随着年龄增长，身体机能衰退的可能性也逐渐增加。除了法律援助以外，年龄增长对聊天解闷、服务热线和日常购物需求的影响机制也与医疗保健和康复护理需求一致。

然而，老年人健康状况的直接度量指标——自理能力对医疗保健和康复护理以外的需求的影响则有所不同。由于活动能力受限，重度依赖直接限制了该类老年人对其他养老服务的需求。对于服务热线和日常购物需求，除了重度依赖以外，老年人依赖程度越高，对这两项需求越强烈。而聊天解闷需求方面，相对其他自理水平而言，只有轻度依赖的老年人对这项服务有更高的需求。不同于其他日常养老服务，法律援助服务仅在与法律相关的某些特殊事件上发生，因而身体机能对这项服务的需求没有直接的影响。

第二，与预期一致，崇尚节俭和为子女着想等传统文化因素对8项养老服务需求均有显著的负向影响，这为当前中国养老服务产业发展举步维艰的现状提供了一个重要的实证解释。但这并不意味着养老服务产业的发展前景是悲观的。根据郑红娥（2006），年轻人与老年人的消费观念有着较为明显的差异，年轻人的节俭观念并没有那么根深蒂固。如果传统文化因素在老年人中根深蒂固，无法在短期内发生变化，那么随着新一代年轻人进入老年时期，节俭等传统文化因素对养老服务产业的抑制作用可能会进一步削弱。

第三，收入等经济因素对不同养老服务需求的影响存在差异。从估计结果来看，收入仅对其中的某些养老服务需求有显著的影响，这些养老服务包括上门看病、上门护理和聊天解闷3项，对于其他5项养老服务需求，收入的影响并不显著。同时，房子数量仅对聊天解闷和日常购物有显著的正向影响，而是否有养老存款则对 8 项养老服务需求的影响均不显著。这也说明，"未富先老"限制养老服务产业发展是一个过于笼统的论断，在某些细分产业内，"未富先老"的负面作用并不那么明显。贾云竹（2002a）及田北海和王彩云（2014）的研究也侧面论证了本文的结论，他们的研究表明收入对总体养老服务需求的影响并不显著。

第四，社会地位本身附带着相关的福利，从而社会地位较高的老年人对养老服务的市场需求也相对较低。除了上门看病、聊天解闷和法律援助需求以外，有干部身份的老年人对其他养老服务需求的比例均显著低于非干部身份的老年人。而在控制其他因素之后，是否是党员对养老服务需求没有显著的影响。

对于退休前就业单位性质的影响而言，相对于在企业工作的老年人，退休前在机关事业单位工作的老年人对养老服务的需求更高，这与贾云竹（2002a）的估计结果基本一致，即在机关事业单位工作的老年人眼界更开阔，对从市场上获得养老服务供给的接受程度更高。

受教育水平的差异仅对上门看病、康复治疗和聊天解闷服务需求有显著影响。受教育水平较高的老年人对上门看病的需求反而较低，原因是这部分老年人可能通过更多的渠道获得在医院就医的机会，从而减少上门看病的需求。受教育水平对康复治疗需求的影响则与之相反，总体上受教育水平较高的老年人，对康复护理知识的了解也更多，从而对这方面的需求也相对较高，不过大专及以上教育水平的老年人对康复护理的需求与未接受正规教育的老年人在统计上没有显著的差异。对于聊天解闷服务而言，大专及以上受教育水平的老年人此类需求相对较低，可能是因为接受过高等教育的老年人有更多的途径丰富个人生活。

第五，子女数量仅对聊天解闷、法律援助和日常购物等服务有显著影响，且儿子和女儿在其中的作用存在差异。女儿充当为老年人聊天解闷的角色，而儿子则更多地承担日常照料的工作。此外，儿子数量较多也可能带来财产分配不均、照料服务提供的推诿等问题，增加老年人与子女的矛盾，从而提高老年人的法律服务需求。

第六，不同的居住方式对养老服务需求的影响存在差异。除了上门看病以外，与独居相比，和配偶同住的居住安排对其他养老服务需求的影响并不显著。尽管从理论上看，配偶是精神慰藉服务的一个重要提供者，与配偶同住的老年人对聊天解闷的需求相对较低，但这种差异在统计上并不显著。与配偶同住的老年人对上门看病的需求更高，可能是因为同为老年人的配偶叠加了这种需求，这也是与父母同住的老年人对养老服务需求较高的一个重要原因。与父母同住的老年人，在上门看病、上门护理、康复治疗、服务热线和法律援助方面的需求都较独居的老年人要高。由于老年人的父母年纪更大，衰老和自理能力弱的程度更高，从而对各项养老服务的市场需求也较大。

有意思的是，尽管从估计系数来看，与独居相比，与小辈同住的老年人在陪同看病、上门护理、康复治疗、聊天解闷和日常购物方面的需求更低，而在上门看病、服务热线和法律援助方面的需求更高，与直觉相一致，但这些估计系数在统计上均不显著。这可能预示着，在城市地区，养老方式在逐渐向社会养老转化。

子女的孝顺程度也对老年人的社区养老服务需求有一定的影响。与认为子女很孝顺的老年人相比，认为子女孝顺程度较低，如比较孝顺和比较不孝顺的老年人[①]，对上门看病、康复治疗、服务热线和法律援助方面的需求也更高。这表明，子女孝顺程度降低更可能促使老年人寻求社会化养老方式解决养老问题，增加老年人对市场养老服务的需求。

最后，社会活动参与意愿对各项养老服务需求影响的估计系数均为正，但只在康复治疗、老年人服务热线和法律援助几种服务需求上显著。养老服务需求的性别差异较小，男性老年人仅在上门护理和法律援助两项养老服务上较女性老年人有更高的需求。此外，养老服务需求存在地区差异，因此，在构建居家养老服务市场时，需要因地制宜，考虑该地区的老年人特征及其实际需求，这也侧面说明使用地区数据分析居家养老服务需求状况和影响因素所得到的结论是有局限性的。

总体而言，不同类型居家养老服务需求的影响因素存在显著的差异，因而需要针对各项居家养老服务需求进行分析。

五 结论和进一步讨论

随着经济发展和社会变迁，传统的家庭养老模式难以为继，未来将以

---

① 由于比较不孝顺的样本比例较低，为 0.0018，只有不到 16 个样本，因此，比较不孝顺这个变量的估计结果较容易受极端值的影响，使估计结果出现异常。

社区居家养老为主，这也意味着社区居家养老服务有着广阔的市场前景。了解老年人的居家养老服务需求，不仅有利于养老服务市场的培育和发展，也有利于老年人获得适合其需求的养老服务，提高老年人的生活水平。使用中国老龄科学研究中心2010年进行的"中国城乡老年人口状况追踪调查"的城市老年人口数据，本文研究了城市老年人的社区居家养老服务需求及其影响因素，得到了一些有趣的结论。

在考察的8项社区居家养老服务中，至少有其中一项需求的老年人占比达到45.58%，可见老年人对社区居家养老服务有较高的需求。其中，上门看病的需求最高，其次是法律援助、老年人服务热线、康复治疗和上门护理，而帮助日常购物、陪同看病和聊天解闷的需求则相对较低。经过一段时间的发展，社区居家养老服务供给已经有了一定的规模，但实际使用这些居家养老服务的老年人比例很低，大多数需求被满足的程度不足7%。由此可见，当前的养老服务供给难以适应老年人的需求，而对老年人的养老服务需求的影响因素了解不足进而难以提供有针对性的养老服务则是造成这个问题的重要原因。

通过对养老服务需求的影响因素的分析，本文发现，崇尚节俭和为子女着想等传统文化观念确实抑制了老年人的居家养老服务需求，这为当前中国养老服务产业发展举步维艰的现状提供了一个重要的实证解释。改变老年人的消费观念是提高老年人居家养老服务需求的有效措施。即便这种长期形成的观念在短期内难以改变，但由于年轻人的节俭观念并没有那么根深蒂固，未来这种传统文化因素对养老服务产业的抑制作用可能进一步削弱，因而养老服务产业的发展前景仍然是乐观的。

收入等经济因素对不同养老服务需求的影响存在差异。收入和房产数量仅对其中的某些养老服务需求有显著的影响，而是否有养老存款则对8项养老服务需求的影响均不显著。这也说明，"未富先老"限制养老服务产业发展是一个过于笼统的论断，在某些细分产业内，"未富先老"的负面作用并不那么明显。

身体机能是影响老年人居家养老服务需求的重要因素。使用生活能力量表评定的生活自理能力考察老年人的健康状况，发现健康状况是老年人对上门看病、陪同看病、上门护理和康复治疗等医疗保健和康复护理服务需求的硬约束。而28.13%的老年人不同程度地依赖他人的照护，可见医疗保健和康复护理服务有一定的市场前景，但需要服务提供方根据不同自理能力的老年人提供有针对性的、精细化的服务。

儿子和女儿在为父母提供养老服务方面发挥了不同的作用。女儿充当为老年人聊天解闷的角色,而儿子则更多地承担日常购物的工作。此外,儿子数量较多也可能带来财产分配不均、照料服务提供的推诿等问题,增加老年人与子女的矛盾,从而提高老年人的法律服务需求。

在居住安排上,由于年老的父母叠加了养老服务需求,从而与父母同住的老年人在多项养老服务方面均有较高的需求。然而,与直觉有悖的是,与小辈同住并没有显著降低老年人对养老服务的市场需求。这可能预示着,在城市地区,养老方式在逐渐向社会养老转化,也意味着养老服务产业有较为广阔的市场前景。

此外,年龄、社会地位、性别、所在地区等因素对不同养老服务需求的影响存在差异,因而在建立养老服务市场时,需要考虑不同服务和不同地区的需求特征,以便提供有针对性的养老服务。

本文旨在分析城市老年人社区居家养老服务需求,并未过多涉及供给层面。根据丁志宏和王莉莉(2011),目前我国居家养老服务的提供在很大程度上是一种"自上而下"的推行模式,覆盖人群单一,服务模式停留在政府买单的阶段,市场化的社区居家养老服务非常滞后。养老服务产业的提出,意味着政府越来越重视市场在社区居家养老服务供给上的作用。对老年人居家养老服务需求的研究有利于养老服务市场的快速形成和发展,促进养老服务供给的改善,同样,供给的改善也可能进一步改变老年人的需求,因而对老年人的居家养老服务需求值得持续关注。

参考文献

蔡中华、安婷婷、侯翱宇,2013,《城市老年人社区养老服务需求特征与对策——基于吉林市的调查》,《社会保障研究》第4期。

丁志宏、王莉莉,2011,《我国社区居家养老服务均等化研究》,《人口学刊》第5期。

方福前,2009,《中国居民消费需求不足原因研究——基于中国城乡分省数据》,《中国社会科学》第2期。

高琳薇,2012,《城乡老年人生活需求满足状况及其对生活满意度的影响——以贵阳市1518份问卷调查为例》,《南京人口管理干部学院学报》第4期。

郭平,2013,《中国城乡老年人口状况追踪调查抽样与加权方法研究》,《人口与发展》第3期。

何纪周，2004，《我国老年人消费需求和老年消费品市场研究》，《人口学刊》第3期。
黄少宽，2005，《广州市社区老人服务需求及现状的调查与思考》，《南方人口》第1期。
黄艺红、刘海涌，2006，《城市老年人服务需求的实证研究》，《北华大学学报》（社会科学版）第2期。
贾云竹，2002a，《北京市城市老年人对社区助老服务的需求研究》，《人口研究》第2期。
贾云竹，2002b，《老年人日常生活照料资源与社区助老服务的发展》，《社会学研究》第5期。
姜向群、郑研辉，2014，《城市老年人的养老需求及其社会支持研究——基于辽宁省营口市的抽样调查》，《社会科学战线》第5期。
刘爱玉、杨善华，2000，《社会变迁过程中的老年人家庭支持研究》，《北京大学学报》（哲学社会科学版）第3期。
曲嘉瑶、孙陆军，2011，《中国老年人的居住安排与变化：2000~2006》，《人口学刊》第2期。
汤哲、项曼君，2003，《北京市老年人躯体功能评价与影响因素分析》，《中国老年学杂志》第1期。
田北海、王彩云，2014，《城乡老年人社会养老服务需求特征及其影响因素——基于对家庭养老替代机制的分析》，《中国农村观察》第4期。
王莉莉，2013，《基于"服务链"理论的居家养老服务需求、供给与利用研究》《人口学刊》第2期。
吴玉韶、党俊武，2014，《中国老龄产业发展报告（2014）》，社会科学文献出版社。
郑红娥，2006，《社会转型与消费革命》，北京大学出版社。
周伟文、严晓萍、赵巍、齐心，2001，《城市老年群体生活需求和社区满足能力的现状与问题的调查分析》，《中国人口科学》第4期。
Lei, Xiaoyan, Giles, John, Hu, Yuqing, Park, Albert, Strauss, John and Zhao, Yaohui, 2012, "Patterns and Correlates of Intergenerational non-time Transfers: Evidence from CHARLS, No 6076." *Policy Research Working Paper Series*, The World Bank.

（原载《人口研究》2016 年第 1 期）

网络化居家养老

——新时期养老模式创新探索

史云桐

摘　要　我国的人口老龄化形势日趋严峻，然而，既有的家庭养老、机构养老和社区居家养老模式虽各具优势但也各有不足。在这样的背景下，本文尝试提出一种新的养老模式，即"网络化居家养老"。网络化居家养老将既有的三种养老模式纳入其中，发挥其各自优势，同时借助信息化手段和统一的为老服务平台，通过整合全社会为老服务资源形成网络，为居家养老提供方便、快捷、高效、随需的为老服务，使老年人能够尽享现代社会带来的便利。同时，本文也希望通过探讨这种新的养老模式，对我国社会治理与服务模式转型升级进行再思考。

关键词　网络化居家养老　养老模式创新　社会治理与服务

一　加速老龄化，我们准备好了吗？

（一）加速老龄化，我们不得不面对的考验

目前，我国人口老龄化形势十分严峻，老年人口占全国总人口的比例正在加速增长。据全国老龄工作委员会办公室预测，21世纪我国将经历

快速老龄化、加速老龄化和稳定的重度老龄化三个阶段,到2050年,60岁及以上人口占总人口比例将超过30%(全国老龄工作委员会办公室,2006),届时,几乎每三个中国人中就有一个是老年人。

与此同时,城市尤其是大城市人口老龄化程度更是远高于全国平均水平。以全国第一个进入老龄社会的上海市为例,《2010年上海市老年人口和老龄事业监测统计信息》显示,截至2010年底,上海市60岁及以上人口比例已高达23.4%,65岁及以上人口比例达16.0%。

因此,人口老龄化已成为当下中国不得不即刻着手应对的严峻挑战,养老问题也已成为当下中国无法回避的重大问题。

(二) 社会治理与服务模式也需转型升级

改革开放三十余年来,我国经历了由计划经济向市场经济的转型,带动了我国经济的快速增长和迅猛发展,同时也对我国的社会治理和服务模式提出了新的挑战。

以养老问题为例,计划经济时期,一切资源由国家、集体高度管控、统一调配,大多数城市居民通过自己所属的单位,就可以享受到全面的福利待遇。单位制社区内食堂、澡堂、副食店、医务室等生活设施一应俱全。各种社会福利服务的可及性较强,获取较为方便。到市场经济时期,自由活动的空间和自由流动的资源开始出现。现如今,政府、企事业单位、社会组织、家庭、个人乃至老年人自身都已经成为多元化为老服务体系中的重要组成部分。然而,资源种类虽多,分散性却极强,可及性大不如前。对于资源获取能力本就不足的老年人来说,情况更是如此。

因此,如何让这些分散的资源更好地为老年人所用,成为新时期社会治理与服务模式转型升级面临的新问题。从我国养老模式的发展变迁中,我们也可以看到这种对分散资源再整合的努力。

(三) 现有养老模式依然难以化解养老难题

家庭养老、机构养老和社区居家养老是我国现有的三种主要养老模式。

家庭养老虽然亲情化意味浓郁,但是由于人口出生率的下降和预期寿命的延长，家庭结构的小型化、空巢化、子女工作压力的增大[1]，单单依靠家庭养老难以化解养老难题。

机构养老虽具专业化优势，但它多是针对失能、失智老人，养老机构床位和护工缺口大[2]，质量和价格也参差不齐，且其切断了老年人原有的社会关联，使老年人易患上"机构病"，因此，机构养老也无法完全解决养老问题。

为缓解前两者压力，20世纪末、21世纪初一种新的养老模式——"社区居家养老"正日益显现其优势。在这一养老模式下，老年人依然居住在自己家中，通过调动整合社区资源（包括社区居委会、工作站、卫生站、文化站、托老所、星光老年之家、社区商户、社区社会组织、社区志愿者、家人等），为老年人提供服务。然而，它仍然面临覆盖面窄、服务内容单一、服务资源不足等问题。

由此可见，现有的三种养老模式虽各具优势，但也各有不足，很难满足我国规模庞大的老年群体日益急迫的养老需求。

本文提出的"网络化居家养老"模式，就是在前述背景下，力图促进社会治理和服务模式转型升级的一个新探索。

二 网络化居家养老——新时期养老模式创新探索

（一）网络化居家养老的含义

1. 网络化居家养老的含义

网络化居家养老，是指利用信息化手段，整合既有的家庭养老、机构养老、社区居家养老三种养老模式，充分发挥其各自优势，同时建立起统一的为老服务平台，编织起一张以政府为主导、引入并整合全社会为老服务资源的养老网络，使老年人居住在家中就能尽享现代社会带来的种种便利。

2. "网络化"所涵盖的内容

所谓的"网络化"，涵盖了以下几个层面的内容。

---

[1] 2012年，来自人口计生系统的一份调查显示，上海近80%的"独一代"父母已经退休，43.4%的"独一代"因工作忙而无法亲自照顾父母。

[2] 公办养老院尤其如此，比如，北京市第一福利院目前已有9000多人在排队等待入住。

资源网是引入并整合全社会为老服务资源的网络（包括政府、企事业单位、社会团体、民办非企业单位、个体商户、慈善组织、志愿组织、居民自治组织、家庭、个人乃至老年人自身，等等），是实体的网络，有了这些为老服务供给主体在后台提供强有力的支撑，网络化居家养老才能真正落到实处。

信息网是指借助信息化手段形成的网络（比如因特网、一键通呼叫中心、广播电视、固定和移动通信、报纸杂志、电子和纸制宣传公告栏乃至口口相传，等等），是虚拟的网络，一方面保证各种为老服务资源信息可以顺利到达老年人身边，另一方面保证老年人的需求信息可以充分为服务供给方所了解，促进双方对接，增加服务的可及性。

组织网是支撑起这一系列资源和信息的组织网络，通常在地域性大社区层面建立起统一的为老服务平台，同时联通下辖的各个邻里社区，一并发挥地域性大社区在活动组织方面的优势和邻里社区在服务供给方面的优势，实现对上述资源和信息的整合和调配，成为联通断裂各方的关键性枢纽和节点。

社会网重构老年人的社会关联，使老年人不再被社会边缘化，将老年人同家庭、其他老人、社区、社会联通起来，使其充分融入其中，为其找到心理归属。

（二）谁来充当"统一的为老服务平台"——民间的创新与尝试

由于"统一的为老服务平台"在网络化居家养老模式中发挥着枢纽性作用，因而，由谁来充当这一角色，就成为一个至关重要的问题。

近年来，在推动居家养老模式发展的过程中，很多地方都已经进行了积极的创新与尝试，发展出以政府为平台、以企业为平台、以社会组织为平台等几种模式，这些模式各具特色，下面我们就进行简单的比较。

1. 由政府部门充当统一的为老服务平台

以浙江省宁波市海曙区南门街道为例。近年来，海曙区努力尝试进行街道层面养老资源供给主体的整合，于2009年在南门街道新建了一所400多平方米的街道居家养老中心，并在每个居委会社区设立居家养老服务站。该模式由政府出资购买服务，同时还在街道内物色符合条件的企业授牌，并成立了街道民间组织联合会，进一步拓展了服务项目和内容，取得了不错的成效（巢小丽、蔡赛珍，2012）。除街道运作外，有些地方还出现了社区服务中心运作、星光老年之家运作等居家养老模式。

的确,政府部门在充当统一的为老服务平台方面有其独到的优势,毕竟其在公共资源配置方面拥有更大的权力,不过,也面临着很多现实问题。其一,我国老年人口规模大、增速快,且在未富先老的情况下步入老龄社会,因此难以完全依靠政府部门大包大揽地来解决养老问题。其二,科层分化、条块分割严重几乎是大部分政府部门在推行社会服务时面临的共性问题,一方面,居家养老组织体系中医疗、卫生、文化、教育等服务资源分属不同部门和条块管理,缺少有效的沟通与协调,民政部门热、其他部门冷的情形也时有出现(陈雅丽,2011);另一方面低层级政府部门在整合高层级政府部门资源时也会倍感吃力。

因此,政府部门在充当统一的为老服务平台方面仍有其局限性。

2. 由企业来充当统一的为老服务平台

最为常见的是在城市新建商品房小区中,一些物业企业正在积极尝试提供各种社区公共服务,居家养老服务也是其中重要一项。例如,河北卓达物业从2007年底开始进入社区养老领域,其并不亲自提供为老服务,而是通过委托经营、承包经营的方式整合市场上具有一定影响力、专业化程度较高、符合社区养老理念的其他行业资源,为社区65岁及以上持养老智能卡的老人提供餐饮、医疗、家政、购物等为老服务(河北卓达物业服务有限公司,2011)。

诚然,物业企业在充当为老服务平台方面具有服务优势和客户群优势。然而,在政府从"全能型政府"向"有限型政府"转变的过程中,一些物业企业却慢慢感觉自己正从"有限责任公司"转为"无限责任公司",因为他们正担负起很多此前由政府、民众自治组织等承担的社会治理和服务职能,使得本应以赢利为目的的企业自觉定位不明,负重前行。

3. 由社会组织来充当统一的为老服务平台

因社会组织的角色不同还可分为两类,一类是由社会组织亲自提供为老服务,一类是由社会组织整合各类资源提供为老服务。

国外的养老经验中就有很多由社会组织提供为老服务的案例,比如美国的PACE计划和日本的护理保险制度(郭竞成,2010)。南京市鼓楼区自2003年起在全国率先创建了"居家养老服务网",探索由政府公共财政购买服务、由民间组织"心贴心社区服务中心"组建服务人员队伍承担具体服务的新型养老模式。从2005年起,鼓楼区开始扶植民间组织和民营机构兴办社区养老服务站。至2008年底，鼓楼区7个街道64个社区全部建立了社区养老服务站，是社会组织服务社会福利事业的积极尝试（孙燕，2010），此为第一类。

北京市西城区月坛社区建设协会成立于1998年，2007年月坛社区建设协会下设的月坛老龄协会成立，且区域内的26个社区都已成立社区老龄协会。自月坛老龄协会成立以来，一直致力于搭建一个月坛地区区域性横向为老服务平台，以便促进区域内的为老服务信息交流和资源共享，更好地服务居家老人，取得了极好的社会效果。在此，月坛老龄协会便可作为一个由社会组织充当统一平台、整合各类资源、提供为老服务的典型案例，其很多理念和做法与本文提出的"网络化居家养老"模式较为吻合，已具备"网络化居家养老"模式的雏形。其具体做法后文还将论及。

现如今，社会组织在社会治理和服务领域的积极作用正日益突显出来。就中国的发展现状来看，社会组织很有可能成为最适宜的、发展"网络化居家养老"的统一为老服务平台。

4. 由社会企业来充当统一的为老服务平台

在英国，一些"社区型社会企业"在整合社区资源、协调社区各方利益、管理社区公共事务、提供社区服务方面发挥着积极的作用。他们既不像非营利组织那样过于依靠外界捐助发展社会事业，也不像一般企业那样以营利为根本目的。他们取之于社区和社会又用之于社区和社会，兼顾经济效益和社会效益。只不过社会企业在中国的发展尚处于起步阶段，在未来，社会企业可能也是"网络化居家养老"模式发展可供选择的平台之一。比如，物业企业的社会企业化转型便是一种可能的考虑。

总的说来，就现阶段来看，社会组织仍是发展"网络化居家养老"模式的最佳平台和载体。

（三）网络化居家养老的实作逻辑——以月坛老龄协会为例

"网络化居家养老"模式的实际操作流程可以简单概括如下：老年人首先将自身需求借由多元化信息渠道提交给统一的为老服务平台，该平台通过调动已整合的全社会为老服务资源，为居家老年人提供方便、快捷、高效、随需的服务。

下面，我们就结合北京市月坛老龄协会的案例，具体分析网络化居家养老模式在实作过程中的一些特色。

1. 积极发挥既有三种养老模式的作用，弥补彼此不足

以往人们在讨论家庭养老、机构养老和社区居家养老三种养老模式时，常常将他们看作三种独立的、各具特色的养老模式。网络化居家养老模式则将这三种养老模式皆纳入其中，或为它们更好地发挥作用开辟渠道，或将其有机融合发挥聚力优势。

以家庭养老模式为例。鉴于子女在长者照料方面很难事事亲力亲为，月坛老龄协会正准备为子女提供一个通过第三方敬老爱老平台孝敬老人的渠道。只要子女提出此类诉求（比如，为老年人购买特定的老年产品，提供基本生活服务，庆祝特殊的节日和纪念日，预约旅游，等等），就可以由统一的为老服务平台通过整合相关社会资源（比如老年用品经销商、家政服务公司、旅行社等）助力子女实现其诉求。这样一来，就使传统的家庭养老模式更能充分发挥其功能，促进家庭和睦。

此外，一些地区还发展出"家庭式联合养老""互动养老"（黄聪、孙志、马金鸽，2011）、"老年社区/老年公寓养老"等（周建国，2010；栾吟之，2012）复合型养老模式，这些都可看作聚力传统养老模式的努力。

2. 拓宽为老服务供给主体，提高为老服务资源可及性

传统的社区居家养老模式整合的主要是社区内部的为老服务资源，为老服务供给主体比较有限。网络化居家养老一方面从老年人实际需求出发，形成老年人需求信息库，将这些需求信息通过统一的为老服务平台向外界发布，使得为老服务供给方可以有针对性地提供真正符合老年人需求的服务；另一方面整合全社会为老服务资源，形成为老服务资源信息库，使老年人可以方便地查找到各类为老服务信息。这样一来，不但拓宽了为老服务主体范围，还使供需双方能够充分、高效地对接，大大地提高了散在为老服务资源的可及性。

比如，月坛老龄协会经过大量的实际调查已经形成了《月坛社区为老服务（主体）情况介绍》《月坛社区老年文体活动介绍》《月坛街道居家养老签约服务商汇总》等资料库。同时，月坛老龄协会还准备进一步建立老年人基本信息库、老年人需求信息库、老年人人才库、志愿者信息库、驻区单位资源共享库，等等。月坛老龄协会还通过举办"为老服务展示会"，为供需双方搭建起一个桥梁。

3. 打破科层壁垒，提高为老服务资源共享利用率

在网络化居家养老模式中，由社会组织充当统一的为老服务平台，为

整合地域性大社区内驻区单位资源、促进资源共享提供了一种新的思路。社会组织不处在传统的科层体系之内，因而可以与区域内各层级的部门、单位进行平等的对话、沟通、协商和互动，这就有助于打破传统的科层体系和部门条块之间的壁垒，实现横向扁平化为老服务平台与纵向条块分割科层体系之间的有效对接。

同样以月坛老龄协会为例，月坛辖区内有十余家中央国家机关部委单位，很多部委单位都有条件较好的老干部活动站和老年大学等为老服务资源。以往，这些单位的为老服务设施都是仅供本单位老年人使用的，对外开放程度非常低，常常出现资源利用不饱和或是闲置的状况。在月坛老龄协会的努力协调下，现已成立了月坛地区13个中央国家机关离退休干部局局长联席会。通过几次沟通，公安大学、广电部、全国总工会等单位已开始逐步对外开放自身的为老服务设施，这使得周边社区中的老年人大大从中得到实惠。目前，月坛老龄协会已开始着手形成驻区单位资源共享库，通过网络等方式向社会公布其中已对外开放的资源信息，调动各驻区单位资源共享的积极性，服务区域内老年人。

4. 提供随需服务，满足老年人不同层次需求

网络化居家养老模式整合了全社会为老服务资源，因而蕴含着满足多层次养老需求的潜力，可以抓住为老服务需求中的"长尾"（克里斯·安德森，2006）[①]，为老年人提供随时随地的随需服务。

按照马斯洛的需求层次论，人的需求可分为五层，这一需求层次在老年人群体中同样适用。生存需求，是指满足老年人的基本生活需要，提供衣食住行等基本生活服务；安全需求，是指帮助老年人解决在居家养老过程中遇到的困境，如紧急救护、紧急救助、日常安全防范、走失定位等；归属需求，是通过组织各项活动和发布各类活动信息，让老年人感觉到自己并未与社会脱节、仍然生活在一个大集体中，找到情感归宿；尊重需求，是指老年群体不应被现代社会外化，应尽量创造条件让他们充分融入，受到各方尊重；自我实现需求，是指很多老年人退休后希望能继续参与社会、回馈社会，从中实现自身价值、获得社会认可。

---

① 参见美国人克里斯·安德森提出的长尾理论。老年人需求中的"长尾"也非常多，比如外出购物后谁帮忙拎回家，行动不便的老年人谁帮其下楼晒太阳，子女在国外的老年人谁帮其建立视讯连接，等等。

月坛地区高知老人的比例就很高。月坛老龄协会在建的老年人人才库，即是要汇聚有时间、有经验、有专长、有热情的老年人才，提供各种机会（如授课、义诊、志愿服务等），为其反哺社会开辟一片天地。同时，月坛老龄协会还计划在网站上设立专门的"老年人作品展示"栏目，上传老年人的书画、摄影、手工艺等各类作品，通过"晒作品"的方式，促进老年人之间的相互交流切磋。如果可能的话，还可开设专门的老年人作品网店，借力"微公益"时代，为老年人提供更多自我展示、自我实现的舞台。

5. 可参与、可评价、可监督、可互动，形成良性动态循环机制

以往有些单位也会集中为离退休职工购买老年产品，但是，产品质量如何、使用感受如何不得而知。也就是说老年人只是老年产品或为老服务的被动接收者，服务对象的主观意见和主观感受被排除在整个供销链条之外。这不仅不利于提高为老服务行业和老年产品的整体质量，也无法有效满足老年人的需求。

网络化居家养老模式则为老年人搭建了一个可参与、可评价、可监督、可互动的平台。在提供具体的为老服务或老年产品的过程中，老年人可以通过各种信息化渠道发布自己的意见、评价和感受，更为重要的是借由统一的为老服务平台，将老年人的这些意见、评价和感受进行汇总，一方面反馈给产品、服务供应方，帮助、督促其改进产品性能、提高服务质量，另一方面要借助信息化渠道向全社会老年人发布这些意见、评价和感受，这样一来也方便其他老年人进行了解、比较和选择，进而自然而然地在行业内形成竞争、优胜劣汰机制，补足以往不完整的供销链条，形成良性的动态循环机制，推动整个为老服务行业的发展和整体素质的提高，也为老年人参与社会多开辟一个渠道，让社会听到老年人自己的声音。月坛老龄协会在我们的建议下也计划开展此类工作。

6. 社区是老年人心理归属的家园，老年人是稳定社区的力量

社区居家养老一直以来面对这样一个问题，即为老服务的覆盖面不足。一是因为政府财力有限，通常只能为民政优抚对象购买服务；二是因为社区居家养老资源有限，真正可以提供的服务项目和内容不够；三是因为其多是从紧急呼叫项目入手，但并不是全部老年人都会用到此项服务；四是因为老年人的消费习惯尚未形成，对收费服务项目心存顾虑和偏见；五是因为很多身体健康、精力充沛的老年人对生活类服务的需求不是

太高。

为此，网络化居家养老更加关注为老年人打造一个心理归属的家园，因为这是整个老年群体共有的需求。时至今日，一些老年人的物质生活已经较为宽裕，但是除"空巢"老人外，社会上正在出现一批"空心"老人，他们虽生活富足但内心孤寂，以至于老年人自杀现象时有发生。

鉴于此，月坛老龄协会从文化养老入手，打造出"月坛歌声""月坛故事会""文化养老论坛""扑克牌俱乐部"等文化养老品牌活动，并统计区域内近200家各类社团的详细信息，通过多重渠道，随时向区域内老年人发布。同时，月坛老龄协会还大力发挥"以老助老"的作用，通过"金辉老人评选"等活动评选出一批积极、乐观、奋进、向上的老年人，以其感人事迹带动身边的老年人转变养老观念，"六十而立"，积极参与到各种社会活动中去。这样一来，既为老年人找到心理归宿，更让在外忙于工作的子女安心。一些地方的老年人还通过自组织在参与社区公共事务商讨决策、引导社区公共舆论、调解社区矛盾纠纷等方面，发挥了重大作用。比如，我们在深圳了解到的11个小区近70个小区社团中，团员平均年龄超过60岁的占一半以上。

总之，网络化居家养老通过上述种种方式，把老年人同家庭、其他老人、社区、社会充分联通起来，逐渐为老年人构筑起一张完整的服务网，使老年人巢空而心不空，同时充分发挥老年人自身能量，使其真正成为稳定社区、社会的中坚力量。

三 结语与讨论

总之，网络化居家养老模式的发展，在我国仍处于刚刚起步的发展阶段，今后还有很多事情等待我们去做。然而，对于这一新兴养老模式的探索和思考，对我国整个社会治理与服务体系的发展，也具有同等重要的借鉴意义。

"社会福利社会化""小政府大社会"等理念已提出多年，然而其实际推行效果不尽如人意。在这一过程中，国家、市场和社会三方都在分别积极努力地寻求解决办法和应对方案，却往往是各自为政的多、形成合力的少。究其原因，是因为三方尚未建立起充分有效的互动合作机制。具体体现在各方的角色不清、定位不明、分工不细、合作不足，同时也缺少一个能够统合各方的横向的、扁平化的互动平台。

以养老问题为例,近年来,"多元供给主体的居家养老"模式日益受到各方关注,呼声也越来越高,但在实际操作过程中总是会遇到这样那样的问题。其中最主要的是,尽管为老服务供给主体渐趋多元化,但为老服务供需双方之间依然没能形成充分有效的对接。网络化居家养老模式正是针对这些问题,搭建起资源网、信息网、组织网和社会网四套网络:资源网解决的是由多元供给主体提供的为老服务资源过于分散、可及性不强的问题,将全社会为老服务资源充分整合到一起、发挥各自优势、取长补短、充分合作;信息网则是借助信息时代的多种先进信息传播手段,实现为老服务供需之间的高效对接;组织网则是为资源和信息的迅速流动提供一个横向、扁平化的平台,一来保证虚拟的需求信息可以上天,二来保证切实的为老服务可以落地;社会网则是充分发挥老年人自身的能动性和主体性,为老年人提供参与社会和自我实现的渠道,不仅为老年人打造了心理归属的家园,对于构建和谐家庭、和谐社区、和谐社会来说都将是重要的推动力量。

尽管我们提倡"小政府大社会",然而社会再大也不能包打一切,政府再小在公共服务供给方面也要发挥绝对的主导作用(包括支持和倡导先进理念、制定正确的发展规划、制定出台相应的政策法规、给予充分人财物支持、发挥好组织协调作用以及做好监督管理工作等)。只是各方对自身的优势和角色都要有一个准确的定位,各方都尽力去做自己应该做、能够做而且做得好的事情,诸神归位,相信可以更快推进我国养老模式的发展创新,更好为解决我国养老难题找到最优出路。

参考文献

巢小丽、蔡赛珍,2012,《多元化社会支持网络的居家养老新模式——基于宁波海曙区 N 街道的调查》,中国社会学会年会论文。
陈雅丽,2011,《社区居家养老模式的探索及思考——以广州市为例》,《社科纵横》第 6 期。
郭竞成,2010,《居家养老模式的国际比较与借鉴》,《社会保障研究》第 1 期。
河北卓达物业服务有限公司,2011,《卓达物业:社区养老模式》,《中国物业管理》第 1 期。
黄聪、孙志、马金鸽,2011,《新型养老模式发展思考——基于部分城市的实例分析》,《中国社会保障》第5期。
克里斯·安德森,2006,《长尾理论》,乔江涛译,中信出版社。
栾吟之,《解"精神空巢",需儿女常回家看看》,《解放日报》2012年9月9日第7版。
全国老龄工作委员会办公室,2006,《中国人口老龄化发展趋势预测研究报告》。
孙燕,2010,《养老服务社会化:政府、社区、社会组织三方合作的实践模式》,《学会》第12期。
赵剑云、白朝阳,2012,《北京养老院生存现状调查》,《中国经济周刊》第27期。
周建国,2010,《市场化养老模式研究——上海市亲和源老年社区个案及启示》,《人口学刊》第2期。

(原载《南京社会科学》2012年第12期)

老年长期照护体制比较[*]

——关于家庭、市场和政府责任的反思

王　晶　张立龙

摘　要　在市场化转型过程中，传统的家庭照料功能逐步瓦解。本文着重分析了西方福利国家在家庭照护政策上的发展路径，自由主义国家倾向于把家庭照料责任推向市场，而社会政策通常并不能弥合社会福利需求的鸿沟；社会民主国家倾向于以公立机构替代家庭照料功能，但社会福利支出已经给全社会带来沉重负担。从我国目前的政策构建重点上看，地方政府遵循国家宏观养老服务框架，着力构建养老服务网络，但是在家庭照料政策上仍然存在着制度盲区。

关键字　社会民主体制　自由福利体制　家庭照护津贴

一　引言

无论在中国还是在西方社会，照料活动最初都被视为一种女性命题，而提供照料自然属于家庭责任。西方学者 Leira（Leira，1992）认为，照料责任内嵌于个人的社会关系之中，当女性通过婚姻关系确立个人地位

---

[*] 本文是国家社科基金青年课题"农村社会资本对老年健康的影响"（项目编号：11CSH065）的阶段性研究成果。

时，随之而来的就是女性在家庭中需要承担的照料义务。在西方社会，照料行为被视为一种以爱为名的女性道德实践，这种行为或者基于宗教的教义[①]；或者源于西方社会的福利原则，比如以男性为养家者（Male bread winner）的社会保障体系。因此长期以来，关于照料的讨论一直是二元对立的，照料行为到底属于公共领域还是私人领域？照料主体究竟是女性还是男性？照料定位究竟是有酬劳动还是无酬劳动（Daly & Lewis，2000）？照料政策究竟是一般的家庭政策还是特殊的照护政策？之所以存在这些理论分歧，根本的原因在于照顾本身的特殊性：一是照料是人在一定生命周期的必然需求；二是照料活动不仅涉及劳动，更嵌入人的情感，因此照料与市场活动具有本质差异；三是照料依据特定的对象产生关系，由关系而产生照料的承诺；四是照料品质，因照护者的复杂性难以测度。在一定的历史时期，照料因其特殊性而一直处于家庭领域内部的范畴。在经济学领域尤其如此，从亚当·斯密到贝克尔，都把市场看作万能的工具，把家庭看作封闭的系统。男女分工符合家庭乃至市场经济效率，男性角色即为养家者，以利他角色进行家庭资源的再分配，而女性的重心在家庭之内，透过母职或妻职的建构，实现家庭资源分配的合理化。在这种情况下，女性的劳动价值受到贬抑，更多情况下是以责任为名的无酬劳动。20 世纪 80 年代以后，随着女权运动的兴起，这种责任固化的价值观首先受到女性学者的质疑，Daly 等（Daly & Lewis，2000）提出，照护本身也是一种社会劳动，即便不同于社会化大生产的工作标准，但需要人力资本的投入；照护也需要投入成本，在后工业时代，照料成本理应在家庭、市场、国家重新分配。这种价值观点发展到现在已经渗透到许多发达国家的家庭政策制定中。

随着城市化、工业化的推进，家庭已经不再是一个封闭的体系，女性越来越多地介入劳动力市场，即便是在传统的农村，由于城乡人口剧烈流动，中青年女性也已经加入城市劳动力市场；同时，随着社会经济条件的改善，人口的预期寿命不断延长，谁来承担家庭照护的责任成为一个结构性的社会危机。在当今中国快速城市化的背景下，谁来照护老人？家庭、市场与政府的责任如何分工？这是本文希望着重探讨的问题。本文接下来

[①] 比如在天主教教义中，个人即嵌入于一种社会关系中，因此施与或接受照料都是个体与生俱来的责任。

的内容分为三个部分：第一部分，利用 2011 年 CHARLS 数据，分析中国老年照料的结构困境；第二部分，探讨福利国家在家庭照护政策上的发展路径；第三部分，借鉴福利国家照护政策的得失，反思我国当下的老年照护制度。

二 老年照护的结构困境

2012 年，中国 60 岁以上老年人口占总人口的比例为 14.3%。人口老龄化成为 21 世纪中国面临的巨大挑战之一。随着年龄的增加，老年人口的健康状况逐渐恶化，根据北京大学 2011 年中国健康与养老追踪调查结果，在 60 岁以下的人口中，日常活动需要照料的人口比例不足 15%；而 60 岁以上的老年人口中，日常活动需要照料的比例急剧攀升，70 岁以上需要照料的比例约为 30%，到 80 岁以后，日常活动需要照料的比例达到 50% 以上。因此，人口老龄化使得中国老年人照料需求急剧增加。

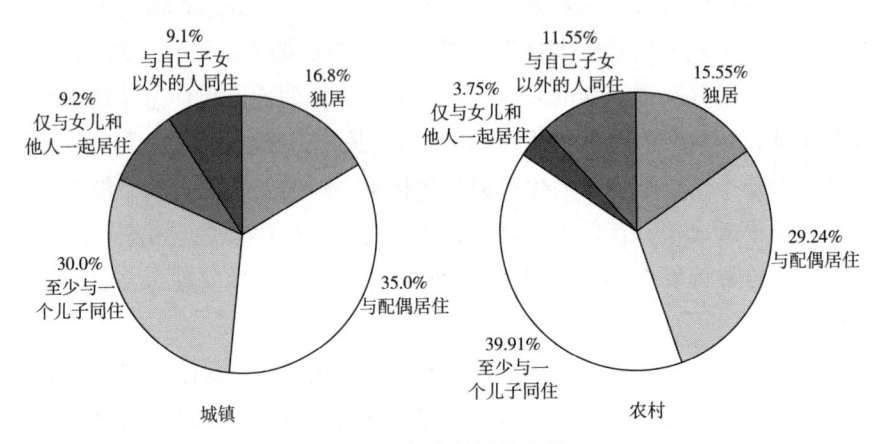

城镇：9.1% 与自己子女以外的人同住；16.8% 独居；9.2% 仅与女儿和他人一起居住；30.0% 至少与一个儿子同住；35.0% 与配偶居住

农村：11.55% 与自己子女以外的人同住；15.55% 独居；3.75% 仅与女儿和他人一起居住；29.24% 与配偶居住；39.91% 至少与一个儿子同住

图 1 老年人的居住安排

随着家庭规模缩小、工业化和城镇化的推进，中国老年人的居住安排正在发生很大变化，这些变化使得传统家庭对老年人的照料功能逐渐弱化。为说明老年人居住安排和照料来源的现状，本部分利用 2011 年中国健康与养老追踪调查（CHARLS）数据，选取 60 岁及以上受访者为分析对象，从调查数据看，无论农村还是城市，老年人与儿子共同居住的比例比第五次全国人口普查数据显著降低（王跃生，2006），农村老年人与儿子居住的比例为39.9%，城市老年人与儿子居住的比例仅为30.0%。与之相对应的，老年人与配偶同居或独居的比例则显著提高。城市老年人与配偶居住的比例为35.0%，独居的比例为16.8%；农村老年人与配偶居住的比例为29.24%，独居的比例为15.55%。与配偶居住或独居比例的显著增加是中国老年居住安排的一种长期倾向，独立的生活空间可以避免由于代际冲突造成的家庭矛盾，增强老年人介入子代家庭的弹性，维护老年人对自身生活的控制权；但是从消极方面看，独立居住也为老年照料带来较高的照护风险。

独居的老年人中，虽然子女或子女配偶依然是主要的照料来源，但有32.4%的老年人在遇到困难时得不到任何帮助；与配偶一起居住的老年人中，配偶是最重要的照料来源，比例达到65.3%，其次是子女或子女配偶，比例为11.6%；与儿子或女儿居住的老年人中，子女或子女配偶是最主要的照料来源，比例为59.9%和67.2%；与子女以外的其他亲人同住的老年人中，配偶、子女或子女配偶为照料的主要来源，比例合计为60.2%。按照西方发达国家经验，随着生育率的降低、家庭规模的缩小、老年人居住安排的变化，传统的家庭照料功能逐渐减弱时，机构可能会取代家庭成为未来的老年人照料来源的一个方向。但是数据分析结果显示，在所有的居住安排中，机构都不是主要的照料来源，所占比例均为最小，因此，机构并没有成为老年人乃至独居老年人寻求照料的选择。

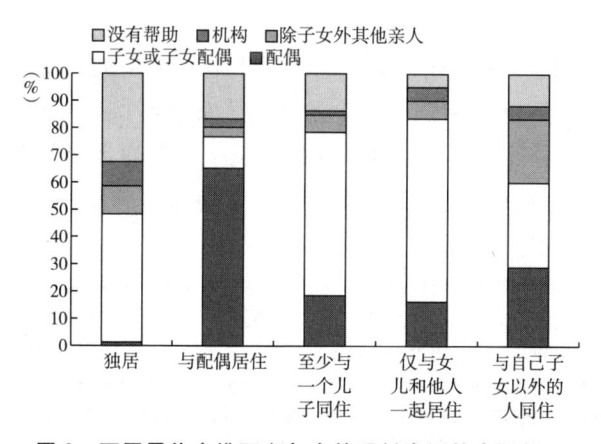

图2　不同居住安排下老年人的照料资源的来源状况

图3列出了老年人理想的居住安排方式,在有配偶的情况下,在受访者认为最好的居住安排方式中,与子女同住或与子女住在同一个村或社区是老年人的最优选择,农村的比例达到92.1%,城市的比例达到88.8%。在没有配偶的情况下,与前两组的结果相似,农村与城镇的比例分别为92.8%和87.2%。无论在何种情况下,选择住养老院的老年人的比例都很小,目前已在老年机构的老年人口尚不足1%。因此,从老年人的养老需求看,居家养老或家庭照料仍然是中国老年人所期待的最佳的养老方式,未来老年人进入机构的可能性也不大。

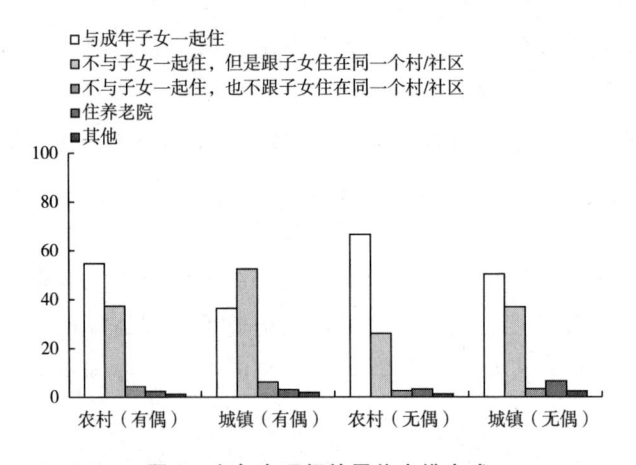

图3 老年人理想的居住安排方式

说明:图中的农村(有偶)、城镇(有偶)为在有配偶的情况下,农村和城镇的受访者所认为的最好的居住方式;农村(无偶)、城镇(无偶)为在没有配偶的情况下,农村和城镇的受访者所认为的最好的居住方式。

在当代社会,"上有老、下有小"是中老年家庭的真实写照,那么家庭照护者在一老一小的时间分配上是平均分布的吗?我们也通过CHARLS数据进行了验证①,在只照料孙子女的情况下,平均每周的照料小时数为87.29小时;而在只照料父母的情况下,平均每周的照料小时数为39.62

---

① 为便于分析,将照料分为两种情况:第一,在只照料孙子女或只照料父母的情况下,照料孙子女或照料父母的平均时间;第二,在既照料孙子女又照料父母的情况下,照料时间在孙子女和父母之间的分配。表1中的一年内照料的周数,为受访者及其配偶在一年内为照料其所有的孙子女(或父、母、岳父、岳母)的累计周数之和的平均数;一周的照料小时数为受访者及其配偶在一周之内为照料其所有的孙子女(或父、母、岳父、岳母)的累计小时数之和的平均数。

小时。照料父母的时间明显少于照料孙子女的时间，后者时间投入几乎为前者的 2 倍。在受访者既照料孙子女又照料父母的情况下，每周分配给孙子女的平均照料时间为 71.57 小时，而分配给父母的平均照料时间为 56.52 小时，同样表现出将较多的照料时间倾向了孙子女。因此，在既有未成年孙子女又有父母（岳父母）的情况下，现有的家庭分工表现为"重下不重上"的特征，当有孙子女需要照料时，老年人的照料重点是孙子女，而非父母。

表 1 老年人照料父母及孙子女的状况

单位：小时/周

	总体	农村	城镇
照料孙辈时间（仅照护孙辈）	87.29	89.89	80.63
照料父母时间（仅照护父母）	39.62	71.48	59.25
照料孙辈时间（同时照护孙辈和父母）	71.57	89.26	42.83
照料父母时间（同时照护孙辈和父母）	56.52	57.51	54.92

综上分析，虽然与子女一起居住的传统居住方式并没有发生根本改变，但是随着独居老人比例的增加，传统的以家庭为中心的老年人照料方式正在变得难以维持；另外，随着中国城镇化、工业化的推进，家庭由一个封闭的体系逐渐转变，女性尤其是年轻女性离开家庭而进入劳动力市场；一些老年人承担起了照料孙子女和高龄父母的责任，照料资源显示出一种"向下倾斜"的特征。因此，中国老年人的照料处于一种结构性的困局之中，一方面由于家庭规模缩小，现有的家庭结构和居住安排使得家庭承担的老年人照料功能逐渐减弱；另一方面，由于中国传统文化和照料观念的影响，大多数的老年人不能接受社会养老或机构照料。

三 老年照护的社会分工

针对照护的结构性张力，不同的国家具有不同的回应模式，Bettio 和 Plantenga（2004）认为照护体制是各国政治、经济、社会制度的结晶体，反映出一个国家特定的历史文化发展脉络，表达出特定的家庭—市场—国家的三角关系（刘香兰、古允文，2013）。Esping-Anderson

于1990年代即以根据国家、市场、家庭的结构性关系提出了三种可能的福利体制——"自由的福利体制"（liberal welfare regime）、"社会民主体制"（social-democratic regime）和"保守/法团主义体制"（conservative/corporatist regime）。三类不同的福利体制在其福利发展脉络下形塑出差异性的照护体制。

（一）"自由福利体制"下的照护模式——英国的照护体制

英国是较早从法律上给予家庭照护支持的国家，1960年代，英国即已通过税收优惠和收入补偿机制，支持有照护需求的家庭。1976年英国建立了病弱照护津贴（invalid care allowance），从经济上鼓励单身女性为其父母提供家庭照护，其后，"病弱照护津贴"更名为"照护津贴"（care allowance），津贴覆盖的范围和内容较之初建时更加广泛。20世纪90年代以后，随着女权运动的发展，国家开始在法律上承认家庭照护者的社会价值，同时在经济上给予一定的扶持。2000年，英国政府构建了一个全国性的照护服务体系，通过给予地方自治体专项拨款（care grant），监督地方自治体发展喘息性服务，发展地方照护者支持网络（Clements，2010）。2004年以后，英国政府正式通过了《照护者法案》（Carers Act 2004），从法律上进一步明确照护者的社会角色，地方社会服务机构明确给予照护者支持，协助照护者达成"照护"和"就业"的双重目标。到2007年，在国家层面建立起了照护者常务委员会，进一步监督地方自治体对照护服务项目的执行。2010年以后，英国照护制度向"以需求者为中心"转化，强化需求者的自主选择能力（enabling the demand），同时在支付制度上也进行了微调，建立了个人预算账户（personal budget）。综合来看英国照护政策的发展脉络，从最初地方碎片化的照护政策上升为国家统一的照护法案，从被动的照护扶持到赋予照护自主选择的权限，英国已经基本形成了一套成熟的照护体制和机制。

虽然如此，英国的照护机制并没有脱离"自由福利体制"的特征。在"照护津贴"资格认定上，并非所有有照护需求的群体均可获得照护津贴。地方自治体首先对有照护需求的家庭进行资产评估，根据家庭收入情况和被照护者健康水平给予照护津贴，2012年，月均照护津贴标准为300欧元，同时接受照护津贴的个人每周提供照护服务的时间不得少于35小时，个人每周收入不得高于125欧元。如果照护服务提供者处于求学阶段，每周提供照护的时间不得低于21小时（Fry et al.，2011）。Fry的研究结果还显示，自2004年以后，通过地方自治体照护评估的人数越来越少，2011年，仅有50万名处于工作年龄的照护者获得照护津贴（DWP，2012）。同时照护津贴的数额并不足以替代原来的工作收入，许多照护者不得不依赖其他的社会保障项目或者弹性就业维持生存。英国国会最近通过的一项研究报告也显示，照护津贴降低照护者贫困程度的作用很微小。

1990年代以后，英国开始在机构养老服务中引入"市场机制"，造成了提供照护服务的公立养老机构越来越少，到2008年，只有6%的照护之家（care homes）由地方议会所有。由于市场定价因素，入住机构的老人越来越少。2000年末，65岁至85岁老年人口中仅有4%的老年人选择入住机构养老，85岁以上老年人口中只有16%选择入住机构养老。总体来看，英国的照护服务重心逐渐从机构向社区和家庭转移。2000年以后，一些地方自治体启动了地方照护服务战略，通过与独立的非营利组织合作（Carers' center），提供社区照护支持性服务，比如喘息性服务（respite service）、照护假期、支持者群体、健康体检与培训等（Yeandle and Wigfield，2012）。在2006~2007年度，英国地方自治体分配了5500万欧元的资金投入地方照护服务组织中。2013年以后，政府启动个人预算账户，接受居家养老服务的老人可以根据个人预算获得居家养老服务包（home care package），但是接受居家养老服务的老人需要共付和自付大部分照护服务费用，从这一点来看，英国总的照护服务模式始终没有摆脱自由市场经济的"残补式福利"原则，政府的政策始终面向最底层的社会群体，而大部分老年群体仍然需要从市场化的组织或机构中获得老年照护服务。

（二）"社会民主体制"下的照护模式——芬兰的照护体制

传统上，斯堪的纳维亚国家以慷慨的社会福利体系而著称，整个福利机制渗透到社会福利的各个领域，在老年照护政策上体现得尤其显著。1980年代，芬兰地方自治体即已经建立了家庭照护者特殊津贴制度（Carer's Allowance），政策对象是老年和失能照护者家庭。1982年，家庭照护津贴被正式纳入芬兰《社会福利法案》，这项福利法案为地方自治体推行照护服务制度化提供了一个法律框架。1993年，芬兰政府通过了独立的《非正式照护者支持法案》，要求地方自治体开展家庭照护者支持项目，包括喘息性服务（respite care）、照护者津贴（care allowance）和照护者休假制度，同时地方自治体保留津贴发放资格审查的权限。1997年、2000年《社会福利法案》进行了修订，规定接受地方自治体照护津贴的照护提供者可以获得每月一次的休假。2006年，《非正式照护者支持法案》进一步完善，确定了地方自治体与照护提供者签订合同的标准，照护者有资格获得养老保险和工伤保险（accident insurance）、获得喘息性照护服务，以及每月3天的照护休假。这项法案同时确定了地方自治体支付照护者津贴的最低标准，2011年，最低照护者津贴为每月353欧元，临时不能就业的照护者津贴为每月600欧元。照护者津贴在性质上是应税收入，但是并不是收入审查模式（means test），无论照护者或被照护者个人的家庭收入或者资产情况如何，只要承担照护责任，都有资格获取这一津贴。同时这一法律框架赋予地方自治体在津贴获取资格和获取水平上很大的自由裁量权。与自由福利体制国家一致，照护者津贴本质上并非对以往收入的补偿，它相当于失业保险金的60%~70%的水平。残疾儿童的父母可以获得额外的特殊津贴来补偿70%的收入落差。

在过去的20年中，照护制度筹资是芬兰社会福利体制中几项持续增长的筹资项目之一，但实际获得机构或居家照护服务支持的人数也是在降低的，1990年到2010年，65岁以上老年人口获得公立机构养老服务支持的比例降低了40%（Kroger and Leinonen, 2012）。公立机构照护能力的缩减显著地影响到芬兰老年人口的照护服务模式，传统上芬兰强调以公立社会机构为核心的照护模式，以此减轻家庭女性的照护压力，推动性别平等化。但随着人口老龄化的发展，以机构为依托的照护模式显然不能满足老年人的照护需求，由此家庭在社会民主体制国家中也变得越来越重要，85岁以下老年人的照护责任越来越多由家庭来承担，只有那些严重失能的老年群体是交由机构照护来承担（Kroger and Leinonen, 2012）。同时政策制定者在调整照护制度的过程中也在逐步向家庭倾斜，家庭照护者津贴获得者增加了30%（Kroger and Leinonen, 2012）。2005年《非正式照护者支持法案》正式在国家层面推行，家庭照护者的角色得到强化。但是，社会民主体制强调"去中心化"，地方自治体保留自由裁量权，因此由于地方自治体的差异，实际的照护制度执行情况也因地而异。

(三)"法团主义体制"下的照护服务模式——日本的照护服务制度

日本是东亚社会福利制度发展走在前列的国家,传统上家庭在整个照护体系中具有重要地位,日本民法明确亲属照护是家庭成员应尽的责任。但是,一方面由于严重的老龄化危机,日本福利支出连续十几年居高不下,这使得日本社会不得不未雨绸缪;另一方面,自二战之后,日本在制度认同上一直向欧美国家靠拢,因此在制度建构上逐渐脱离儒家社会传统。1990年代,日本通过了长期介护保险(long term care insurance)[①],这项政策彻底地改变了原来的家庭照护逻辑。

日本的长期介护保险制度将居住在日本的40岁以上者纳为筹资对象,其中65岁以上为第一被保险者,40~65岁为第二被保险者。正常情况下,长期介护保险服务对象为65岁以上的第一被保险者。但是,对于参加长期介护保险但不满65岁的第二被保险者,如患有早期痴呆、脑血管疾患、肌肉萎缩性侧索硬化症等15种疾病,可以享受长期介护保险服务。长期介护保险筹资主要包含两部分,一部分是由国家税收支付50%,其中中央政府支付25%,省政府支付12.5%,督道府县政府支付12.5%。另外一部分是由个人支付50%,其中65岁以上的人口支付保险费的20%:其中直接从养老金抵扣18%(90%*20%);对于没有养老金的老人,要向地方自治体缴纳2%的保险费(10%*20%)。对于40岁至64岁的老人,直接从个人的社会保险金中抽离出来作为长期介护保险的基金使用(30%)。

"社团福利法人"是日本社会保险得以运行的基石。他们是事实上的长期介护保险执行者。日本长期介护保险强调"福利服务社会化",所以依托的主要主体就是社团法人。这些社团法人,原来都是以"营利"为目的的私营企业。日本启动长期介护保险体系以后,大部分具有老年照护服务资质的企业都被政府纳入保险体系。名义上,这些社团法人变为非营利性的机构。但实际上,他们还是有自由的空间选择进行营利型运作,比如在执行长期介护保险政策时,社团法人在服务区域上更加倾向于大都市地区,因为这样的地区老年人的需求比较旺盛;在服务项目选择上,他们

[①] 在引入长期介护保险之前,40%的地方自治体为照护者提供照护津贴,虽然这种照护津贴并没有纳入全国性的照护体系,但是一些地方自治体和县基于老龄化的压力仍然选择支付这一津贴。

倾向于"日间照护",这是比设施养老更盈利的项目;在接收服务的老人选择上,因为政策规定,老人需要自负10%的费用,所以他们倾向于接纳养老金较高的老人进入机构。正是有这样的驱动力,所以实际上,社团法人提供的服务并不能满足社会需求,特别是低收入、没有供付能力的老年人,他们经常被排斥在介护服务的范畴之外。这个问题是目前介护保险面临的最严重的结构性问题,日本的长期介护保险最初着重于"社团法人",着力培养起一批社团法人,政府不希望这些社团法人垮掉,所以未来的政策导向上将始终以"社团法人"为主导,以提供社会化的养老服务为方向。这样的话,"家庭"在社会化服务的养老体系中将始终处于边缘地位。

对比以上几种照护模式,家庭—市场—国家的关系建构确实存在显著的差异。在自由福利体制国家,强调个人主义和市场崇拜,社会福利供给市场化,因此政策对象是"最需要"群体,以贫困线为基准提供残补性和零碎的照护服务,政策之外对受助群体产生"污名化"效果,社会政策通常并不能弥合社会福利需求的鸿沟,社会结构走向极化和分裂化(刘香兰、古允文,2013)。社会民主体制国家以公民权利为基础,在照护服务体制上,以照护需求为第一权衡标准,不以个人收入或者资产设限,照护服务普及性较高,体现了北欧福利国家的普遍性福利原则。但是照护服务给付和服务提供上,北欧福利国家从最初以公立机构服务为核心正在向以家庭照护为核心转型,随着人口的老龄化和需求多样化,照护服务本身的高成本已经使传统上的福利国家难以承受重负。而在亚洲,日本是较早将照护服务制度化的国家,在制度文化史上,日本曾经也是深受儒家文化熏陶的经济体,但是二战之后,日本整体脱亚入欧,整个社会福利体系向美欧发达国家看齐;因此在照护体制建构上,将照护资源集中于社团法人,家庭照护者的身份被淡化,同时在制度上也不予以认同。因此日本的照护服务模式已经脱离了传统以家庭为核心的照护体系,逐渐形成了一套以机构为主体的照护体系,这一制度的负面效果也很显著,首先就是传统的家庭非正式照护的解体,同时伴随着国家需要投入照护资源的不断增长。

四 我国照护资源分配的反思

相比西方福利国家,我国整体的照护服务体系处于起步阶段。随着老龄化的加剧，我国照护服务体系也在逐步建构起来。《国务院关于印发中国老龄事业发展"十二五"规划的通知》中提出，"建立以居家为基础、社区为依托、机构为支撑的养老服务体系，居家养老和社区养老服务网络基本健全"。在"老龄服务"政策重心上，着重强调了居家养老服务网络建设，"建立健全县（市、区）、乡镇（街道）和社区（村）三级服务网络，城市街道和社区基本实现居家养老服务网络全覆盖；80%以上的乡镇和50%以上的农村社区建立包括老龄服务在内的社区综合服务设施和站点"。

由于中国政治体制特征，中央政府的制度框架和政策目标会深刻地形塑地方照护服务体制的构建。笔者以实地考察的东、中、西三个省份的案例进行分析。东部地区省份以上海为例，上海市经济发展水平在全国处于领先地位，早在"十一五"期间，就已经构筑了"9037"的养老服务格局①。在照护服务网络上，已经形成以社区助老服务社、老年人日间服务中心、社区老年人助餐服务点等为服务实体，以上门照护、日间照护、助餐服务为主要形式，以生活照料、康复护理、精神慰藉为主要内容的服务模式（房莉杰，2014）。上海市的具体政策实践已经走在"十二五"规划的前列，因此在政策上具有相当大的自主选择空间。上海市政府除了在养老服务网络建设投入资源外，其政策创新之处还在于对"被照护者"提供"照护津贴"。"照护津贴"以需求评估为基础，评估基于两个方面，一是老年人的经济能力，补贴主要针对经济条件较差的老年人，包括享受最低生活保障的老年人，以及月收入介于低保线和低保线1.5倍之间的低收入老年人；二是老年人的失能程度，由专业的评估团队对老年人的生活自理能力、认知能力、情绪行为能力、视觉能力四个方面进行打分，评估出轻、中、重，然后对应地给予300元、400元、500元补贴②（房莉杰，2014）。从总体投入规模上看，2011年至2012年底的两年间，社会养老服务体系建设地方财政投入总额21.6亿元，照护津贴投入总额6.8亿元，

---

① "9073"的养老服务格局，即通过强化社区涉老性配置标准，鼓励90%的老年人由家庭自我照顾；支持社区为7%的老年人提供居家养老服务；由政府主导、鼓励市场参与，为3%的高龄、失能（失智）老年人提供具有全托生活护理功能的机构养老服务。

② 2008年，针对80岁以上的高龄老年人，上海市政府专门制定了一个补贴优惠政策，给符合条件的老年人提供一半的服务补贴。该项制度的享受者必须满足下列条件：一是80岁以上；二是独居；三是收入低于上海市城镇职工养老金的平均线；四是经过失能评估符合某一程度的失能标准；五是愿意自己支付额外的一半服务费用。

照护津贴投入占养老服务总投入的31%,地方政府公共投入的重点目前还是集中在居家养老服务设施的拓展和完善上。

中部省份以山东省青岛市为例,青岛市的养老服务政策重点是构建"9064"养老服务网络,地方政府每年计划投入2.1亿元,完善居家养老服务设施。公共投入重心大部分围绕养老服务网络建设展开,比如对新建养老机构,每张床位补助12000元,对改建养老机构,每张床位补助6000元;对社区老年人日间照料中心,每年给予5万~10万元的运营补助(史云桐,2014)。青岛市的政策创新之处还在于构建了"长期照护保险"体系,但是无论在保险筹资和保险给付对象上都与日本的"长期介护保险"体系相去甚远,在保险筹资上,长期照护保险主要通过调整基本医疗保险统筹金和个人账户的方式筹资,用人单位和个人不再另行缴费。在给付对象和内容上,长期照护保险针对的是老年人的"医疗护理",而非"生活护理"。因此给付对象主要为养老机构和社区医疗机构,而非生活照护的提供者。

西部省份以成都市为例,2011年开始,成都市政府的养老服务重点在于推行"公建民营"的养老模式,目前成都市已经建成社区微型养老服务组织219家,2014年计划在主城区每个街道至少兴建1个社区微型养老组织,达到社区微型养老服务全覆盖。政府的公共投入重心在于支持社区微型养老组织建设,按照每张床位1万元的标准给予一次性的资金补助,同时对入住的成都户籍老年人给予人均100元的补贴。

在制度实践上,由于地区经济发展水平不同,公共投入的方向上略有差异。但综合来看,我国的老年照护体系建设虽然强调以居家为基础,但是养老服务资金的投入重心并不在于具体的"家庭照护者",各级政府将大量资源投入在养老服务设施建设上,从积极的方面看,完善的养老服务体系是未来照护服务制度的基础。但是任何制度体系都需要寻求一个制度平衡点,比如日本在引入长期介护保险制度之初,着重培养专业性的社会福利社团法人作为照护服务提供方;与此同时,发展长期介护保险,提高老年人照护服务的购买能力。更重要的是,在整个照护服务体系中,建立了中立的评估机构(care manager)作为连接需求与供给的媒介。从我国目前的政策构建重点上看,地方政府遵循国家宏观养老服务框架,着力打造养老服务网络,但是在照护服务筹资上仍然存在制度盲区。社区养老服务组织建立起来之后,其性质为非营利性组织还是营利性组织并未能清晰地予以规制，如果为非营利性组织，须有相应的筹资计划覆盖照护服务的高成本；如果为营利性组织，因为市场化的运作机制，照护服务费用可能会超出低收入群体的支付能力，必然使一部分低收入群体被排除在受益群体之外。在成都市的案例中，已经出现这种端倪，地方政府着力打造高端的微型社区养老服务机构，之后微型社区养老服务机构推向市场，最后能够消费微型社区养老服务机构的主要人群是中高层的退休老干部，所谓的社区微型养老服务机构，最后实际服务不再是以社区居家养老为核心，而是转向以市场化的利益最大化为核心。"社区居家养老服务模式"的构建，重点并不仅仅在于建立起与整个人群成比例的居家养老机构，更重要的是通过照护服务筹资体制建设，提高中低收入阶层老年人的购买能力。

五 结语

传统中国社会，家庭是实现养老的核心，但是代际关系的建构形态越来越朝向理性化的趋势演进。首先，在老人一端，在市场化环境下，老人不再扮演一家之长的角色，而是与青年人一样，需要通过"经济的"（比如个人收入）或"工具性"价值（比如看护孙辈）来证明自身的社会地位和社会价值。其次，在子女一端，赡养责任在家庭范围内进行重新分配，家庭成员自觉地按照性别、年龄和是否外出进行了重组，父权制度下单系偏重的养老性别分工实质上正在逐步被打破；未外出的年长家庭成员或者由于身体原因不能外出的家庭成员承担了更多的支持性责任；而对于外出子女，他们会通过汇款、探望、打电话等方式维持与原有家庭成员和亲属之间的联系。这样的家庭关系格局与传统稳固的亲密关系格局已经大相径庭，每一个人都处在一个"暂时性"的角色位置上，没有一个实在的社会规范来制约个人应该承担的角色，也没有一个社会机构来真正惩罚那些不赡养老人的子女。今天可能是女儿在照料父母；明天儿子或儿媳可能在扮演照料的角色；或者还有更消极的结果，所有子女都将远离父母，融入城市化的浪潮之中。这种假设在未来极有可能成为现实，因为计划生育政策使得农村老人没有选择。一言以蔽之，当下的家庭社会秩序虽然在一定程度上延续了传统的家庭伦理，但是与传统家庭秩序相比已经迥然不同了，在新的社会发展阶段，家庭、政府与市场的结构关系在老年照护体制上亟须重新建构。

在西方国家城市化过程中，不同的制度背景衍生了不同的照护模式。自由主义国家倾向于把家庭照料责任推向市场，以市场机制弥补家庭照料的不足，政府承担有限责任。社会民主体制国家最初倾向于以公立机构替代家庭照料功能，但是随着老龄化的加剧，公立机构已经供不应求，同时社会福利支出已经给全社会带来沉重负担。所以近些年来，这些传统福利国家或者在公立机构中引入市场机制，或者通过提供照护者津贴缓解公立机构的照护压力。"照护者津贴"是标志着照护责任从家庭私领域走向公共领域的重要标志，"照护者津贴"其实包含了两个层面的意义，一方面从出资对象上看是由国家财政支出或者由长期照护保险进行筹资，这为照护成本跨越家庭内部以在全社会进行风险分担提供了一种途径，老年照护的责任从一个个独立的家庭责任走向全社会共同承担的责任，这在很大程度上减轻了家庭照护的经济压力；另一方面从补贴对象上看，清楚地指向"照护者"，这个政策指向实际上是伴随着西方女权运动的发展逐步清晰起来的，女性照护原来是依托于婚姻关系、亲属身份而必须承担的社会义务，过去近半个世纪一直是政策的盲区。现在西方照护模式中嵌入了"照护者"津贴，实际上是对于承担家庭照护责任的女性社会身份的一种认可；女性家庭照护虽然在家庭之内完成，实质上也创造了社会价值，分担了公共机构的压力，减轻了未来老龄化的社会负担。同时，给予家庭成员照护津贴激励，可以在一定程度上弥合市场化、城市化引发的家庭原子化、松散化，照护津贴相当于一个杠杆，使家庭功能在现代社会仍然能维持在一个稳定的水平。

反观我国目前的老年照护规划和政策，目前公共投入的重点主要集中在养老机构，更进一步地说是在养老服务设施的建构上，这些政策举措释放了一个明确的信号，即国家对于养老照护要承担社会责任。但是从整个政策规划上，无论是"9037"模式，还是"9046"模式，最终依托于机构或者社区的老年人始终不超过10%的比例，大部分老年人还须依赖家庭成员实现晚年的照护，这是其一。其二，无论是养老机构还是社区养老设施的建立，只有老年群体有充分的购买力，才能实现良性发展，但问题恰恰是当前我国老年群体由于制度转型等因素实际上是贫困程度最深的群体，没有一个宏观的老年照护筹资制度，依托老年人自身的经济能力不可能消费得起机构甚至社区的养老服务设施，虽然目前在青岛开展了"长期照护保险"，但无论是筹资途径还是资金用途都乏善可陈。其三，也是最重要的一个方面，无论从政府政策来看，还是从社会公知来看，家庭照护仍然是家庭本身的义务，甚至《婚姻法》《中华人民共和国老年人权益保障法》①都明确规定了赡养人的义务，但是赡养人是不是也具有社会权利和诉求？这一点至少在我国的社会政策领域还不是一个被核心关注的主题，正因为如此，我国养老照护服务体制建设没有针对"家庭照护者"的补贴。即便是东部地区发达省份上海建立的老年照护津贴，实际上也是以"被照护者"为基础建构的老年照护津贴制度，并没有考虑到谁是实际的照料提供者。在儒家社会传统中，家庭成员照料，更具体地说是儿子照料是天经地义的事情。正因为过于强调"责任伦理"，家庭照料者的沉重负担一直没有被纳入政策考量的范畴。随着老龄化的加剧，我国的家庭政策还有很多方面需要进一步思考。

参考文献

房莉杰，2014，《上海市老龄化与老年服务调查报告》，内部研究报告。
费孝通，1983，《家庭结构变动中的老年赡养问题》，在香港中文大学研讨会上的发言。
刘爱玉、杨善华，2000，《社会变迁过程中的老年人家庭支持研究》，《北京大学学报》第3期，第59~70页。
刘香兰、古允文，2014，《儒家福利体制真的存在吗？——以台湾照顾责任部门分工为核心的分析》，内部讨论会稿件。
梅祖培，1983年，《老龄问题研究——老龄问题世界大会资料辑录》，中国对外翻译出版社。
史云桐，2014，《青岛市养老服务调查报告》，内部研究报告。
王跃生，2006，《当代中国家庭结构变动分析》，《中国社会科学》第1期，第96~108页。
Bettio, F. and J. Plantenga, 2004, "Comparing Care Regimes in Europe." *Feminist Economics*, 10 (1): 85-113.
Clements, L., 2010, *Cares and their rights* (4th edition), London: Carers UK.
Daly, M. and L. Lewis., 2000, "The Concept of Social Care and Analysis of Contemporary Welfare States." *British Journal of Sociology*, 51 (2): 281-298.
DWP (Department for work and Pensions), 2012, Cares Allowance quarterly statistic (Carers Allowances cases in payment), DWP tabulation tool. Available at: Http://

---

① 《中华人民共和国老年人权益保障法》第十四条："赡养人应当履行对老年人经济上供养、生活上照料和精神上慰藉的义务，照顾老年人的特殊需要。"

research. dwp. gov. uk/asd/index. php? page=ca.

Esping-Andersen, G., 1990, *The Three Worlds of Welfare Capitalism*, Cambridge: Polity Press.

Fry, G., Singleton, B., Yeandle, S. and Buckner, L., 2011, *Developing a Clear Understanding of the Cares'Allowances Claimant Group*, London: DWP.

Kroger, T. and Leinonen, A., 2012, "Transformation by stealth: the retargeting of home care in Finland." *Health and Social Care in the Community*, vol 20 (3): 319-327.

Leira, A., 1992, *Welfare States and Working Mothers*, Cambridge: Cambridge University Press.

Yeandle, S. and Wigfield, A. (eds), 2012, *Training and Supporting Carers: The National Evaluation of the Caring with Confidence Program*, Leeds: CIRClE, University of Leeds.

(原载《浙江社会科学》2015年第8期)

城市中年子女赡养的孝道行为标准与观念

李琬予　寇彧　李贞

摘　要　通过访谈和实验研究发现,城市中年子女将同龄人中多数人的赡养孝行视为孝行标准。他们认为选择机构养老方式赡养父母的孝行水平较低,需要采用补偿视角和获益视角的努力获取与同龄人横向比较的心理平衡,通过降低自己的未来孝道期待获取纵向上的代际互惠平衡。这些人当前感知的孝行标准虽然较高,但预期孝行标准则呈下降趋势,于是其赡养老人的行为意愿、相关情感和认知评价都会通过接受机构养老来使孝道观发生变化。

关键词　城市中年子女　孝行标准　孝行水平　赡养　孝道观

一　问题的提出

第六次全国人口普查结果显示,我国60岁及以上老年人口已达到1.78亿,并仍在稳定增长。预计到2020年,北京每5人中就会有1人是老年人。越来越多的家庭需要面对养老问题。

我国传统上以居家养老为主,赡养的主要责任人是家中的中年子女(熊跃根,1998)。他们或者与老人同住或安排老人与其他亲属同住,或者雇人照顾独居的老人,或者将老人按时间寄养在社区等(郭竞成,2010)。赡养是中国孝道文化的重要组成部分,人们的赡养观念往往反映出时代对孝道的要求。孝道的核心内涵是"善事父母",包括赡养、顺从和悦亲等内容(杨国枢,1989);既包括对待父母的认知与情感,也包括与之相应的行为。研究者通过分析经典孝道语句的内容发现,关于赡养的传统孝道观念是"随侍在侧"和"奉养双亲",即子女必须优先、亲自赡养父母且兼顾父母物质和精神两个层面的需求(叶光辉、杨国枢,2009),做到百善孝为先。可见传统的孝道观即在认知上认同善事父母,在情感上悦纳父母,在行为上顺从父母、亲自侍奉父母。居家养老在形式上满足了亲自侍奉父母的要求,因此也是常规的传统赡养方式。

但是,近期的研究发现,孝顺相对于其他生活事件已不占绝对优先地位了。比如,虽然台湾地区青少年反映亲子情感的相互性孝道信念还保持不变,但根据家庭角色规范随侍在侧的权威性孝道信念已淡化(Yeh & Bedford, 2003, 2004)。大陆的大学生也最不赞同对父母要"百依百顺""绝对服从",而更强调父母与子女之间的平等对待;大学生也不愿意与父母同住,更倾向于与其年老的父母分居(邓凌,2004)。显然,对比传统的孝道观,当今人们在认知、情感、行为上都已发生了变化。而且经济的发展、城市人口的流动,使得亲子间的地理距离逐渐拉开,传统的孝道观及居家养老开始遇到很多执行上的实际困难。在此背景下,直接承担赡养责任的城市中年子女开始对自己是否具备足够的能力保证父母生活安好,以及在不改变自己当前生活状态的情况下怎样赡养父母等问题感到不安和忧虑。这种孝道焦虑既包括对父母生活质量的担忧(情感焦虑),也有对自己能否胜任赡养角色的担忧(能力焦虑)(Cicirelli, 1988)。

有鉴于上述情况的出现,一部分人开始关注机构养老。这种需要老年人离开亲人和家庭、以老年群体形式度过人生最后阶段的养老方式源自欧美的个体主义文化。由于强调个人的自主需要,养老金又主要来自政府对保险和税收的再分配,养老部门的工作人员往往直接与老年人协商解决养老问题,欧美文化中的子女并没有直接和绝对的赡养义务(张滢鸿,2013)。尽管如此,仍有研究发现老年人的原照料者(子女和配偶)会因为将老年人送到养老院而减轻了照料压力和孝道焦虑,但"遗弃"老年人的内疚感却挥之不去(Kellett, 1998: 113-115)。

机构养老模式在 20 世纪后期进入我国,当时的养老院主要接收"三无"老人,这些老人顶着"被遗弃、贫穷、无后代"等污名,生活状态与"儿女绕膝、含饴弄孙"等标志人生完满的老年生活相去甚远。但近年来,普通老年人选择养老院养老的比例明显增加，一些地区甚至出现排号现象（赵剑云、白朝阳，2012）。这一方面反映出机构养老方式自身的成长，同时也反映出人们赡养观念或孝道观的变化。在从居家养老到选择机构养老的过程中，人们，特别是中年子女们参照了什么孝行标准？他们如何看待自己的孝行，通过怎样的策略获得了自己关于赡养的认知、情感、行为的平衡？孝道行为模式（孝行模式）究竟是否可以或在多大程度上具有权变性？对于这些问题一直存在着争议。近期研究发现，台湾地区的成年子女越来越不认为与年老的父母同住就是孝顺（叶光辉、杨国枢，2009）；大陆地区送父母去养老院的男性认为，自己的孝顺体现在为父母提供经济支持使他们得到更好的照料上，而不一定要住在一起，尽管女性依然会为送老人去养老院而体验到较多的情感焦虑（Zhan et al, 2008）。也就是说人们关于赡养的孝行正在发生变化，但无论采用何种孝行，即使不采用传统孝道提倡的居家养老方式，人们也不会为了肯定自己的孝行而放弃对孝顺之名的追求，他们可能会对孝道观做出调整。

　　个人的孝行是否值得肯定，需要与一定的标准进行比较，然而目前少部分人对机构养老方式相对一致的支持态度和选择，为这一标准的形成提供了可能性。对感知一致性（intersubjective perceptions）的研究发现，在某种社会意识形态下个体感知到的周边信息的影响力，可能超越个体自身态度或观念对其行为的影响作用。因为个体依照群体共同认可的事实或观念来建构行动蓝本，有助于做出适应环境的行动（Hardin & Higgins, 1996）。而产生优势影响的信息，可能是某种一致性的态度或某种发生频率较高的行为，当社会意识形态改变时，这些信息会重新合成发挥影响（Chiu et al., 2010）。可见，在现实生活中，人们的行为不仅受自身观念的影响，还会受到周围占优势的、比较一致的观念的影响。如果将居家养老与机构养老看作不同孝道行为水平（孝行水平）的话，中年子女的孝道观首先会影响其赡养方式的选择。目前，多数城市中年子女选择让父母居家养老（常规孝行模式），于是，中年子女基于周围人对居家养老的态度和采用频率，就会感知到这是社会关于赡养的孝行标准（简称感知孝行标准），自己如果也选择让父母居家养老，就感觉自己的行为符合孝行标准。但是，机构养老成为备选的方式（权变孝行模式）以后，加之城市中年子女的周围已经有一部分人采用了这种方式，且对孝道焦虑的感受、对未来家庭赡养资源减少的预期（目前城市家庭通常只有一个子女),很可能导致城市中年子女判断机构养老被采用的人数会进一步增加。也就是说,当代城市中年子女的感知孝行标准可能会受到周围人对不同孝行模式的态度、采用频率的影响。那么,居家养老与机构养老目前在城市中年子女心目中是否代表着不同的孝行水平?如果机构养老的支持程度和采用频率日渐提高的话,城市中年子女的感知孝行标准是否会发生变化?参照改变了的孝行标准,他们选择送父母去养老院的孝行就可以被肯定,继而,孝道观也会再受其影响而变化吗?我们通过两项研究来探讨这些问题。

二 研究1:城市中年子女感知的孝行标准与其孝道观的关系

(一)研究目的

本研究采用半结构化独立访谈法,考察城市中年子女对常规孝行模式(居家养老)和权变孝行模式(机构养老)代表的孝行水平的感知,以及感知的社会孝行标准与其孝道观的关系。

(二)研究方法

1. 被试

正式访谈的受访者是11名城市中年子女,其父或母正在或曾在养老院,他们的详细信息见表1。

由预访谈得知,居家养老是城市中年子女赡养父母的首选方式。当无法维持居家养老时才选择机构养老,所以,采用机构养老方式的中年子女都采用过居家养老的方式。因而我们可以获取受访者对周围环境中两种养老方式的感知信息。

2. 研究程序

第一,我们以志愿者身份到北京市某养老院做义工,与入住老年人、护理员和院长建立了信任关系。然后在一个月内的每个周末随机对老年人及其子女进行访谈。我们了解到多数老年人是由子女送入养老院的。子女会主动从孝道的角度谈论父母的赡养问题,并从父母、自己、自己的孩子三代人的视角思考这一问题。

表1 受访者及其正在/曾经入住养老院父/母的基本情况

	受访者						对应入住养老院者					
编号	性别	年龄	教育水平	收入（元）	居住地	兄弟姐妹（不含被试）	亲子关系	养老费用支付者	与受访者关系	独立生活水平	入住年份	采访时入住情况	原养老住所/照料者
1	女	56	大学	3000~7000	北京	0	较好	我	母	不能自理	2009	1.5年	住我家/保姆
2	男	48	大学	>7000	北京	2	很好	父	父	半自理	2009	离开	住姐家/保姆
											2010	再入住	
3	女	50+	大学	>7000	北京	0	较好	母	母	不能自理	2005	去世	与父住/父和我
4	男	45	大专	3000~7000	北京	0	较好	母	母	半自理	2010	3个月	住我家/我夫妇
5	女	67	大学	>7000	北京	1	很好	我	母	半自理	2009	7个月	住我家/我
6	男	56	初中	3000	北京	2	很好	亲子双方	母	半自理	2008	1.5年	住我家/保姆
7	男	62	大学	3000~7000	北京	1	很好	父	父	半自理	2010	3个月	我楼下/我和哥
8	女	47	大学	<3000	哈尔滨	2	很好	姐	父	半自理	2005	去世	住姐家/姐
									母	自理	2005	离开	
											2014	再入住	
9	男	59	未知	3000~7000	哈尔滨	6	很好	我	父	半自理	2001	去世	独居/保姆
10	女	53	初中	<3000	牡丹江	1	很好	亲子双方	母	不能自理	2010	4个月	住弟家/弟夫妇
											2010		
11	女	50	大专	3000~7000	牡丹江	6	较好	兄弟姐妹	母	半自理	2009	1年	哥或弟家/哥或弟

注：表中"我"为受访者，其他称呼相对"我"而言。以下表均同。

说明：（1）编号是受访者参加访谈的序号。（2）受访者特征中，亲子关系仅出现较好和很好的情况，存在一定偏差，这可能是由于访谈为当面进行，反馈存在社会称许效应；也可能亲子关系好的子女更容易接受访谈；也可能多数中年子女心目中的亲子关系较好，例如：对城市中年子女的感知孝行标准对其孝行水平的影响研究结果显示，80%的被试的亲子关系为较融洽或者很融洽。（3）受访者父母的独立生活水平多为半自理或者不能自理，是因为访谈地点为24小时看护型普通养老院。其中的老年人不同程度地丧失独立生活能力，例如，有人虽然身体健康，但是不能独立外出购物或活动。文中界定的自理程度综合了其身体和精神状况，并参考所在养老院的评定标准。

第二，根据预访谈结果确定正式访谈主题：（1）城市中年子女感知到的周围人关于居家养老和机构养老的态度和采用频率；（2）机构养老方式对其孝道观的影响；（3）上述两点的同辈与代际特点。

第三，采用合作编码分析访谈所获信息。基于扎根理论，两位研究者先独立编码，再事后讨论。在形成主轴和选择性编码的过程中参考了叶光辉等人有关孝道内容的研究结果（包括孝道标准来源、孝行实践模式、孝行评价依据等）（叶光辉、杨国枢，2009）。

第四，采用归类一致性系数（CA）和编码信度系数（R）（徐建平、张厚粲，2005）衡量编码信度。CA 在 0.73~0.85，R 在 0.85~0.92。采用反馈法检验编码效度，请研究生对三项访谈主题给予反馈：（1）你感受到的受访者心情；（2）你在受访者的处境会采取的措施；（3）你对受访者及其父母、孩子三方之间获得与付出关系的看法。反馈结果与研究者的理解一致。

3. 结果分析

（1）居家养老和机构养老所代表的孝行水平比较

受访者表示优先选择的赡养方式是居家养老，亲子同住或亲子就近居住，自己或雇人照料父母是主要赡养方式。在父母或自己身体健康状况下降、自己感到无法照料或者照料父母与自己其他日常生活构成强烈冲突时，受访者才被迫放弃居家养老而选择机构养老。其中两名受访者曾因父母在养老院生活不适应，并且家中兄弟姐妹有照料余力（退休）而尝试接回父母，但是一段时间后感到力不从心又将父母送至其他养老院。只有一例是因为父母在家感到寂寞而提出机构养老的。4 名受访者表示，采取机构养老赡养父母之前对其完全不了解，其余受访者对机构养老持不同程度的消极态度，表现为对选择机构养老家庭的成员关系、经济状况和子女孝顺水平的负面评价，对机构养老感到恐惧，设想入住者临近死亡以及不信任机构的护理（比如担心虐待老人）。对于自己选择机构养老，多数受访者认为是没有办法的办法，只有 2 名受访者认为这是比较前卫的做法。总体上看，城市中年子女心目中的机构养老所代表的孝行水平低于居家养老所代表的孝行水平。

（2）对当前和未来赡养孝行标准的感知

受访者报告，在采取居家养老到机构养老的转换中，他们的家庭内部普遍进行了充分的讨论，而且还不得不就此事与外界进行沟通。这两个渠道使受访者获得了周围的人们关于赡养的孝道观和采用不同孝行的频率等信息。

受访者表示，子女都认为自己有赡养父母的责任，于是兄弟姐妹会先讨论是否送父母去养老院的问题。在衡量彼此的赡养能力、父母当前的生活状况和意向之后，兄弟姐妹间会达成一致意见。即使有分歧，也保持着孝道上的相互认可。例如，"我姐姐说：这样（送养老院）处理也好，只要她（母）高兴就行"（5）①；"俺弟弟（送养人）还挺孝敬的"（10）。比较而言，一同承担赡养义务的配偶在讨论中的影响力较小。女性受访者不认为丈夫负有赡养自己父母的责任，例如，"好在我爱人（丈夫）还比较好，就是说共同来干这个事（照顾母亲）"（1）。男性受访者虽然认为妻子负有一定责任，会考虑她的态度，但是更看重父母意向或者兄弟姐妹及自己的态度，例如，"她（妻子）当时倒是有过这种（送到机构养老）建议，但是我没有采取。我也跟我妹她们一个想法，就是说，老人不愿意那就不行"（6）。多数受访者不考虑核心家庭成员中孩子的态度，他们认为孩子没有赡养祖父母的义务。但是，孩子有时却能影响老人的选择。例如，"老人的意思呢是为了孩子，就说我可以到这来（养老机构）"（4）。

受访者最顾虑的是父母的感受。受访者认为，父母在养老问题上的态度具有权威性，例如，"我们没有那个权，她自己想咋的就咋的"（11）。受访者的父母中有1例是老人患有老年痴呆、无法表达自己的意愿，其他受访者则认为父母如果不同意就不应该送他们去养老院。受访者认为有些子女不送父母去养老院也是出于这个原因，例如，"他们（同事、朋友）感觉都挺好，都说想尝试一下把老人送过来，但都因为老人反对没有送"（6）。而已经送去的情况通常是，子女向父母说明居家养老的困难后，要等父母理解或者让步了才送，例如，"要顺，以老人能接受的方式对老人好，他自己要是感觉不好，你就是再觉得养老院对他好，你也起不到一个好作用"（7）。放弃机构养老方式或者要等待父母同意的受访者表示，他们虽然理解父母更希望居家养老，认为这符合老年人的观念，但他们也认为这种观念是传统或幼稚的，不适用于当前的现实，例如，"他们（父母）都是很传统的。我呢，对老人有传统的一方面"（4）；"（入住老人）

---

① 括号里的数字表示被访者的编号，下同。

有的像小孩一样,(说)我要回家"(11)。

此外,受访者虽然会将父辈亲属的态度与自己的态度区别开来,但颇受其影响,例如,"因为当时我姨她们也比较支持,她们是让我选养老院的,如果她们不说这个话,我不会起这个念头的"(1)。

可见,赡养老人的方式是由家庭内部决定的。在决定过程中,受访者将上述各种信息源分别赋予"同一"(兄弟姐妹)或"可控"(配偶)属性,划在自我范畴之内;以及将"无关"(孩子辈)或"理想"(父辈)属性划在责任关系之外,因而,这些信息源并未对子女感知的孝行标准产生关键影响。

家庭之外的信息源是否有影响呢?从访谈结果可知受访者将同事、朋友等面临同样赡养问题的人都划入了与自己"同病相怜"的中年群体,这个群体不但区别于待赡养的老人和无赡养义务的孩子,也区别于有赡养义务的兄弟姐妹或配偶。在与"同龄人"就养老问题的信息交流中,脑海中逐步累积了同龄人的赡养态度和不同孝行方式的频率。由于同龄人与自己同病相怜,又与自己没有亲缘关系,更没有与自己父母的赡养关系,因而同龄人的养老态度被表征为当前社会对不同养老方式的认可程度。例如"老人就是比较敏感的,接受事物能力差,轮到我们这一代可能这种情况就少了"(11);"接触的同学和接触的社会,有些观念是逐渐逐渐慢慢形成的"(5)。所以,城市中年子女感知到的孝行标准,是以同龄人的赡养态度和采用的孝行方式的频率为基础的。然而,目前的情况是,周围更多的同龄人采用的是居家养老方式,例如,4名受访者提到周围没有人送父母去养老院,所以,受访者发现同龄人的态度是更支持居家养老的。例如,"同事说,像我这种情况有几条路可走:第一请保姆;第二,我们这些子女能有一个人专职回来,但都走不通啊,剩最后一条路,就是这个了,没有其他选择"(7)。就是说,受访者感知到同龄人对常规孝行模式的支持态度和实际选择的频率,我们将其称为当前感知孝行标准(如图1所示)都绝对高于权变孝行模式。但是,受访者同时也意识到选择机构养老的同龄人人数在增加,而且没有什么负面标签。例如,"我们单位的一个所长跟我同龄,我们都一年大学毕业的,他妈妈他父亲都是死在养老院的。我就觉得他能想,他都能做到。我是说,起码他还是……"(1)。另外,对于自己的选择,来自同龄人的非消极反馈也在增加,例如,"现在听说这种事,我觉得80%的人都很接受"(11)。而且,考虑到下一代多为独生子女，受访者普遍预见到未来居家养老的难度，认为机构养老可能发展为与居家养老同等重要的养老方式。例如，"我认为这是将来社会发展的一个必然趋势，整个社会发展的一个新的养老方式"（5）。从调整可以看出，城市中年子女也感到孝行标准正在发生变化，同龄人对权变孝行模式的支持态度和选择频率将进一步提高，我们将其称为预期孝行标准（如图1所示）。显然，当前感知的孝行标准远远高于预期的孝行标准。那么，两种不同的孝行标准如何影响中年子女对自己孝行的判断、影响其孝道观呢？

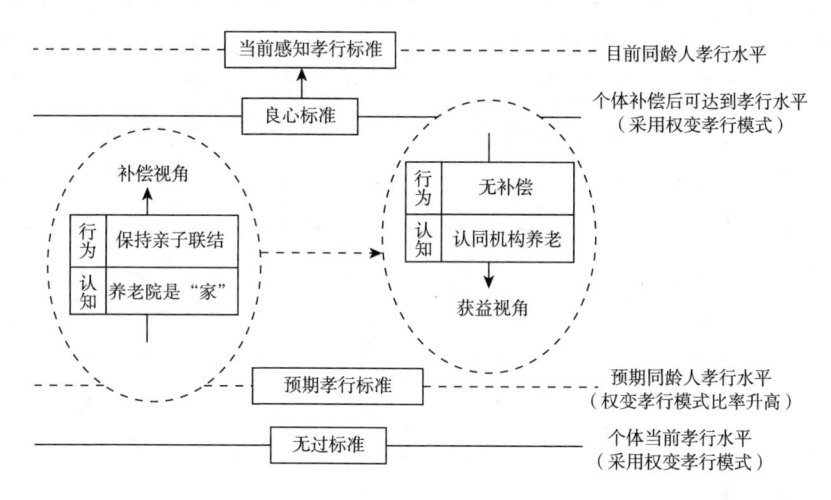

图1 受访者孝道观在当前感知孝行标准与自己孝行水平差异的调整过程及对孝行的影响

注：（1）实线代表确定值，虚线代表可变化值。代表孝行水平最高的"线"在最上方。（2）实线箭头代表孝行水平变化方向；虚线箭头代表视角变化方向。

说明：该图是本文作者绘制的，目的是想形象地描述不同孝行标准、孝行水平以及孝道观之间的相互影响。

（3）从补偿性视角与获益性视角调整孝道观

面对与当前感知孝行标准的差距，受访者感到了压力，例如，"人家爹妈都在儿女那或自己单过，我干嘛要送到养老院呢，寻思寻思就不是滋味，所以呀，就是觉得对不起爹妈的那个感觉"（8）。他们自己内心也并不满意采用机构养老赡养父母的孝行水平，例如，"我的心情是很沉重的，反正那种老的传统观念一下子去不掉的"（5）。对于自己的行为与内心孝道观的不一致受访者又是如何处理的呢？

首先，受访者认为需要通过提高其他方面的孝行水平来做出补偿，并认为权变孝行模式与常规孝行模式的最主要差异，是机构养老方式减少了父母获得子女的陪伴、照料、关注和进行情感交流的机会。于是他们试图补充父母居住方式以外的其他相关赡养行为，使父母居住的安全感和舒适度、自己对父母身心状况的关注度和亲子联结的紧密度都能得到保证。例如，按时支付父母的养老费用，随时补充父母的日常所需（帮助父母剪指甲，常给父母送去各种零食及水果）；受访者努力培养自己与养老院或护理员的良好关系，认为这样可以及时了解父母的日常起居，加大对父母的关注度；又如，受访者更经常地去养老院看望父母，觉得这样可减少空间距离感，保持亲子联结，例如，"我要是去看了，心里可得劲儿了，我要是万一有事没去，心里可不得劲儿了，可着急了"（10）。

其次，受访者还试图突破对居住方式内涵的理解所导致的孝行水平局限，他们通过建立自己与养老院的稳定联结（比如定期看望父母，过年过节接父母回家），寻找机构养老与居家养老的相似点（比如养老院里的其他人如同家庭成员，老人不会感到寂寞，可以形成稳定的人际关系，可以得到定时照料等）；在认知上将养老院纳入"家"的范畴，认为父母并未离"家"，例如，"我说如同养老院是她的家，如同我没跟我母亲住在一起，这你（同事）也不可能天天上你母亲那去看她吧。然后我呢是把那当她的家，我一个礼拜上我妈的家看看去，我把养老院当家，这不是同样的嘛"（6）。

可见，受访者基于传统的或他们原有的孝道观判断和调整自己的孝行，并努力使自己的行为接近原有的孝道观或与其保持一致。具体的做法就是努力将权变孝行模式常规化（即将机构养老家庭化），以便在认知上提高对自己孝行水平的认可。我们将其命名为补偿视角的努力（见图1）。有了补偿努力，受访者对当前的孝行水平感到心安，例如，"反正我觉得我会尽我的全力，至少我觉得我能对得起我自己的良心"（3）。所以补偿视角的努力是以他们为自己标明的良心标准（如图1所示）为目标的。尽管良心标准低于当前感知孝行标准，但受访者努力了，就觉得更接近这一标准了。

在父母入住养老院一段时间之后，受访者发现养老院具有一些优势：能够及时处理老人摔倒、走失等紧急情况；能够提供对老年病的专业护理；父母的饮食起居比较规律，与其他老年人为伴也不容易寂寞。例如，"如果敬老院给我打电话说我妈哪不舒服了还是有点担心,但是起码那种担心他们会征求你意见,要不然送医院啊或者怎么着啊,那就比较好,那就不会像听到保姆打电话,那立刻就要请假就得回家啊,不一样啊"(1)。这就使受访者开始从照料、养生和生活乐趣等方面来评价机构养老了。于是他们认识上的变化发生了,有受访者认为即使自己的孝行水平达不到当前的感知孝行标准,但只要父母的养老效果好,自己在孝道上就没有过失。例如,"他(父)决定了是不是这个生活起居啊各方面满意,如果他满意了那就是咱们尽了孝"(2)。显然,受访者也会采用无过标准衡量自己的孝行水平(如图1所示),无过标准参照的是对父母养老效果的评价,是受访者从自己的角度观察父母在养老院的生活质量,并综合自身的生活感受(比如照料老人的压力减轻了、自己能够安心工作了、家庭关系中的矛盾减少了等)得出的。就是说,子女对孝行水平画了一条底线,即自己对赡养效果感到满意,例如,"如果当初老人不希望来养老院,这个就稍微有点违背老人的意志,从那个什么上讲叫不顺,但是如果从大义上来讲,是为了老人好,而且老人在这的确好,那我觉得就没有必要说追究这个子女的责任"(6)。受访者在协调自己的孝行与感知孝行标准的过程中,除了前述补偿视角的努力外,还会基于赡养效果来判断和评价自己的孝行,我们将这种努力称为获益视角的努力(如图1所示)。

从获益视角看,机构养老对亲子双方都有好处。例如,"我觉得我们这样做还是对老人和家人都有好处的,这是一个万全之策,只能这么做了"(7)。所以,受访者进而就会认为同龄人群体应该而且一定会逐渐接受机构养老,从而避免对于赡养老人不必要的时间和空间投入,即不拘泥于家人陪伴或者亲子式照料,使赡养能够在居住和照料形式上脱离对家庭的依附,例如,"对于我们同龄的这些人来讲,或者比我们稍大些的五六十岁的这些人来说,上面还有八九十岁的老人,对父母尽孝,对老人尽孝这种,可以说是这个观念得改变。有些人就是我得在父母身边,就是父母不能离开家,是吧,落叶归根那种观念,我觉得就不一定咱们那么天天照顾就能把老人照顾好"(2)。这样的认识不但使受访者在认知、情感、行为上接受权变孝行模式代表的孝行水平,而且使他们认为同龄人也应该或者必然要降低之前执行的常规孝行模式代表的孝行水平,这就是对未来孝行水平的预期。相比之下预期孝行标准是低于良心标准的,虽然它目前高于无过标准,但从获益视角来看,它还会逐渐降低而接近无过标准。可见，受访者的感知孝行标准导致了其孝道观的变化，孝道观的变化又导致了他们对当前孝行水平的不同解释和后续孝行的变化。

（4）从补偿视角与获益视角平衡亲子互惠关系

通过补偿视角的努力，受访者不但弥补了自己孝行水平与当前感知孝行标准的落差，实现了同龄人之间横向比较的心理平衡，而且也可补偿自己与父母之间互惠的落差，因为受访者普遍感到选择机构养老亏欠了父母，例如，"很内疚，总觉得老人为我做那么多，我为她做得太少了"（7）。而获益视角的努力并没有使受访者做出孝行的补偿，那么，他们怎样获得与父母之间的互惠平衡呢？我们发现，受访者普遍认为，父母是愿意甚至应该在与子女的互动中做出让步或者牺牲的，例如，"老人如果从子女这方面考虑，应该是可以接受（机构养老）的"；"我们这一辈人对老人就是，因为老人为我们付出了很多，老人也影响我们的生活啊，就是双方搅在一起"（4）。另外受访者面临自己的孝行水平不能回报父母养育之恩的冲突时会主动谈到自己与下一代的互动，认为孩子虽然有赡养的义务并能够主动回报，例如，"他要负责双方父母，4位老人，孩子负担很重"（7）；"用不着我要求他们（孩子）也会这么（按照受访者赡养母亲的方式）对待我的"（5），但预期自己对孩子的付出会远大于孩子将来的回报。他们并不依据感知孝行标准来估计孩子将来可能的回报量，而是从自己当前的孝行水平以及孩子有限的赡养能力来预期，例如，"我们对老人也是孩子对待我们的一个榜样"（2）；"因为就一个女儿，不可能给她添加太大的负担。因为我已经知道了，精神上的和经济上的都难"（1）。于是受访者认为，孩子应该优先安排其个人生活，将未来的赡养放置于第二位，孩子的孝行水平可以低于或者等于自己目前的孝行水平，例如，"我不希望我家孩子非得像我这个样，我希望他常来看看，但是他得力所能及"（6）。换句话说，在获益视角下，受访者通过降低对孩子的孝道期待来平衡代际互惠的落差，他们虽然没有通过补偿视角的努力来提高自己的孝行水平，但也不要求孩子将来对自己有更高的孝行水平，于是达到了自己对待父母的方式与自己父母曾经对自己的付出之间的平衡。

4. 讨论

从城市中年子女对当前和未来孝行标准的感知，在采用孝行模式转换前后对孝行标准的参考及对孝道观的调整过程中可以看到，人们在社会老龄化日渐严重、不同孝行标准并行的环境中，正努力通过收集信息来平衡自己的赡养观念和孝行与周围环境的差异。为了获得与同龄人横向比较上的平衡,以及与父母、孩子纵向互惠上的平衡,城市中年子女从不同角度调整自己的孝道观。在补偿视角下他们参照当前感知孝行标准,努力提高自己的孝行水平,以维持一定水平的亲子联结。在获益视角下,他们避开传统孝行模式的限制,从亲子三代人获益的角度认识和评价机构养老,并预期未来孝行水平呈下降的趋势。

为了验证研究 1 的发现,我们采用准实验设计进行了研究 2,以随机抽选的城市中年子女为被试,通过情境故事操纵被试的当前感知孝行标准和预期孝行标准,检验他们采用补偿视角和获益视角解释自己行为的程度;我们预期被试会根据感知到的孝行标准来调整自己的孝行水平和孝道观。

三 研究 2:城市中年子女的感知孝行标准对其孝行水平的影响

(一) 研究假设

1. 当前感知孝行标准和预期孝行标准促使城市中年子女做出补偿视角与获益视角的努力。

2. 在当前感知孝行标准的条件下,城市中年子女更愿意通过获益视角降低孝行水平。

3. 在预期孝行标准下降的条件下,城市中年子女更愿意通过补偿视角提高孝行水平。

(二) 研究方法

1. 被试

以前文有赡养问题的城市中年子女为研究对象,根据国内城市经济发展水平的不同分层抽样,在一线城市(北京、上海)和二线城市(哈尔滨、天津等)按照性别比例随机抽选年龄在 40~60 岁[①]、有或曾有 60 岁以上老年父母的子女。获得有效被试 134 人,其中男性 64 人,女性 70 人,平均年龄 48.1 岁 (SD=4.79),具体信息见表 2。

---

① 年龄范围的选择参考不同年龄段成年子女与父母同住目的的研究结果(叶光辉、杨国枢,2009:155)。

表 2　研究 2 的被试及父母基本情况

被试				父母			
项目	类别	人数	百分比	项目	类别	人数	百分比
居住地	一线城市	51	38.06	他人照料需求（父母只剩一方时，按照身体较好为低需求、一般或者不好为高需求计入）	低（父母一方身体较好，另一方也较好或一般时，认为能够自理或具备老老护理可能）	58	43.28
	二线城市	79	58.96				
	未注明	4	2.98				
兄弟姐妹（不含被试）	0	3	2.23				
	1~3 人	90	67.16				
	≥4 人	41	30.60				
在兄弟姐妹中排行	老大	45	33.83		高（父母一方身体不好，或者双方身体一般时，认为自理程度低而且老老护理可能性低）	76	56.72
	居中	48	36.09				
	老小	37	27.82				
	独生子女	3	2.25				
家庭月收入（元）	≤3000	17	12.69	居住情况	与我同住	20	15.15
	3000~7999	65	48.51		与其他子女同住	27	20.45
	8000~14999	31	23.13		与配偶同住	31	23.48
	≥15000	21	15.67		独居	50	37.88
教育程度	中学及以下	57	42.86		其他	4	3.03
	大学（大专）	64	48.12				
	硕士研究生及以上	12	9.02				

注：照料可能性指标，"低"指被试不是主要赡养人；"中"指被试是主要赡养人而且父母的他人照料需求低；"高"指被试是主要赡养人且父母的他人照料需求高。

个别被试未填报所有信息，分项汇总有缺失值。

2. 设计与材料

采用 2（孝行标准：当前感知孝行标准组，预期孝行标准下降组）＊2（性别：男，女）被试间设计，采用补偿和获益视角的程度作为被试调整孝行水平的指标。考虑性别因素后随机分配被试到两组中。

（1）机构养老被试样本代表性检验

一道自编题目，请被试陈述"是否支持配偶父母去养老院养老"及最主要的原因。

（2）孝行标准的操纵

由于当前采取机构养老赡养父母的城市中年子女尚占少数，我们采用假设情境的方式来操纵被试感知到的孝行标准及其变化。情境设计参考搜狐网的一项社区居民养老方式调查结果，同时根据研究1中受访者对同辈人认同机构养老比例的估计，设定人们对各种养老方式的选择比率。具体情境如下：2010年[①]10月，搜狐网的随机调查显示，只有很少的（越来越多的）中年人打算让父母去养老院养老。近日，某社区调查中心对1612名年龄在40~60岁的居民进行了一项入户调查，发现33%（9%）的人和父母同住；35%（25%）的人住的离父母较近；25%（24%）的人的父母在异地居住；有6.9%（42%）的人选择让父母去养老院养老。其中有人刚为父母在养老院排上号；有人正通过熟人或网络选择养老院；只有很少的人（而有一部分人）已经把父母送进了养老院[②]。

（3）对补偿视角和获益视角努力的操作性定义

补偿视角源于个体的传统孝道观念，我们采用叶光辉编制的孝道信念量表测量被试关于"子女应该如何对待父母"的信念，以此作为被试希望持有的孝行水平。该量表分为相互性孝道分量表和权威性孝道分量表，共20道题目，6点计分，1=完全不重要，6=绝对重要。本研究的内部一致性信度Cronbach系数为0.88和0.82。

获益视角体现了个体对机构养老的态度，用两个题目测量被试希望维持的最低孝行水平。题目1测量被试认同机构养老是社会发展趋势的程度，6点计分，1=绝对认同，6=绝对不认同。题目2测量被试支持养老机构建设的程度，11点计分，1=不劝说邻居，11=劝说10个邻居。两道题目间相关显著，$r=-0.44^{**}$[③]。

（4）孝行水平的测量

有些被试已在赡养父母，而有些被试刚开始考虑父母的养老问题，所以我们根据被试对机构养老的行为意愿、情感反应、认知评价来评估其可能的孝行水平。

从两方面测量被试选择机构养老的行为意愿。用两道自编题目分别测量被试使用机构养老方式赡养父母及配偶父母的行为意愿，前者为11点

---

① 根据审稿意见，于2014年初又补充收集了一批数据，当时将被试阅读材料中的年代修改为2013年。

② 括号内是预期孝行标准下降组被试阅读的情形。

③ ** 为$p<0.01$，* 为$p<0.05$，^为$p<0.1$，以下均同。为避免反应倾向，我们对第二题采取了反向计分，后文中也因此有不同的计分方式。

计分，1=绝无可能性，11=100%采用；后者为5点计分，1=很不支持，5=很支持。两道题目间相关显著，r=0.53**[①]。

将机构养老作为备选赡养方式有助于缓解子女的孝道能力焦虑，我们也采用奇奇雷利（Cicirelli, Vietor G.）于1988年编制的孝道能力焦虑分量表（卓馨怡、利翠珊，2008）测量被试对机构养老的行为意愿，认为焦虑水平越高（低），被试选择机构养老的行为意愿就越低（高），共8道题目，5点计分，1=非常不同意，5=非常同意。本研究的内部一致性信度Cronbach系数为0.82。

用一道自编题目测量被试选择（或预期）机构养老赡养父母的情感反应，11点计分，0=非常不舒服，10=非常舒服。用一道自编题目测量被试对机构养老与孝顺是否相关的认知评价，6点计分，1=绝对有关，6=完全无关。

3. 研究程序

第一，在被选城市联络1~2名主试，对其进行专业培训；第二，按被试性别等比例向主试邮寄实验材料（包括被试的基本信息表、孝道信念量表、孝道能力焦虑量表、感知孝行标准情境、被试对机构养老的认同度和支持度、选择机构养老的行为意愿及对其的情感反应与认知评价等测查题目）；第三，要求主试寻找与实验需要相匹配的中年人为被试，征得同意后与其签署研究协议；第四，主试指导被试填答随机分配的实验情境问卷，被试答完所有题目后可得到致谢礼品；第五，主试核查问卷填答情况，并汇总寄给研究者；第六，研究者分析问卷数据，并根据被试所留地址向其解释研究意图和结果。

（三）研究结果

1. 对样本代表性的检验

为了检验研究2样本的代表性，并与研究1的结果进行对比，我们设置了两个题目："您是否支持自己的父母（配偶的父母）去养老院养老，为什么？"共有82名被试对本题目做出反馈，其中2名被试的父母在养老院养老。采用独立样本t检验方法，比较反馈被试与未反馈被试关于采用机构养老方式赡养父母或配偶父母的行为意愿，发现不存在显著差异；另外，简单相关分析发现，被试关于赡养父母和赡养配偶父母的行为意愿显

[①] 预实验结果显示对于自己父母入住养老院的反应出现地板效应，因而采用了11点计分。

著相关，r=0.53**。因此我们认为，研究 2 的样本可以和研究 1 样本中被试关于父母的赡养考虑进行比较。

分析发现，被试对父母或配偶父母赡养方式的考虑主要包括尊重老人意愿、配偶及配偶家人决定、老人需求（主要是亲子式关爱）、子女孝道义务、孝道情感（亲子式愉快感、机构养老内疚感）、孝道能力（时间、经济水平和照料者资源）和照料效果 7 个方面（详见表 3）。有 2 名被试认为，养老是社会问题和现实问题，不能回答。半数以上被试支持居家养老，明显超过支持机构养老的被试人数。33 名被试（40.24%）将子女孝道义务、孝道情感和老人需求的考虑作为选择与否的主要原因，证明了当前感知孝行标准和补偿视角的存在；27 名被试（32.92%）将照料效果和孝道能力作为选择与否的主要原因，则说明获益视角的存在。另外，只有 14 名被试（17.07%）将尊重老人意愿作为主要考虑因素，也符合研究 1 发现的重视父母意见的结果。由此，我们认为，研究 1 对采用机构养老方式的被试的研究结果，可以推广至还未做出赡养行为和已经选择居家养老方式的城市中年子女。

表 3　研究 2 中被试对父母或配偶父母的赡养考虑因素

单位：人

选择倾向	尊重老人意愿	配偶及配偶家人决定	老人需求	子女孝道义务	孝道情感	孝道能力	照料效果	合计
居家养老	0	0	9	17	5	5	6	42
机构养老	0	0	2	0	0	8	6	16
中立	14	6	0	0	0	1	1	22
合计	14	6	11	17	5	14	13	80

2. 感知孝行标准的操纵效果检验

操纵效果的检验是要求被试阅读情境后，判断同龄人选择机构养老的人数比率。为强化操纵效果和避免反应倾向，我们在当前感知孝行标准条件下设置的备选项为<5%、5%~10%、10%~20%、20%~25%、>25%；在预期孝行标准下降条件下设置的备选项则以 20%[①]为最小值，<20%、

[①] 访谈和预实验中，被试倾向使用 20% 和 80% 进行比率描述，考虑情境的比率设置和实际情况，在此采用 20% 作为区分值。

20%~40%、40%~60%、60%~80%、>80%。

Pearson卡方检验发现，在当前感知孝行标准条件下，56人（81.16%）判断同龄人选择机构养老比率小于20%，13人（18.84%）判断该比率大于等于20%；而预期孝行标准下降条件下，15人（23.44%）判断同龄人选择机构养老比率小于20%，49人（76.56%）判断该比率大于等于20%。$X^2=44.45^{**}$，$df=1$，两组被试判断同龄人选择机构养老比率的差异显著，说明实验操纵有效。

3. 不同感知孝行标准条件下补偿视角和获益视角的努力

表4显示，在两种孝行标准条件下，补偿视角努力与获益视角努力在整体上无显著差异。但显然，从补偿视角看，被试在两种孝行标准下的相互性孝道信念都强于权威性孝道信念，说明虽然两种孝行标准都引发了被试的孝行调整，但子女更愿意依据与父母的情感和对父母曾经的付出给予回报的角度去采取补偿行动，而不是基于父母的权威地位；从获益视角看，人们在两种孝行标准条件下都表现出对机构养老当前建设的中等水平（5人左右）的支持度，以及较高的（有点认同和很认同之间）对机构养老发展趋势的认同度。以上结果显示，被试对机构养老的积极态度是指向未来的。从性别角度看，女性被试在当前感知孝行标准条件下，权威性孝道信念稍高（$p=0.086$），男性被试在预期孝行标准下降条件下，对机构养老发展的支持意愿稍高（$p=0.081$），但是由于均为边缘显著的影响，所以不作为主要影响进入后续的分析。假设1得到验证。

表4 不同感知孝行标准条件下的补偿视角和获益视角的努力（M±SD）

情境	性别	补偿视角		获益视角	
		相互性孝道	权威性孝道	对机构养老认同度	对机构养老支持度（人数）
当前感知孝行标准	男（n=37）	5.12±0.54	3.67±1.03	2.73±1.12	4.54±3.64
	女（n=33）	5.10±0.64	3.60±0.56	2.64±1.03	5.23±3.49
预期孝行标准下降	男（n=27）	5.04±0.59	3.47±0.68	2.85±1.20	6.19±3.68
	女（n=37）	5.06±0.46	3.31±0.67	2.86±0.95	5.89±3.30

4. 当前感知孝行标准条件下补偿视角和获益视角努力的差异

采用分层回归分析发现，在当前感知孝行标准条件下，被试补偿视角的努力仅仅体现在预期送父母去养老院之后的情感舒适度方面，具体表现为男性的权威性孝道信念越强,他们预期采用机构养老赡养父母后情感舒适度越低 ($\Delta R^2=0.24^{**}$, $\beta=-0.36$, $t=-2.65^*$);而在选择机构养老赡养父母的行为意愿及关于机构养老与孝顺是否相关的认知评价上都没有效应。

从获益视角的努力来看,男性对机构养老发展的支持度越高,选择机构养老赡养父母的行为意愿也越高($\Delta R^2=0.31^*$, $\beta=0.35$, $t=2.26^*$);女性对机构养老发展的认同度越高,选择机构养老赡养公婆的行为意愿就越高($\Delta R^2=0.19^*$, $\beta=-0.36$, $t=-2.16^*$),预期采用机构养老赡养父母后情感舒适度也越高($\Delta R^2=0.18^*$, $\beta=-0.42$, $t=-2.51^*$)。这说明在当前孝行标准条件下,被试更倾向通过获益视角降低自己的孝行水平,他们选择机构养老赡养父母、配偶父母的行为意愿对其情感反应都有影响,并且没有显示出性别差异。假设2得到验证。

5. 预期孝行标准下降条件下补偿视角和获益视角努力的差异

采用分层回归分析发现,在预期孝行标准下降条件下,被试补偿视角的努力对他们关于机构养老的行为意愿和认知都产生了显著影响。

无论男女,被试的权威性孝道信念越强,其孝道能力焦虑水平就越高(男性,$\Delta R^2=0.54^{**}$, $\beta=0.51$, $t=2.97^{**}$;女性,$\Delta R^2=0.28^*$, $\beta=0.34$, $t=2.09^*$),说明被试在预期孝行标准下降的条件下,具有明显的采用补偿行为回报父母的动机,如果不能回报,就要承担强烈的焦虑情感。另外,男性的权威性孝道信念越强,越认为赡养方式与孝顺与否有关($\Delta R^2=0.15^*$, $p=0.056$, $\beta=-0.41$, $t=-2.42^*$);女性的权威性孝道信念越强,选择机构养老赡养父母的行为意愿越低($\Delta R^2=0.19^*$, $\beta=-0.36$, $t=-2.05^*$)。

被试获益视角的努力仅体现在男性身上,表现为男性对机构养老发展的认同度越高,预期采用机构养老赡养父母后的情感不适度越低($\Delta R^2=0.32^*$, $\beta=-0.33$, $t=-2.03$, $p=0.053$),越认为赡养方式与孝顺与否无关($\Delta R^2=0.29^*$, $\beta=-0.44$, $t=-2.62^*$);他们对机构养老发展的支持度越高,越认为赡养方式与孝顺无关($\Delta R^2=0.25^*$, $\beta=0.40$, $t=2.62^*$)。

所以,预期孝行标准下降条件下,城市中年子女整体更愿意通过补偿视角提高孝行水平,虽然从性别角度看,男性获益视角的努力也产生了一定影响。假设3得到验证。

(四)讨论

研究2通过假设情境操纵了被试对孝行标准的感知,发现在两种孝行标准条件下，被试都会通过补偿视角及获益视角的努力来调整其孝行水平，从而验证了研究1的结果。另外，研究2还发现，在当前感知孝行标准条件下，被试相对更强调从获益视角调整其孝行水平，例如，支持机构养老发展的男性，倾向于接受自己父母去养老院养老；认同机构养老发展趋势的女性，也更愿意如此赡养公婆。而在预期孝行标准下降条件下，被试则相对更强调从补偿视角调整其孝行水平。同时，被试在两种孝行标准条件下的孝行还受到其性别的调节，上述差异在女性身上表现更为明显。可见，虽然两种孝行标准都影响被试的孝行调整，但被试调整孝行的努力不同，获益性视角的努力与补偿性视角的努力之间的差异，正好透视出当今城市中年子女的孝行徘徊于自身工作生活与传统孝道观之间，而女性作为家庭赡养的主要执行者，比男性做出了更多的适应性调整。这些结果基本验证了研究2的假设。

四 综合讨论

（一）城市中年子女面临赡养困境时对自己孝行水平和孝道观的调整

研究1发现，中年子女受传统孝道观的影响以居家养老为赡养父母的首选方式，而且认为同龄人普遍认可这种方式。但是，中年子女同时也发现很多同龄人感到常规孝行模式使自己力不从心，因此，越来越多的同龄人开始寻找和认可权变孝行模式（主要为机构养老方式）。

对于城市中年子女来说，人们的赡养态度和行为正在变化之中。一方面，按照传统的孝道观，城市中年子女认为当前的孝行标准是常规孝行模式；另一方面，按照同龄人变化着的赡养态度与行为，他们预测孝行标准将会下降，权变孝行模式也将成为社会发展趋势的产物。于是，城市中年子女需要在两种孝行标准之间确定自己的位置，获得赡养父母方面的心安。如果不得不采取权变孝行模式尽孝，他们一方面会基于传统孝道观做出补偿视角的努力，使自己的孝行趋近当前感知孝行标准；另一方面，他们会从亲子双方利益和现实条件出发做出获益视角的努力，认同预期将下降的孝行标准，通过降低对孩子的孝道期待来获得代际的互惠平衡。研究2通过实验验证了上述结果，而且发现，被试并未对实验设置的预期孝行标准下降条件（假设情境中较高的机构养老比率42%①）提出质疑，反而根据其做出补偿视角及获益视角的努力来调整自身的孝行，即在当前感知孝行标准下，以获益视角的努力来降低孝行水平，在预期下降的孝行标准下，以补偿视角的努力来提高孝行水平。

可以说，当前城市中年子女已经接受了两种孝行标准的共存，而且试图调和传统孝道观与眼前孝行标准之间的矛盾。已有研究指出，对于变化着的社会形态，如果每个人都做出一点改变的话，迅速的社会转折就可能发生（Chiu et al.，2010）。具体到老龄社会导致的赡养问题，我们也不妨大胆预测，随着更多城市中年子女对自己孝行的调整，人们会越来越接受机构养老这种赡养方式。另外，有研究发现，目前社会整体孝行水平和孝道期待正在下降（Croll，2006；Cheung & Kwan，2009；Wang et al.，2010）。从我们的研究结果看，其实人们的孝道观也正在发生变化。日益严峻的老龄化、不断加快的生活节奏、繁重的工作压力使得城市中年子女必须面对赡养困境，所以，他们的孝道观也不得不因为自己行为的改变而发生变化。

（二）城市中年子女如何逐步适应多元化的养老社会环境

本研究的结果揭示当前城市中年子女正在试图适应多元化的养老环境，但同时经历着因为感知到双重孝行标准而产生的不安，这是老龄化日益加剧的社会发展的必然。他们怎样才能更好地适应逐渐更新的孝行标准和变化的孝道观呢？

首先，应及时更新有关养老的知识，了解更多的养老方式。我们在研究1中发现，被访者在采取机构养老方式之前普遍选择了居家养老，但在形式上却局限于自己照料或者雇用保姆上门服务；当他们选择机构养老方式之后，又担心父母的需求得不到满足甚至被虐待。换句话说，人们希望居家养老，但是对居家养老丰富的形式了解不多，比如，老年人日间活动中心就可以解决子女上班时老年人的照料问题。所以，一方面，社区可以建立托老所这样的日间老年人活动中心；另一方面，作为赡养人的中年子女也应更新养老的知识和观念。要加强养老技术和知识的交流传播，促进

---

① 本实验研究最初完成于2011年年中，据调查数据，北京市2011年年底老年人入住养老机构的比例仅为2.8%（《小康杂志》，2012）。

多样化居家养老服务形式的社会宣传。比如，日本社会比较流行的养老服务团体、有潜在赡养需求者、赡养人三者之间进行的交流活动，既可以帮助人们了解居家养老的服务边界，又可以使更多人有机会了解、沟通关于养老的技术和信息（总务省，2010：33~36）。如果人们了解更多的居家养老方式，在当前孝行标准下就会有更多的选择（穆光宗，2012）。

其次，应从多方面认知孝顺。城市中年子女当前心目中的孝行标准仍然是常规孝行模式，但他们同时感受到了居家养老的沉重负担，并预期孝行标准将下降。他们的内心正经历着这种变化带来的不安。那么，如果能从赡养父母的多样化方式和照料父母的功能的角度来考虑，即可引导中年子女认识到，除居家养老以外，其他赡养方式也能达到孝顺的目的。这不仅可以有效缓解中年子女对于赡养的焦虑，而且可以有效增强赡养的效果。因而，引导城市中年子女在认知上突破对养老地点和照料者的固着认识，有利于重新建构对孝顺的认知评价，也有利于他们正确看待机构养老。另外，我们发现，当今的城市中年子女认为孩子没有赡养祖父母的义务，因为担心独生子女的照顾压力过大，也不希望增加孩子日后照顾自己的负担。但是又有研究发现，独生子女比非独生子女更重视日后给父母带来幸福和快乐，并强调自己是照顾父母的唯一责任人（Deutsch，2006）。如果今天将孩子与照顾老年人区隔开的话，现在的孩子长大后也会面临今天中年子女面临的困惑，他们一方面想让父母有个完满的老年生活，同时也会经受孝道观念与孝行标准差异的痛苦。因此，现在就鼓励第三代甚至第四代人参与养老过程，学习养老技术和养老知识，会使孝顺的观念和责任代代相传。学校一方面对学生开展生命全程教育，帮助学生了解和适应老年人的衰老过程，树立尊重老年人的观念，考虑自己对于家庭成员养老的责任；另一方面可以以班会形式组织学生交流各家的养老心得，并利用假期让学生去养老院参观，使他们有机会以更客观和平等的视角审视各种养老模式的存在和作用，以便逐步适应多元化的养老社会环境。

（三）本研究的不足和后续研究方向

在研究 1 中我们发现，城市中年子女以感知孝行标准调整自己的孝行水平和孝道观，采取的是做出补偿视角和获益视角的努力。研究 2 以实验的方法检验了此结果，虽然基本验证了研究假设，但仍存在一些不足。

首先，个体通过获益视角并不能感到最终的心理平衡，而要将目光转向三代人的互惠关系上，通过降低对自己孩子的孝道期待才能达至平衡。那么获益视角和孝道期待之间的关系还有待于进一步研究，或许借助于孝道期待在不同代际的变化，才能弄清个体补偿和获益视角的努力使其获得心理平衡的机制，后续可进行这方面的追踪研究。

其次，在感知当前孝行标准和预期孝行标准下降两种条件下，补偿视角与获益视角的努力体现出一定的性别差异。一方面，根据孝行标准的变化做出适应性调整以维持相对稳定的孝行水平的现象，主要出现在女性身上；另一方面，男性的获益视角指向父母，女性的获益视角有时却是指向公婆。这种性别差异是意味着男女在面对孝行水平与感知孝行标准的差异时的应对策略不同，还是意味着男女感受到的赡养压力不同呢？有研究发现，预期照料时女性的孝道情感焦虑水平更高（Laditka & Rogich, 2001）。中国的传统是女主内，但是对于现代城市独生子女家庭来说，女婿和儿媳在家庭中承担的角色、义务或权利可能已经或正在发生变化，而他们的信念或行为可能也会影响父母一辈。比如，有些中年子女已开始考虑对女方父母尽孝。后续可以从性别和角色的角度展开研究，从而揭示上述差异产生的原因。

最后，补偿视角中，人们持有的相互性孝道信念的水平虽然更高，但是没有产生主要的补偿影响，这是否意味着相互性孝道信念更容易适应新的孝行标准呢？后续研究可以进一步探索它的补偿影响。

五　结论

基于以上研究分析，本文得出以下结论。

其一，城市中年子女将同龄人的赡养态度和赡养行为看作孝行标准，并据此调整自己的孝行水平。

其二，城市中年子女认为机构养老的孝行水平低于居家养老的孝行水平，通过补偿和获益视角的努力获取与同龄人横向比较的心理平衡，通过降低自己的孝道期待获取纵向的代际互惠平衡。

其三，城市中年子女预期孝行标准将呈下降趋势，其孝道观中的赡养老人的行为意愿、相关情感和认知评价正在试图通过接受机构养老来适应这种变化趋势。

参考文献

《小康杂志》,2012,《养老机构入住比率低》,新浪网,http://news.sina.corn.cn/c/sd/2012-09-04/112625097197-3.shtml。

北京市老龄工作委员会办公室,2011,《北京市2010年老年人口信息和老龄事业发展状况报告》,首都之窗门户网站,http://zhengwu.bering.gov.cn/tjxx/tjfx/tl197710.htm。

邓凌,2004,《大学生孝道观的调查研究》,《青年研究》第11期。

郭竞成,2010,《居家养老模式的国际比较与借鉴》,《社会保障研究》第1期。

国务院办公厅,2011,《国务院办公厅关于印发社会养老服务体系建设规划(2011—2015年)的通知》(国办发〔2011〕60号),http://www.gov.cn/zwgk/2011-12/27/content2030503.htm。

穆光宗,2012,《我国机构养老发展的困境与对策》,《华中师范大学学报》(人文社会科学版)第2期。

熊跃根,1998,《成年子女对照顾老人的看法——焦点小组访问的定性资料分析》,《社会学研究》第5期。

徐建平、张厚粲,2005,《质性研究中编码者信度的多种方法考察》,《心理科学》第28卷第6期。

杨国枢,1989,《中国人之孝道观的概念分析:中国人的心理》,(台北)桂冠图书公司。

叶光辉、杨国枢,2009,《中国人的孝道》,重庆大学出版社。

张滢鸿,2013,《中国城市机构养老问题研究》,硕士学位论文,山东师范大学。

赵剑云、白朝阳,2012,《住不起的养老院——北京养老院生存现状调查》,《中国经济周刊》第27期。

卓馨怡、利翠珊,2008,《成年子女的孝道责任与焦虑:亲子关系满意度的影响》,《本土心理学研究》第30期。

総務省,2010,「ICTによる地域の絆の再生」,『情報通信白書』1(1)。

Chou-Kiu Cheung, & Alex Y. Kwan, 2009. "The Erosion of Filial Piety by Modernisation Chinese Cities." *Ageing and Society*, 29 (2).

Chi-Yue, Chiu, Michele Gelfand, Toshio Yamagishi, Garriy Shteynberg & Ching Wan, 2010, "Intersubjective Culture: The Role of Intersubjective Perception in Cross-Cultural Research." *Perspectives on Psychological Science*, 5 (4).

Cicirelli, Victor G., 1988, "A Measure of Filial Anxiety Regarding Anticipated Care of Elderly Parents." *The Gerontologist*, 28 (4).

Croll, Elisabesh J., 2006, "The Intergenerational Contract in the Changing Asian Family." *Oxford Development Studies*, 34 (4).

Deutsch, Francine M., 2006, "Filial Piety, Patrilineality, and China's One-Child Policy." *Journal of Family Issues*, 27 (3).

Hardin, Curtis D. & E. Tory Higgins, 1996, "Shared Reality: How Social Verification Makes the Subjective Objective." In, E. T. Higgins & R. M. Sorrentino (eds.),

Handbook of Motivation and Cognition: The Interpersonal Context. New York: Guilford.

Kellett, Ursula M., 1998, "Meaning-Making for Family Carers in Nursing Homes." International Ournal of Nursing Practice, 4 (2).

——, 1999. "Transition in Care: Family Carers Experience of Nursing Home Placement." Journal of Advanced Nursing, 29 (6).

Laditka Sarah B. & Maria Rogich, 2001, "Anticipatory Caregiving Anxiety Among Older Women and Men." Journal of Women and Aging, 13 (1).

Wang, Dahua, Ken Laidlaw, Mick J. Power & Jiliang Shen, 2010, "Older People's Belief of Filial Piety in China: Expectation and Non Expectation." Clinical Gerontologist, 33 (1).

Yeh. Kuang-Hui & Olwen Bedford, 2003. "A Test of the Dual Filial Piety Model." Asian Journal of Social Psychology, 6 (3).

——, 2004, "Filial Belief and Parent-Child Conflict." International Journal Of Psychology, 39 (2).

Zhan, Heying J., Feng Xiaotian & Luo Baozhen, 2008, "Placing Elderly Parents in Institutions in Urban China: A Reinterpretation of Filial Piety." Research on Aging, 30 (5).

（原载《社会学研究》2014 年第 3 期）

机构养老与孝道：南京养老机构调查的初步分析

风笑天　江　臻

摘　要　三十多年来计划生育政策的一个后果是我国人口结构的变化，特别是老龄人口的增加。城市中机构养老的方式开始成为家庭养老的一种补充。由于这一养老方式同中国传统文化中与家庭养老方式密切相关的孝道观念形成了一定的冲突，因此它所带来的人们对"孝道"认知的改变值得特别关注。基于南京养老机构中老人及其子女的个案访谈资料，初步分析和探讨了与机构养老有关的养老方式及其孝道问题。结果发现，城市老人选择机构养老的原因包括子女工作忙、家中无人照料、住房紧张、与子女关系不好、长期生病等。对于机构养老的态度既有满意的，也有观望不定的，还有消极抵触的。而其子女的态度也是既有积极的，也有矛盾的。但无论老人还是子女，都不认为老人进机构养老是子女不孝顺的表现。

关键词　养老机构　养老方式　孝道

三十多年来，我国改革开放所导致的社会变迁，加上在此之前就开始实施的独生子女生育政策，极大地改变了我国社会的人口结构和家庭结构。人口结构变化的一个明显趋势是老龄人口的增加，由此带来了社会中家庭养老压力的增大。与此同时，作为家庭养老方式的一种补充，机构养老的方式开始在我国城市中出现。由于这一养老方式同中国传统文化中与家庭养老方式密切相关的孝道观念形成了一定的冲突，因此机构养老方式上的新颖性值得注意，还有它背后的东西，即它所带来的人们对"孝道"认知的改变。值得探讨的问题是，机构养老能被普通老百姓接受吗？将老人送进养老机构养老是子女不孝顺的表现吗？入住养老机构的老人和家属如何看待机构养老的现实？本文通过对南京养老机构中老人及其子女的个案访谈资料，初步分析和探讨了与机构养老有关的养老方式及其孝道问题。

从目前情况看，学术界对养老机构的研究刚刚开始，除了零星关于老年人对机构养老态度的调查报告外（邓宁华、何洪静，2011），仅有少量探讨机构养老发展困境及对策的论文（穆光宗，2012；张增芳，2012），以及介绍机构养老一般状况及其基本模式的研究报告（冯占联等，2012；黎民、胡斯平，2009）；而现有关于孝道的研究则主要聚焦于探讨孝道的伦理学、哲学内涵与意义，对孝道的起源与演变过程的梳理，或者是对孝道观念的反思及其在当代的借鉴意义。这方面的研究主要为理论分析，鲜有经验研究成果。特别是没有将机构养老与孝道联系起来进行探讨的研究，而这正是本研究的目标。本研究探讨城市老人及其子女选择机构养老的原因、城市老人及其子女怎样看待机构养老的方式、城市老人及其子女如何看待机构养老与孝道之间的关系。

本研究采用定性研究方法，通过对南京市养老机构中的老人及其子女的个案访谈，对研究主题进行初步分析。目前南京市经过民政部门审核批准的老年人社会福利机构共有177家，按照出资方的性质分为政府主办、街道集体经济主办与私人主办。本项研究中，我们选取了六家，覆盖了三种形式的老年人社会福利机构。六家机构的费用收取水平有高低之分，本研究力争在典型性的基础上具备一定的全面性和代表性。本研究针对生活在养老机构中的老年人及其子女分别制定了访谈提纲，共访谈20位入住老人和14位入住老人的子女。需要说明的是，由于入住机构的老人一般年龄偏大，而且有的老年人身患慢性疾病，思维和语言有障碍，所以必须选择那些心智相对健康、口齿相对清楚、体力和精神状态至少能够接受访谈的老人。因此，访谈对象选择的结果显然会存在一定局限性，不能完全代表入住老人的情况。

一　入住养老机构的原因

尽管不同条件的养老机构提供的生活照料水平不同，入住老人的经济水平和生活水平也不尽一致，但是各个阶层的老人都有对养老机构的需求，这个需求可能是多方面原因促成的。

其一，子女忙碌，老人缺人照料。

>我自己要来的，他们苦哦，老早就要出门上班，天黑才回家，就我一个人在家，没有人搞给我吃，没有人跟我讲话，这里好多人。（E 陈女士）

>我们家兄妹四人，哥、姐都在外国或外地，只有我照顾老人。我妈妈年纪大了，一个人住不安全。现在我爱人又生病了，我还要上班，实在顾不过来，所以把妈妈送到老年公寓。（A 陈女士）

其二，与子女共居，房子不够大。

>我是自己要求住进来的。我老头子走了以后我也和儿子一起住过，就两个房间，我跟孙女睡，我打呼，孙女读书晚上要做作业，影响她，后来她上大学，也经常要回来，现在毕业了，还是住家里。地方太小了，我就要求出来住。（D 高女士）

>我以前和女儿一起住，后来外孙要结婚，家里房子不够，我决定出来住。（F 杨女士）

其三，与子女关系不和，避免与子女或子女配偶的争端。

>老头子死了之后，儿子女儿都叫我跟他们住，我不去。跟儿子住要做事，那总不能只吃饭不干活啊，太辛苦，不想跟小孩住，我就一个人住。上了八十岁女儿就叫我到这块来了。（D 郭女士）

>原来住女儿家，等于就是看他们面子吃饭了，后来和女婿有矛盾我就住出来了。（E 周女士）

其四，拆迁失房，因各种原因不愿或不能与子女共居，又不愿或没有能力在市区买新房，拿了拆迁款入住养老机构。

> 我妈妈80岁，住进去有三年了。她原来一个人住，后来那边房子拆迁，没有房子了，她和我住了一年，后来自己要住老年公寓。（D 胡先生）

> 老伴去世后，我一个人住，拆迁后，没有房子了。子女房子都小，我就住老年公寓了。拆迁款我拿到十几万，五个小孩一家给一万，我自己还有八万，我还有工资。（住这里）费用我自己付一半，厂子付一半。我也不给子女添负担。（C 郭先生）

> 我2002年拆迁后，就租房子一个人住，因为得了眩晕症，儿子不放心，就叫我住养老院。住家里找个小保姆不如住养老院，省心。（E 夏女士）

其五，因为身患疾病，需要医疗照顾或长期护理，子女因各种原因无法承担照顾责任。配偶还在世的老人入住养老机构，一般都属于这种情况。

> 我现在压力特别大，我老妈妈92岁的人了，一直住在养老院里。我老伴这两年身体又不好，走动看病都不方便，我又弄不动他。我跑了好多家，最后选的这家，有医生，有医疗设备，吃药打针都很方便。我经常过来看看他。（B 陈女士）

> 我有糖尿病，每天吃饭饮食都要注意，需要细心照顾，家里女儿工作太忙，老伴年龄也大了，家里人一商量就让我住进护理院了。（B 夏女士）

> 去年还是前年，我记不清了，得了脑梗阻，住院了几个月。出院后，走路、吃饭都得照顾。儿子说找个老年公寓吧，我就来这儿了。（E 朱先生）

上述许多原因在现实生活中也许是交错在一起的，许多老人入住养老机构，也许不止出于一方面的原因，往往是出于多方面的考虑。

二 对于机构养老的态度

入住养老机构，老人们得到不同程度的生活照料，但是对入住养老机构这件事本身的态度是因人而异的。大体上有以下三类。

一是很满意的态度。有的老人乐于接受这样的生活方式，自得其乐，打算定居养老机构度过余生。这部分老人在理性和感性上都接受了机构养老的方式。

> 我以后就定居这里，好得很，每天吃了中饭打点小牌，出去转转玩玩。我往年过年都回家，去年过年没有回去，就在这里过的。（D 高女士）

> 住这里挺好的，清静，就算女儿家有房子我也不去住了，住这里我和展奶奶（同一个房间的老人）又合得来，一起聊聊天，开心得很。过年去女儿家过，女儿来接我，住个十来天再回来。我跟他们讲我现在脑子里就是一张白纸，什么都不想，什么都不烦。我也算定居了吧。（F 杨女士）

> 我现在是一个人住一间，两张床，没人打扰，就像自己家一样，做什么都随便。收费标准是每个月交1200元，我有退休金，足够用了，不用儿女负担了。这里干净，环境好，还有别的老人一起生活，不孤单，挺好的，很满意。（A 倪先生）

二是思想上有些抵触，持观望不定的态度。有的老人在感情上并没有接受机构养老的方式，虽然从理性分析的角度，机构养老方式无疑对他们是有利的。

> 我有糖尿病，每天饮食都要注意，女儿工作忙，老伴年龄也大了，家里人一商量就让我住护理院，我自己不怎么想去。我后来有一点忧郁症，不开心，现在好多了。如果有机会再重新选一次，我还是住在家里。假如我没有老伴，我会住养老院。但是现在老伴还在，年龄也大了，八十三了，自己也不能烧吃的，就吃食堂。有时候也会过来看我，我叫他少来，人老了走路不方便。我没打算在这里定居，我

还是要回家的。(B 夏女士)

三是消极的、不适应的态度。有的老人入住之后情绪十分低落,甚至引起心理上的危机。

> 当时住到养老院真有点想不开,但不住也没办法,后来慢慢想通了。我真想过寻死,活着有什么意思啊,现在好一点了。(E 小胡女士)
> (我)没有过过集体生活,后来有一点忧郁症,心里不开心,但是和医生护士交流不太多,他们忙得很。(B 夏女士)

没有哪家养老机构为此专门配备心理医生。有医疗设备和医疗设施的康复护理院,医生和护士很少与老人交流,工作忙碌是一个原因,没有足够地重视老人的心理问题也是一个原因。入住老人如果出现心理方面的问题一般都通过和同住老人或服务人员聊天舒缓。如果不能找到这样的聊天伙伴,和外界的沟通和交流就很少了。

> 我 71 岁了,没什么亲人了,平时也没有朋友来看我,是有一点孤单的。我想有一个搭伴老人,可以住在一间,八十岁以下的,健康的,亚健康也行,各方面能交流起来的,能和我说说话,一起出去走走看看。我现在住的是三人一间,一个 104 岁了,聋得不行;一个有失语症,交流不起来,没有人和我说话。医生护士过来也就一会,所以挺闷的。(B 郁女士)

老人们对入住机构养老的不满意、不乐意的心态,究其原因,有的是由养老机构提供的服务比如饮食质量不高、饮食品种不多、生活照料不到位等引起的。

> 这里和家里比啊,我觉得还是家里好。以后要是回家住呢,自己洗自己烧都不是问题,我洗衣服比他们洗得还干净,他们都是白的黑的一起塞到洗衣机里洗,白的都变灰了。回家住的一个不好(的地方)就是,一个人没有说话的了。(E 张先生)

访谈中发现老人们的大多数不快乐并不是由机构本身提供的服务不完善而引起的，他们甚至承认住在养老机构能获得比家里更好的医疗和生活照顾，但是对于机构养老方式还是不太接受、不太认可。这种心态，与他们对家庭的习惯、对居家养老的认可相关。中国的传统文化如今仍然深刻地影响着人们，特别是老人。对他们来说，家的观念是根深蒂固的。

三 老人对家的依恋

相当一部分老人表现出对家庭的依恋，有的老人明确表示不愿意定居，还有回家的打算。笔者统计，在访谈的20名老人中，打算定居和计划回家的人数各占一半。至于定居和回家的打算与养老机构的层次（档次）之间是否有相关性，还有待后续的定量研究。

有相当一部分老人表示还是要回家，他们虽然认识到养老机构是大势所趋，随着社会的发展、子女工作的忙碌，肯定有越来越多的老人住进养老机构养老，但是他们同时还表达了对家的渴望，表示住养老机构是暂时的选择，以后还是要回家的。对于他们中的一些人来说，回家仍然是一个根深蒂固的想法、一个愿望、一个盼头。他们把养老机构和家分得很清楚，觉得养老机构不能代替家。

> 好还是家里好。我不在这里定居，我先住两年，老了再回家，说不定明年就回家。我在这里不自由，在家里也不自由。女儿也叫我回家，我过两年老了再回家。（E周女士，和女婿不和而入住）
>
> 最好还是住自己家里，和儿子住，我不在这里定居，我还是要回家住，就是这两年住在这里。（E夏女士，拆迁）

有些住的离家近的老人，能够活动的，即使家里没有他们的床位了，也会时常回去看看。特别是春节，绝大多数老人都会由子女接回家过年。

> 过年我女儿接我回家去过，住个五六天，我回家很方便的，我自己拄个拐杖就可以走回去，我经常回去的，一个星期总要两三次，就回去看看，睡觉还是回来睡，吃饭时间来得及也不在那里吃，我回来吃。（E周女士，和女婿不和而入住）

可见，对于一部分老人来说，虽然不住在家中，家对他们仍然具有重要的意义。即使在养老机构中能得到比在家里更好的生活照料和医疗看护，居家养老还是他们在感性上更认可、更赞同的养老方式。还有些老人对于定居还是回家没有决定性的计划，定居还是回家取决于子女的态度，以及自己身患的疾病情况。

> 定居不定居，以后再看吧。要是身体好了，儿子叫我回家，我就回家。房子租了，我又是一个人，我一般就打算在这里定居了。要是身体好，没有生病那当然是住家里。（E 朱先生，脑梗后遗症）
>
> 是否定居还得看我眼睛，能开刀开好，就可以回家去住。要是儿子（出国打工）回家了，叫我回家去住，我就回家去住。身体好的（老人）还是住家里好，身体不好住养老院。（E 胡女士，白内障）

有的老人认为自己已经没有家了，有一种失落感。这种失落感与其说是入住养老机构的结果，不如说是入住养老机构的原因。

> 那是儿子的家、女儿的家，不是我的家，我没有家了，这里就是家。以后就定居这里了，再选一次还是选这里。（C 张先生）
>
> 我以前是和大儿子一起住，后来得了脑血栓，眼睛也不好，白内障，还不能开刀。老了，没用了。老头子在就好了，老头子在我不住这里，和老头子一起住。（E 大胡女士）
>
> 我老伴 1995 年去世了。没有老太就没有家了，再找个老太？那不给人笑话啊，都这么老了，子女也不同意啊。这里住的都是没有老伴的，男的没有老太，女的没有老头。（C 张先生）

从这些访谈资料中可以发现一个重要内容：没有老太（妻子）就没有家，没有老太即使有子有女都没有自己的家。

四 老人对孝道的认识与看法

按照传统孝道"善事父母"的要求，有子女的老人入住养老机构，由机构里的专门人员而不是子女照料其生活和饮食起居，无疑是不孝的行为。社会上这种观念确实也仍然存在。那么这些已经采取机构养老方式的老年人及其子女是如何看待"孝道"的呢?

在访谈中发现,大部分被访对象都不同意"把老人送到养老院的子女是不孝顺的"说法。虽然他们认可和赞同的还是居家养老,但也并不因为自己没有采取居家养老而认为子女是不孝的。对于子女因工作忙碌、不能很好地照料自己的饮食起居和日常家务的事实,老人们都认为这种情况是正常的,并没有将之归结到子女不孝上。事实上,子女工作忙碌,大部分时间和精力被工作占去,正是一部分老人采取机构养老的原因。

> (有人说把老人送到养老院的子女是不孝顺的),我不同意这个话,有的老人在家里不行啊,到这里不是好得很嘛,子女忙,哪里有这里照顾得好。(B杜女士)

> 以前住家里,和我大孙子住,我自己要来(老年公寓)的,他们苦哦,早上老早就要出门上班,晚上要天黑才回家,就我一个人在家,没有人给我弄吃的,有时候冷的就冷的吃,没有人跟我讲话,这里好多人。(E陈女士)

但是,也有老人对居家养老寄予了很大的期望。对居家养老的认可度越高,对机构养老的适应性就越差、认可度越低。如果他们是因为和子女或子女的配偶关系不和而入住养老机构的,特别是不是他们自己做出的决定而是子女的决定,对子女就会产生失望的感受。

> 老伴1991年死了,我和老六家一起住。老六去了意大利,做苦工哎。我和老六媳妇一起住,各吃各的,我自己烧自己吃,现在看不见烧不了,媳妇嘛……(E胡女士,白内障)

老人入住养老机构,有的是自己做出的决定,有的是子女的决定。子女做的决定在老人那里引发了不同的反应,有的老人同意,有的老人不同意、想不通。就后一种情况来说,是一种"有违",违背了父母希望居家养老的意愿。但是通过访谈,发现"有违"的情况都是在父母确实需要养老机构更为稳定、更为专业的照料时发生的,没有遇到单纯因为老人与子女或子女配偶关系不和,在老人不同意的情况下,子女决定让老人入住养老公寓的情况。

那么，对采取机构养老的父母来说，子女的哪些行为是孝呢？分析老人的访谈资料发现，老人认为孝的有这么几个行为。

一是子女来探望。

（把老人送进养老院的子女是不孝顺的）也不能这样讲，有的是家里照顾不好，在养老院住有人搞吃有人搞卫生。我几个子女都不错，两三个星期来看我一次，轮流来，我子女都孝顺。（E 夏女士）

女儿经常过来看我，时间也不定。女儿好还要女婿好，我女婿也不错，孝顺。女婿说他爸爸妈妈都不在了，两家就我一个老人，要对我好。（D 郭女士）

原来住女儿家，等于就是看他们面子吃饭了，后来和女婿有矛盾我就决定住出来。女儿一个星期来两三趟，今天下午刚刚来过，帮我洗澡，我这个手痛，自己洗不了。我气管炎，老咳嗽，药是女儿从家里带，我女儿还是孝顺的。（E 周女士）

二是子女的生活帮助（帮助老人洗澡、带药、带菜等）。

大女儿住的离这边近，她帮我找的，一个星期来看一回，带点吃的菜给我，这里伙食毕竟不够，一般都是一菜一汤。二女儿是大桥饭店服务员。两个女儿一个星期都要来一下。（C 郭先生）

三是子女过年过节把自己接回家。

女儿和儿子都很孝顺，女儿大概半个月来看我一次，我很满意。所以，把老人送进老年公寓并不是说就不孝顺了，女儿和儿子把我送进老年福利院也是为我着想啊，他们平时上班工作忙，家里又有事情，照顾我的时间不多，过年过节还把我接回家里，我很满足了。（A 倪先生）

过年我回家过，老六媳妇来也会买点东西来，这个媳妇做得还不错的。（E 胡女士）

四是给零用钱。

儿女对我都很好的,一个星期至少有两个小孩来看我,每回来都不空手,都要带点吃的,我东西都吃不完。我大孙子大学毕业工作了,前几天才来看过我,给了我二十块钱,让我烧香用。(D郭女士)

子女们尽孝的方式各不相同,这和他们所处的境况、能力和特性有关系,但只要是基于"亲爱父母"之情、"善待父母"之意,都可以成为孝行。

五 子女对机构养老与孝道的认识

父母入住养老机构,为人子女者对此有何看法和感受呢?他们对孝道有着什么样的认知?对父母实行机构养老有什么样的认知?他们的认知和行为是否能达到一致?有没有不能达到一致而引起内心的焦虑和紧张的情况?访谈结果表明,主要有两种情形。

一种是对机构养老的积极态度。

通过与访谈对象接触和分析访谈资料发现,子女对孝道的认知是不同的,父母入住养老机构所引发的他们的感受和体验也是不同的。有的子女对父母入住养老机构持赞成的态度,认为不论采用哪种养老方式,让父母受益就是孝的,其认知和行为能很好地统一。

我兄弟姐妹七个,我是老大,我父亲94岁了,身体是不错的,我很注意他的营养。把父亲送到康复院这个决定是我做的,我把房子都卖了。不能说送老人进养老机构的子女就是不孝顺,这个是中国传统的落后思想,你要知道中国是在半封建半殖民地社会发展出来的,有些思想保守落后。我打算让父亲一直在这里定居了。(B吴先生)

此访谈对象"送老人进养老机构不是不孝"的认知和卖房子送父亲进养老机构的行为是一致的。因此,他在面对弟妹的反对时很理直气壮。

弟弟妹妹不同意啊，不同意那也不行，我把房子卖了，钱给弟弟妹妹管，老爸的支出就从这个卖房子的钱里出。他们为什么不同意？房子没了啊，现代人啊，在钱这个东西面前是没有多少兄弟姐妹的亲情讲的，我把房子卖了钱给老爸用，他们得不着了啊，当然反对了。老爸都九十多岁了，留着房子干什么？在家请小保姆也烦得很，不如这样干脆，我母亲现在还没有进来，自己住一个中套，我打算以后也这样，让她也住进这种好点的养老机构。（B 吴先生）

他对父亲的孝的行为还表现为：

我早中晚三趟过来看看。我很注意老人营养的，护工知道，每天吃安利的蛋白粉、多种维生素、钙镁片。（B 吴先生）

这些都和他的认知不冲突，并且是孝感和孝意的自觉流露。对于这部分子女来说，他们对"孝"的认知已经突破了固有的条框，适应了现代社会，适合家庭的能力和特性，让父母入住养老机构不会给他们带来心理上的矛盾和紧张。

另一种是对机构养老的矛盾态度。

有些子女的认知和行为不一致，他们认知上秉承传统的老人应在家中由子女赡养照料的观念，因而引发了焦虑和紧张，心理感受非常复杂。

让老爸爸进养老院也是没有办法的事情，我们都忙，妈妈又老了。要是有办法也不会把他送进来。我们做子女的其实心里很不忍心，照顾老人确实是子女的责任，送到养老机构里来毕竟不比家里，家里能感觉到有人关心他。但是在家里实在是没有办法照顾他。（B 女儿樊女士，父亲脑中风）

反对是没有人反对，就是我妈妈想不通、不愿意，当时我心里也不好过、不安稳，传统观点都是子女照顾老人，把老人送到养老院心里确实很犹豫，反正就是很不舒畅。但是不这样又能怎么办呢。（A 儿子周先生，母亲腿跌断）

对于这部分子女来说，他们对传统观念中的子女责任有明确的认知：

照顾老人。对于"亲自奉养双亲，随侍在侧，使亲欢愉"这一行为，子女们给予的是正面评价，是回报父母当初对他们的爱和养育的应然行为、"应该"这么做的行为。

> 我还有个想法，等我55岁退休了，我就把奶奶接回到我那里去。其实老人不是负担，是福气，我们四兄妹都是她带大的，跟她感情好。（E孙女包女士）

可是现代社会的忙碌和工作压力，使子女没有时间、足够的精力和能力随侍在侧、养亲体悦亲志。在家庭没有能力的情况下，只能把父母亲送进养老机构购买养老服务。

> 住这里真是没有办法的办法，我妹妹也同意，我妈妈她完全不能自主，我也很犹豫啊，不到万不得已不会这么做。（A子杨先生）

这一行为与对子女责任的认知发生了冲突，导致子女做决定时犹豫，送进来后心里不好受、不安稳。子女对机构养老的矛盾心理不仅体现在无法实践自己的责任义务方面，还表现在产生了"担心""怕别人说"的想法。

> （哥姐的决定）我父亲他没有反对，我自己那个时候有点想不通，也不是想不通，就是有点担心嘛，一般传统观点都是下人要照顾上人，养老送终什么的。那时候是有点担心，怕别人讲我们不孝啦。（E子张先生）

> 当时心里是有点怕的，怕人家说啊，说你们家有儿有女的，结果老人还要住老年公寓。我婆婆自己想去，也就让她自己做主了。（D媳史女士）

> 我母亲原来一个人住，我父亲过世早，后来那边房子拆迁，没有房子了，她和我住了一年，不愿意住了，自己提出来要住老年公寓，当时我们都反对，心里确实担心人家有什么想法，我们家姊妹六个，我是老二，老大在外地，南京就是我最大了。担心人家说你们家儿女那么多，老妈妈还要住老年公寓。确实是有点心理压力。（D子胡

先生）

可见，机构养老给子女带来的心理矛盾不仅在于子女无法亲自实践自己的孝知、无法回报父母的养育，还在于子女对外部舆论力量的恐惧，这和传统孝道的强大规范力是紧密相关的。传统孝道给子女角色规定了一整套的行为规范，提供了特定的社会期望，并在个人社会化的过程中内化到每个人的价值观和道德观中。社会文化中对于孝道的评判和标准形成了一种"他者"，在子女处理父母的养老问题时，这种"他者"会影响他们对父母实行机构养老的态度和感受。这一心理困境不仅体现在子女身上，同样也体现在入住养老机构的老人身上。

> 她热了脚就痒，入冬以来一直不肯盖厚被子，就盖这里发的被子。今天她叫我带过来了，为什么呢，她看别人都盖厚被子了，她生怕别人讲她，穷啊，小孩子不孝顺啊，所以叫我带过来。（E孙女包女士）

可见虽然在养老行为层面上改变了养老方式，但是在深层次的养老观念层面，传统的孝道仍然在控制和影响着人们的具体行为和感受。

六 结论与思考

养老机构的出现并不简单地意味着孝道的弱化，也不意味着已入住养老机构的那些家庭都毫无障碍地完成了从传统孝道到现代新孝道认同的转化。绵延数千年的传统孝道作为传统文化和价值观的一部分，在现代社会继续对人们起着作用。这种作用表现在观念层面，是人们对孝的认知留有传统孝道的痕迹；在行为层面，是人们选择机构养老的时候承受了心理压力。传统孝道观念影响着子女和父母双方面的感受，即使是子女主动决定让父母入住养老机构，那也不意味着子女内心毫无压力、毫无困难地认可并接受自己的决定和行为。从入住养老机构的大多是高龄、丧偶、患有疾病的老人可以看出，只要家庭还有能力照料老人，他们实行的还是居家养老。

文化观念的改变是一个复杂的过程，也是一个持续长久的过程。尽管传统孝道的某些内涵仍然对社会生活起着作用，但是不可否认的是，孝道本身在传统文化的基础上产生了新的内涵，出现了新的发展趋势。这些新的发展趋势是和传统孝道的特点相对而言的。可以肯定的是，"孝"仍然是现代社会一个正面的文化标签。社会变迁中的孝道，有其已变或必变的部分，也有其未变的部分。

本文分析了机构养老的兴起所体现的行为层次——孝道具体内涵的变化，也分析了父母对孝的认知。结果表明，只要是寓意关心父母、加强与父母联系的行为和行为倾向都是正面的、积极的，可以称之为孝的。孝的本质不是行为形式上的无违，而是以父母为对象的良好的情绪与感受，力图使父母身心受益的行为意向。

善待父母的意思是尽心尽力地好好对待父母，以使双亲在身心两方面获得最大的益处。如果没有"孝感"和"孝意"，是不能做到真正的"孝顺"的。因此，"善待父母"才是孝道的核心因素。子女们尽孝的行为方式也许各不相同，这和他们所处的境况、能力和特性都有关系，但只要是基于"亲爱父母"之情、"善待父母"之意，都是孝的。这种孝道的核心要素是不会随着社会变迁而变化的部分，也是每个社会形态都予以正面评价的部分。

任何文化观念和价值观的发展或践履都不是一蹴而就的，在发展过程中都会和原有的传统观念发生抵触。人们对发展着的现实生活的真实体验和感受，必将使文化观念在新与旧、现代与传统的冲突和变化中发展向前。这其中就涉及行为方式的变化和观念的发展之间复杂微妙的关系。就选择机构养老而言，这既体现了观念先行发展而导致选择新兴养老方式这一行为层面的改变，又体现了根据现实生活的迫切要求，首先实行新兴养老方式，然后在行为与传统认知冲突中，逐渐使行为取得合法性的解释，进而构建起与传统孝道不同的新的认知。而在从传统向现代的发展过程中，人们行为的改变与观念的改变之间是如何相互作用的，则是对包括孝道在内的社会文化变迁研究中一个有意义的方向。

参考文献

邓宁华，何洪静，2011，《"最后的选择"：城区老人对机构养老的态度研究——以某地级市为例》，《重庆邮电大学学报》（社会科学版）第 3 期。

冯占联、詹合英、关信平、风笑天、刘畅、Vincent Mor，2012，《中国城市养老机构的兴起：发展与公平问题》，《人口与发展》第 6 期。

黎民、胡斯平，2009，《中国城镇机构养老及其模式选择——以广州为实例的研究》，《南京社会科学》第 1 期。

穆光宗，2012，《我国机构养老发展的困境与对策》，《华中师范大学学报》（人文社会科学版）第 2 期

张增芳，2012，《老龄化背景下机构养老的供需矛盾及发展思路——基于西安市的数据分析》，《西北大学学报》（哲学社会科学版）第 5 期。

[原载《哈尔滨工业大学学报》（社会科学版）2014 年第 5 期]

图书在版编目(CIP)数据

家庭与性别评论. 第10辑 / 张丽萍主编. -- 北京：社会科学文献出版社，2020.5
 ISBN 978-7-5201-6666-9

Ⅰ.①家… Ⅱ.①张… Ⅲ.①家庭社会学-研究 Ⅳ.①C913.11

中国版本图书馆CIP数据核字（2020）第083345号

家庭与性别评论（第10辑）

主　　编 / 张丽萍

出 版 人 / 谢寿光
责任编辑 / 易　卉
文稿编辑 / 易　卉　马云馨

出　　版 / 社会科学文献出版社·群学出版分社（010）59366453
　　　　　 地址：北京市北三环中路甲29号院华龙大厦　邮编：100029
　　　　　 网址：www.ssap.com.cn

发　　行 / 市场营销中心（010）59367081　59367083
印　　装 / 三河市龙林印务有限公司

规　　格 / 开　本：787mm×1092mm　1/16
　　　　　 印　张：16　字　数：271千字
版　　次 / 2020年5月第1版　2020年5月第1次印刷
书　　号 / ISBN 978-7-5201-6666-9
定　　价 / 89.00元

本书如有印装质量问题，请与读者服务中心（010-59367028）联系

版权所有 翻印必究